本书是 2015 年度粤台客家文化传承与发展协同创新中心特别委托课题（15CXQX04）成果之一

粤台客家文化研究丛书

丛书主编　宋德剑

粤台客家
播衍与聚落发展

YUETAI KEJIA BOYAN YU JULUO FAZHAN

夏远鸣　主编

暨南大学出版社
JINAN UNIVERSITY PRESS

中国·广州

图书在版编目（CIP）数据

粤台客家播衍与聚落发展/夏远鸣主编．—广州：暨南大学出版社，2018.12

（粤台客家文化研究丛书）

ISBN 978 - 7 - 5668 - 2397 - 7

Ⅰ.①粤…　Ⅱ.①夏…　Ⅲ.①客家人—人口迁移—梅州　Ⅳ.①K281.1

中国版本图书馆 CIP 数据核字（2018）第 112980 号

粤台客家播衍与聚落发展
YUETAI KEJIA BOYAN YU JULUO FAZHAN
主　编：夏远鸣

- -

出 版 人：徐义雄
策划编辑：李　艺
责任编辑：李　艺　李禹慧
责任校对：刘雨婷
责任印制：汤慧君　周一丹

出版发行：暨南大学出版社（510630）
电　　话：总编室（8620）85221601
　　　　　营销部（8620）85225284　85228291　85228292（邮购）
传　　真：（8620）85221583（办公室）　85223774（营销部）
网　　址：http：//www.jnupress.com
排　　版：广州市天河星辰文化发展部照排中心
印　　刷：佛山市浩文彩色印刷有限公司
开　　本：787mm×960mm　1/16
印　　张：14.5
字　　数：255 千
版　　次：2018 年 12 月第 1 版
印　　次：2018 年 12 月第 1 次
定　　价：49.80 元

总　序

　　嘉应学院是一所百年老校，前身是创办于 1913 年的梅县女子师范学校。经过几代人的努力，特别是 20 世纪 90 年代以来，学校在人才培养、科学研究方面取得了长足的进步，形成了"植根侨乡，服务山区，弘扬客家文化"的办学特色。

　　地处客家腹地的区位优势，加之学校一以贯之的重视客家文化的办学理念，使学校的客家文化研究在学界具有一定的影响，经过 20 多年的积累，客家研究院在民俗、方言、文学、艺术、社会经济等方面积聚了一批研究实力较为雄厚的学术团队，并产生了一些较具影响力的研究成果。

　　随着研究的深入，我们也在不断地进行总结与反思，相邻的赣南、闽西也为客家腹心区域，两地的高校赣南师范学院、龙岩学院也成立有客家研究院，也一直在开展客家文化研究，并取得了丰硕的成果。如何与赣南和闽西的客家文化研究形成错位发展，凸显自身的客家文化研究特色和长处，共同把客家文化研究这个事业做大做强，这个问题一直是我们在研究过程中努力思考的问题。

　　经过仔细分析，认真思考比对，我们发现一个现象：粤台两地一衣带水，同文同种，特别是客家人作为台湾社会的第三大族群，其文化一向为台湾族群文化中最具特色与活力之文化；同时，台湾的客家人又多以梅州为原乡，且历来两地客家文化互动频繁，联系密不可分，将客家文化置于粤台两个地域空间进行研究，不仅具有地域文化研究的意义，更具人类学、社会学、历史学等多学科研究的学术意义。

　　2011 年恰逢教育部在全国高校推出"2011 创新强校计划"，次年学校便在客家研究院的基础上成立了"粤台客家文化传承与发展协同创新中心",并于 2014 年成功申报为广东省首批协同创新中心。中心力图通过机制体制的创新,为粤台两地高校、科研机构搭建一个开放创新的学术平台,在粤台客家文化研究、粤台客家文化传承等诸领域不断凝练方向,将学校的客家文化研究提升到一个新的、更高的水平。

最早关注粤台两地客家人问题研究的是客家研究的奠基人罗香林先生,他在其 1933 年出版的《客家研究导论》中对客家人迁台有这样的记载:"同时而台湾一岛,亦因初为清廷克服,旧日郑氏部众,多半逃亡南洋诸岛,因致全台空虚,人烟寥落;嘉应各属客家,得此良好机会,又复盛向台湾经营……当时留台客家,虽数目并不很多,然因台生活较易,客人受经济引诱,其后,愈来愈众,愈殖愈繁。"后于 1950 年出版的《客家源流考》,又对其进行了更为细致的考证:"康熙时迁移台湾的客家,虽数目不很多,然因台湾生活较易,客家人受经济引诱,接着便愈来愈众,几乎占了台湾全人口的三分之一。"进入二十世纪七八十年代后,台湾和大陆的客家学术研究者分别站在各自角度研究两岸客家问题,台湾地区有代表性的成果包括连文希《客家入垦台湾地区考略》、陈运栋《谈客家先人的渡台》、庄英章《唐山到台湾:一个客家宗族移民的研究》等;大陆地区有代表性的成果包括陈春声《三山国王信仰与台湾移民社会》、陈支平《客家源流新探》、刘正刚《东渡西进:清代闽粤移民台湾与四川的比较》等。检视以上成果我们可以发现,以往的研究大都只是停留在正史文献,缺乏系统的实地田野考察,论述往往流于宏大的历史叙事,而更重要的是,尚缺乏两岸客家人血脉联系及文化渊源的系统性论述以及在微观研究基础上的宏观把握。

基于以上认识,粤台客家文化传承与发展协同创新中心从成立伊始,通过开展一系列课题研究以及举办相关的学术会议等形式,凝聚了粤台两地高校、科研机构一批长期致力于研究客家文化的专家学者,共同开展粤台客家文化的深度研究。

总体而言,这些研究呈现出以下三个研究面向:

一是研究者学科背景的多元化。以往的研究以历史研究为主流,研究者以历史学的学科为主,且多以清代以来客家人渡海迁移为历史场景,来勾勒客家人从大陆向台湾迁移的历史进程,进而探讨粤台两地客家文化的源流及发展变迁。中心牵头倡导的研究则更加凸显出学科交叉的立体研究态势,力求从历史学、人类学、社会学、语言学、政治学等多元的学科视野开展粤台客家文化研究,实现客家研究成为人文社科研究的综合"试验场"，打造客家研究的国际学术平台效应。

二是研究视野的现代转向。传统的客家研究多以宗族、民俗为主要研究取向，这主要源于客家是一个以宗族为聚居单位的族群，且因生活环境和悠久历史等社会因素至今保存有丰富的传统文化，其要旨在于通过对一个"古老"族群的文化内核进行分析解剖，来认识中华传统文化的特质所在。中心倡导的研究则在延续传统研究面向的基础上，注重客家传统宗族、信仰、民俗等在现代社会中的传承与变迁，特别是作为传统文化部分于现代民众社会生活之意义所在，关注现在流行的"文化产业""古村落的保护""美丽乡村建设"等议题，从而彰显人文社会科学的现代社会功能与价值。

三是注重粤台客家文化"关键文化因子"的历史人类学研究。客家文化内涵丰富，其中"宗族""神明""女性""传统建筑"等文化要素向来为研究者所青睐，然而这些研究主体一直被研究者剥离出其依附的时空场域，进行"真空化"式的抽象研究。研究者在其研究叙事中很难给人还原研究个体的真实历史图景。中心倡导的研究则一直秉承 20 世纪 90 年代兴起的"眼光向下"历史研究的价值转向，即现在史学界流行的华南学派的历史人类学的研究方法，注重田野与文献相结合，将客家文化的不同事项还原到客家人生活的鲜活场景中去，参与观察客家民众日常的生活，并对其行为、观念、信仰、风俗等诸文化事项予以分析、诠释与解读，从而探讨粤台两地客家文化形成、发展、变迁的轨迹。

正是基于以上思考，中心推出这套"粤台客家文化研究丛书"，丛书包括学术研究专著、田野调查报告、研究论文集等，内容涉及粤台客家宗族、神明、女性、风水、节日、礼俗、文化产业等诸面向。可以说这套丛书的出版既是对以往粤台客家文化研究成果的一个小结，亦是粤台客家文化研究的一个新的起点。

以上寥寥数言，权当对丛书编辑出版初衷的一点交代，是为序！

宋德剑

嘉应学院粤台客家文化

传承与发展协同创新中心执行主任

2018 年 2 月

前　言

　　从迁移到定居，这是一个移民社会形成的基本过程。清代闽粤交界的客家地区，从康熙年间开始，便有大规模的人口从闽粤原乡前往台湾谋生。经历了前期往返的迁徙后，渐渐在台湾南部的屏东平原、北部的桃竹苗地区定居下来，奠定了今天客家人群分布的基本格局。这个历史过程，是每个移民主体因应国家政策、产权制度、文化传统、社会环境等各种因素而实现定居的一个过程，也是研究移民社会一个非常重要的切入点。

　　围绕这个研究视角及研究目的，本人从客家研究院近年来举办的学术会议论文中，选择了 10 篇主题相近的文章加以汇编成册。其中有 6 篇展示客家移民如何从一个流动的群体渐渐定居下来的过程，另外 4 篇展示这些移民的渊源。这样结合的目的，一是从微观以及在地的角度考察移民的定居过程；二是从较为宏观的角度，考察移民的来源。两者结合在一起，可以较为完整地理解整个客家移民的空间来源，进而理解其在移民接收地社会网络形成的历史渊源与行为逻辑。这些论文，有的是动态过程的描述，有的是静态史实的考察。

　　陈秋坤的《帝国边区的客庄聚落——以清代屏东平原为中心，1700—1890》，探讨了十八世纪初到十九世纪末台湾屏东平原客庄聚落形成的机制。十八世纪初，台南府城大户从官方处获得开垦执照，或从原住民业主处获得租佃，从而占据大片土地，然后招揽移民开垦，形成一种"闽主客佃"的格局。当然亦有粤籍垦佃集体从原住民处获得开垦权，成为田主。这些"一田多主"现象的出现，是粤籍移民能够定居下来的物质基础。然后在此基础上，粤籍田主以凑股集资的方式，通过祭祀原乡某个共同的祖先，组成血缘性的祀典。在分家时留出若干田产作为公共祭祀的产业，从而维持一个血缘组织。除血缘组织外，还通过组织其他跨血缘的各种"会"，占据大量田租。这样以血缘与地缘关系成立的各种社会组织，将佃户渐渐固定下来。这其中，代表国家行使权力的"管事"也起了重要的社群组织作用。总之，文章从产权关系、社会组织、权力体系几个方面入手，探讨了屏东平原客庄形成的历史过程。

利天龙的《垦区、堆域与粤境：六堆第一旧家的落地生根》考察了"六堆第一旧家"邱永镐家族落地生根的过程。文章先考察邱姓管事获取地方权力的背景，再探讨邱家长期居于垦区领导地位的原因，最后考察邱家如何超越垦区，逐渐将权力推广到整个粤人社区的过程。邱永镐家族获得管事权后，通过介入地方土地交易、代理官方事务和兴修水利设施等途径，巩固了自身的领导地位。然后在此基础上，以自己家族为中心，通过组建各种血缘性与地缘性的社会组织，打造一个社会网络，最后实现前堆地区的地域化，在参与这一系列社会活动过程中，邱永镐家族的地位不断得到巩固。邱永镐的后裔又通过获取初级功名成为地方士绅，进一步巩固了家族的社会地位。

萧盛和的《吉洋庄：一个由多元族群文化形成的南台湾客家聚落》从聚落的层面，展示了一个具有多元文化的客家聚落的历史。吉洋庄位于高雄县美浓镇。这是一个在台湾岛内二次移民基础上形成的以客家为主的多元聚落。文章考察了从清代到日据时代以及现代社会几个历史发展阶段的情况，从侧面反映了台湾南部客家社会的发展脉络。

邓文龙的《前堆聚落开发初探》，是一篇比较全面详细地考察前堆各个聚落与姓氏的发展过程以及闽粤人群关系的文章。

吴进喜的《清代六堆武力布防策略的地理基础》，从地理的角度论述六堆武力布防的策略，着重论述六堆武力布防的地理基础，旨在说明六堆能形成一个自卫军事组织，除了各种尝会、神明会、租佃关系形成的内聚力外，与其地理环境也有着密切关系。

陈建杰的《台湾客家之家族发展史研究——以桃园县中坜市张莨芝家族个案为例》，论述的是台湾北部桃源县中坜市张莨芝家族发展的历史过程以及在新的政治生态背景下这个客家聚落的宗亲关系。

曾纯纯的《台湾南部六堆地区客家移民源流初探》考察了六堆移民来源地的分布。

吴炀和的《清代台湾六堆垦殖与家族源流》考察了一些著名家族在六堆的垦殖情况以及其源流。

　　张小聪、房学嘉的《尖山：一个客家村落 17—19 世纪的迁台》考察了长乐（今五华县）梅林镇尖山黄氏家族移民台湾的背景与过程。

　　夏远鸣的《清代闽西渡台的姓氏与分布初探》也从原乡的角度考察了闽西渡台移民的分布情况。

　　这里蜻蜓点水的介绍，不能涵盖每篇论文的内容。这本小书也不可能完全呈现客家移民在地化的丰富性，只求窥豹一斑。本书文章的作者大部分来自台湾，特定的历史文化背景，形成一些特定的表述。如以"生番"指称台湾原住民，这是站在古代王朝视角对原住民的一种歧视性称呼，本书中沿用该词，只为尊重原文起见，没有歧视之义。另外，由于特殊的政治制度，书中还有"议员""立法委员""行政院"等词汇，这些都是在台湾现代政治背景下出现的。

　　在本书编辑过程中，为了统一体例，提炼主题，对文章的顺序稍作了编排。本书经过长达一年时间的修改，现终于可以交稿，在此感谢出版社的耐心等候，同时也要感谢本书作者的大力支持。

夏远鸣

2018 年 2 月

目　录
contents

帝国边区的客庄聚落
——以清代屏东平原为中心，1700—1890

陈秋坤

前言

本章试图从清朝边区拓垦的比较视野，叙述清代早期原住民和汉人垦佃在台湾开垦过程中，历经政府地赋政策变化和土地商品化，逐渐建立以家户为地权所有单位，并以村庄作为纳税单元的体制。[1] 本章选择台南府城政治经济中心的边区——屏东平原作为论述焦点，主要原因在于边缘地区的占垦和开辟，可以反映初期政治经济势力的运作以及移民垦佃落地化（territorialization）的过程。所谓"落地化"，主要指国家权力为控制人民和自然资源而将移垦聚落"村庄化"，以便强迫人口定居在一定地籍上的宅园。[2] 另外，政府为能够定时收到地税，经常利用地方权力中介，例如，"管事"或保甲系统，清查户口和订正田甲业主数据，并限定以家户作为产权纳税单位，从而落实土地税源。

屏东平原最早是平埔族马卡道族群的领域，十八世纪初期，在台南府

---

① 台湾历经荷兰人和清朝的统治，在文化、经济形态和族群关系方面，都呈现地区性的特色。尤其在清代早期，为求快速恢复农村生产秩序和征收可靠的税收，地方政府运用各种中介人物，例如部落通事、村庄管事和具有政商关系的富户，开发土地资源，发展稻作及蔗糖，意图建立每年固定的税赋。这些转化过程，牵动原住民自我意识的涵化，以及地理空间的资本化。有关同时期清帝国边区的族群涵化形式，参见 CROSSLEY, SIU & SUTTON. Empire at the margins：culture, ethnicity and frontier in early modern China. Berkeley：University of California Press, 2006：pp. 1 – 21.

② 本章使用落地化概念，取材自 PETER VANDERGEEST & NANCY LEE PELUSO. Territorialization and state power in Thailand, Theory and society, 1995（24）：pp. 385 –426. 感谢康豹教授提供本项资料。

城有力之家的占垦下，大规模化为水田及蔗园，促使抽象的地理空间变成土地商品。国家也利用这些不在地业主招揽垦佃，建置草寮，结成村庄，乃至形成纳税单元。至于垦佃，先是候鸟式来台拓垦，"春来秋去"；稍后，在永佃权的诱因下，利用投资工本辟土成田的形式，换取独立典卖的田园经营权利，转而形成田主。在许多粤籍佃丁集中的聚落，则采取推举佃首充当"管事"的办法，负责包揽村庄的税务，从而避免衙役借口清查漏报田业，随意进村勒索。在垦户和管事的中介作用下，屏东平原的草场在1700—1720年间被快速垦辟成水田及蔗园，成为台南府城最为重要的粮食生产基地。

简单说来，屏东平原的拓垦历史过程，可以说明几个现象。其一是农村土地分配不均，该现象在十八世纪初期即出现雏形。在1700—1900年间，屏东地域的多数耕地都被台南府城和在地业主所占有，形成大业主、小佃户格局。其二，在不均衡的地权分配格局当中，因复杂的"一田多主"地权结构，促使垦佃得以和业主同享土地所有权利。许多佃户因投资改善土地，或是典买"田底"（永佃），晋升为"田主"，得到独立处理佃作的权利。为此，租佃关系并不是简单的租田纳租，而是牵涉地权分配关系。其三，许多客家垦佃在投资田业经营权转成田主之后，倾向于将多数田园划归祭祀公业，或是限定家族共有的田业。截至十八世纪五十年代，大多数所谓"纯客"村庄的地籍簿册显示，有60%～70%耕地已被登记为公共田业。其四，客庄具有绵密的社会组织。在管事掌管全村的田业税赋之外，另有著名的"六堆"民团以及跨越村庄和宗族的祀典尝会，凝聚整个客家住居的村落。本章试图分析这些基层社会组织的源流及其变化。

一、清初占垦风潮与闽主客佃生产关系

1903年，世代居住在台南府城的大租户卢乃聪家族，具状向日本殖民当局设立的"临时台湾土地调查局"申诉，表示他祖先卢愧如曾于康熙四十四年（1705），与林歧凤、李咸林等凑股组合"卢林李"垦号，前往屏东平原向原住民（阿猴社、上淡水社）购买下淡水溪至东港溪以西的广大草埔，随后招揽大批粤籍客佃前去拓垦，起盖草寮聚居，先后垦成海丰庄、仑上庄、香杨脚庄、火烧庄、潭头庄、份仔庄、顶下科戈庄七个庄头

的大租田业（简称租业）。① 其中，林姓业户分得海丰庄和仑上庄租业②；李姓业户分得火烧庄和香杨脚庄租业；其余三庄租业划归卢家，约计1 000余甲。此后，百余年间，卢家长期以不在地业主身份向137名佃户抽收大租，"历管无异"。不幸的是，道光年间（1821—1830）贯穿村庄的隘寮溪暴发洪水，淹没顶下科戈庄，冲崩整片田园。到光绪元年（1875），河道几经变迁，原来埋没在河道中的田地恢复成可耕地。卢乃聪先父于光绪九年（1883）招雇台南附近农夫前往复耕。无奈，因土质不良以及地方动乱，只得撤销佃垦。不料，近邻粤籍客民却乘机占垦。1901年殖民当局推动土地调查，要求所有人登报产权。卢家于是摆设宴席，邀请地方警察、庄长和各庄佃人前来认纳大租。然而，若干"荒暴"的粤庄头人"欺聪乃台南人氏，长途远隔"，唆使佃人拒写大租申告单，乃至无租可收。卢氏认为佃户抗纳大租，于是将祖先遗留的田契书据，连同各庄佃人名称、土地坐落和纳租额，一并交给阿猴厅长官，转交"临时台湾土地调查局"办理大租权诉讼事宜。

　　大租户卢家的例子，具体证实了十八世纪初叶屏东平原的占垦风潮。台南府城商家富户，利用官方鼓励开垦、拓展税源政策，合伙凑资组成垦号，然后向地方官申请开垦执照，或是径直向原住民业主商洽土地租佃，占据大片草地。然后，招揽大批移民充当垦佃，坐收租粟，其中许多移民来自粤籍客乡。这种"闽主客佃"的租佃关系维持了将近两个世纪（1705—1900），让远住台南府城的不在地业主家族得以通过私人管事，代为监督佃农，抽收大租。此外，在137名佃户中，年纳大租10~20石者3名，另有2名缴纳园租现银10~20银圆（墨西哥银圆），其余都是缴纳1~6石的小额佃农。在地权结构上，明显呈现大业主、小佃户的格局。另外是地权的认定问题。卢家在客庄的大租田业曾经在1810—1875年因河流泛滥而变成沙砾卤地，不适宜种植。没人佃作，自然无租可收。问题是业主可以长期占有洪荒之地，等到田土恢复又可以向原佃或现佃收取大租。卢家与粤佃的争执，一方面固然是卢家为不在地业主，无法亲身监督佃人；另一方面可能是客庄的集体意识，抗拒荒地恢复的地权认定。

---

　　①　卢家137名佃户，除了3名纳大租8石以及另一名佃户纳现银20银圆，其余大租数额都在1石左右。这些大租显示大多数佃户都是耕地不到1甲的小农，生产水稻和甘蔗。参见《台南市卢乃聪申诉状》，见台湾总督府"临时台湾土地调查局"：《台湾总督府公文类纂》，编号4418。

　　②　林家后人林陈岸（第三房）在光绪二十年（1894）的一份绝卖契约内指出其先祖与卢、李二家共同备资开垦草地，并配得海丰庄科科林等处大租。1897年林家第四房林番薯因乏银应用，杜卖卖祖先番下尝业。参见王世庆编：《台湾公私藏古文书》，台北："中央研究院"傅斯年图书馆藏，第六辑，编号06-0303-292200，06-0303-33。

另一个更著名的大租户例证，则是征台将军施琅的远亲施世榜（号文标，1670—1743）①。他在康熙四十六年（1707）前后，占垦东港溪以东的上淡水社和力力社草埔。随后，利用康熙六十年（1721）朱一贵动乱事件，捐资带众助军平乱有功，获准携带二千垦佃，就地开垦，建立万峦庄等五个大型庄头的租业，约占1 400多甲，每年可收10 000多石大租稻谷。施家子孙分住台南府城和泉州，每年委派管事在庄园的公馆收租，再将米谷运送至府城。十八世纪五十年代，施家子孙分家析产，将屏东地区的租业转卖给台南商家陈思敬（陈元英）家族掌管。1772年，同批租业在地方官主导下，转卖给高树地区盐树庄陈鸣珂家族。1819年，陈家无力管业，乃由台南府城吴姓、陈姓和张姓家族三家合股组成"达三堂"垦号，承管租业。1824年"达三堂"拆股，合伙的张家将股权转卖吴、陈两家承接，另组"吴陈"商号，继续管理租业。直至十九世纪九十年代，"吴陈"因积欠外商债务，被迫在官方主导下，将租业转卖高雄著名糖业买办家族陈福谦（商号"陈顺和"，子孙陈日翔、陈文远）。同一地块经过200多年的转卖，始终由不在地业主轮流管业②。

二、客家田主阶层的形成

除闽籍大租户之外，另有粤籍垦佃自行向原住民业主接洽开垦权利。例如，雍正五年（1727），一群汉民（依据二十世纪三十年代村民祖籍调查报告，应为创建客庄的先祖）在"佃人管事"林永统的带领下，共同向茄藤社土官认垦林边溪上游粪其湖草地。合约规定，佃民垦成水田，每甲纳租7石，熟园4石。同样地，佃民不愿耕作之时，也可享有自由出退"田底"的权利。兹抄录合约重要内容如下：③

同立合约 佃人管事林永统、谢联昌等前来贌得土官礁杰有粪其湖草地一所。番民稀少耕种，抛荒累课，惨实难堪。兹蒙太老爷萧批准，向番认佃供税等情。愿耕作完课，议约至冬成，明丈田每甲纳租七硕满；园每甲纳租四石满（字迹不清）车运至土官家交纳……另田底或欲回唐之日，

---

① 施世榜，福建泉州晋江人，康熙三十六年（1697）凤山县拔贡生。在屏东平原占垦田园致富之后，将资金转投资在彰化平原开凿著名的"八堡圳"（又名施厝圳）。

② 根据"达三堂"租馆（即吴、陈两家）后人提供的数据，估计约有1 276.82甲。参见《明治三十六年四月吴伦扬（恒记）、陈子清（寓记）申报理由书》，见台湾总督府"临时台湾土地调查局"：《台湾总督府公文类纂》，编号4411。

③ 《雍正五年佃人管事林永统仝立合约字》，见曾振名、童元昭编：《噶玛兰西拉雅古文书》，台北：台湾大学人类学系，1999年，第110页。

佃人任从出退工本，业主不得阻挡。

雍正五年二月

这种由佃人管事（佃首）带领认垦的契约形态，和上述大型垦号的不同之处，在于佃人以集体耕种方式，向原住民承耕纳租。此处的"管事"，是佃人的代表，垦户聘请催租的管理人员，虽然也称"管事"，然而在性质上，具有明显的差别。不过，这两项认垦契约的相同之处，则是业主允许佃户在改良土地之后，享有独立的"田底"权利。此外，我们看到，地方官员由于考虑到原住民生计和地方税收，批准汉佃认垦原住民草埔。同时，官员也认同民间通行的租佃习惯，准许番业主和汉佃分别享有同一地块的土地权利。

另一件由粤籍客佃集体向原住民业主承垦草地的例证，则出现在今天的屏东县竹田乡顿物庄。这片草地原属下淡水社领域。康熙四十六年（1707）由台南府城三大富户组成"何周王"，向下淡水社土目阿里莫接洽开辟草地，并招揽粤佃建立顿物庄。后来，可能因汉垦户越界侵垦草地，遭下淡水社业主控告，最后由凤山知县判定，草地租粟归由番业主承管。于是，下淡水社土目以业主身份，向在地的粤籍佃户签订开垦合约，规定粤佃自行备出工本，将草地改良为水田之后，每甲纳番租谷 7 石。十几年后（康熙五十九年，1720），番业主借口社番人口增加，番租不敷使用，要求汉佃增租，双方发生争端，乃呈请凤山县知县李丕煜代为裁决。结果，知县判定允许番业主要求，粤佃每甲纳租增为 9 石，并由村庄管事负责催收纳租①。契约内容如下：

全立合约人下淡水社土官阿里莫、教册施也落等，原有草地一所。自肆拾陆年因何周王招得傅如铎等开垦成顿物庄。后因本社番民与何周王争讼，蒙前任县主宋（按：宋永清，任期1704—1712）审断，顿物庄租粟归于番民完课。当日番佃面立合约，其筑埤开圳费用工本俱系佃人自备，垦成水田（字迹模糊）历年每甲纳租七石送社交仓明白。兹因伍拾玖年本社番齿益众，向佃议增租粟，至控县主李（按：丕煜，任期1717—1722）审断，加租贰石（下略）番佃两相允服（下略）其佃人日后有别图生业以及回唐者，其田底听凭佃人顶退，抵还工本，业主不得再生枝节。其管事任收，照旧免田五甲无租。（下略）

---

① 原件藏于"国立"台湾博物馆。复本最早见于《康熙六十年下淡水社土官同立合约》，见村上直次郎编：《新港文书》，台北：捷佑出版社，1995年，第141页。

康熙陆拾年贰月仝立合约下淡水社土官阿里莫，在场邻庄管事黄其荐

这张买垦契约的特色有两点。其一，开垦的粤籍佃户原来是府城不在地业主的垦佃，后来变成下淡水社的佃农。不过，这些客家佃户经由辟土成田的途径，转型成为"田主"。其二，村庄的税收仍然由"管事"负责，并按习俗，管事可享免纳 5 甲田地税收的"辛劳"报酬。一般的管事辛劳银，系由垦佃按照垦田数额比例交纳。这张契约显示，因凤山知县授权管事代理征税，为此，豁免管事 5 甲税额，作为酬劳。康熙五十五年（1716），另有一名熊姓客民向力力社包垦邻近八老爷庄的一片草地，形成所谓"客田洋"。① 不过，这些由粤籍垦佃自行向原住民业主接洽垦权的比例，毕竟远少于充当闽籍业主垦佃的数额。即使在偏北的美浓地区，多数客民还是担任府城业主的垦佃。② 此外，也有不少人利用开设杂货店等商店，积累资本，再投资田业经营权的买卖。这里，简要列举两户田主家族作为例证。③

住在万峦庄的钟姓家族在 1800—1900 年间，从移民垦佃转而投资田底租业，进而积累资本，经营杂货店和染布生意，蜕变成田主阶层。钟家先祖原籍广东省嘉应州镇平县（蕉岭）金沙村。族谱记称第十四世钟鼎荣和第十五世钟九光等人，曾于康熙末年（1722），在原乡族亲尝会的资助下，结伴来台开垦。不过，真正在台生根落户者为第十六世钟怀元三兄弟。他们在 1800 年间结伙来台佃种田地维生，稍后积累财富，便兼营"坐店"（杂货）生意。钟怀元曾于道光二十五年（1845）以 190 银圆（墨西哥银圆）买下 1 甲租业，年纳"吴陈"业主大租谷 9.1 石。钟怀元所买田业带纳大租，显示属于小租业。田主的收益便是向现耕佃农抽取近乎一半的生产所得。一般而言，水田每甲生产近乎 80 石稻谷。业主抽收大租 8 石；田主则向现耕佃农抽收租谷 20～30 石。④

钟瑞文系钟怀元次子。他积累财富的渠道主要是投资田底租业。例

① 刘纬一、刘泽民编：《力力社古文书契抄选辑——屏东崁顶力社村陈家古文书》，南投："国史馆"台湾文献馆，2006 年，第 210－212 页。有关早期粤籍垦佃的规模，参见林正慧：《六堆客家与清代屏东平原》，台北：远流出版事业股份有限公司，2008 年，第 119－123 页。

② 美浓地区的垦佃，除了少数由林桂山兄弟带领的客籍族亲之外，多数担任府城不在地业主佃农，然后再以投资工本开辟田园，换取经营权利。参见萧盛和：《一个客家聚落区的形成及发展：以高雄县美浓镇为例》，台湾师范大学硕士学位论文，2004 年。

③ 有关钟姓、刘姓客家田主家族的崛起过程，参见陈秋坤：《清代台湾地权分配与客家产权：以屏东平原为例，1700—1900》，《历史人类学学刊》，2004 年第 2 卷第 2 期，第 1－26 页。

④ 1820 年（嘉庆末年）陈盛韶在《问俗录》中称，每甲小租田租率 20、30 石，园半之。大租田租率 8 石，园半之。见陈盛韶：《问俗录》，南投：台湾省文献委员会，1997 年，第 72 页。

如，他曾于 1892 年出资 300 银圆买下 1.814 甲水田租业，年纳"肇和堂"租馆（按：陈日翔垦号）大租谷 13 石。1902 年以 200 银圆购买 0.961 甲田，年纳"林义凤"垦号大租谷 7.691 石。1904 年，向万峦庄田主林贵连承典 1.09 甲埔园，典价 90 银圆，每银圆每季利谷 7 升，全年共收利谷 6.3 石①。从这些租业的典卖金额，可知钟家到日据初期，业已成为家资上千银圆的富户。

另一户粤籍垦佃出身的田主为高树地区东振庄刘姓家族。东振庄原来是在乾隆年间（十八世纪三十年代），由陈姓业主占垦，并设置一座收租公馆，名曰"东振租馆"，之后，乡民便以租馆作为土名，称为"东振庄"。由于垦佃众多，分属闽、粤，陈家采用分类管理办法，分别雇佣闽、粤籍佃户头人充当"管事"，代理催租纳税事宜。

东振庄民刘怀郎（1829—1900），祖籍广东省嘉应州蕉岭县白渡镇。其先祖刘孔量（十一世）最早来台开垦，传至其父刘连国为十五世。刘怀郎年幼时，因父亲早逝，母亲无力养育，乃以"招夫养子"方式，招聘江阿古（琼英）为继夫。等到光绪四年（1878）刘怀郎积累相当财富后，方才向江家后人赎回母亲。②

刘怀郎在 1845—1891 年间，前后约用 2 836 银圆（墨西哥银圆，重 0.68 两）购置小租田业，收租取利，或是出典胎借，计息生利。例如，刘怀郎曾于咸丰七年（1857）向蔡姓田主典买东振新庄一片田地，计 0.8 甲，年纳"东振馆"大租粟 7.2 石，典价 150 银圆，典期五年。同治十年（1871），刘怀郎以 300 银圆向蔡陶林号（蔡荣记商号）买得 1.286 甲小租田业，年纳"东振馆"业主大租谷 12.479 石③。购置这些小租田业，主要以转租佃农，抽取租粟为利。至十九世纪七十年代，刘怀郎业已积累相当财富，在地方享有声名。即便是东振馆业主也经常前来借贷资金。例如，光绪四年（1878）东振馆业主陈耀潮因无力缴纳土地税赋，请求刘怀郎充当中人，向东振庄的神明会组织"城隍会"借贷资金 450 银圆，每银圆每季贴利谷 8 升。光绪八年（1882），另一名东振馆业主陈济南"因考试乏

① 《明治四十年一月立按生银字》，见《屏东万峦钟家土地文书》，台北："中央研究院"台湾史研究所藏，编号 T0427D0350-0058。

② 《光绪四年江琼满等人立赎回字》，见《屏东高树刘家资料（三）十五世刘母钟氏资料》，台北："中央研究院"台湾史研究所藏，编号 T0336D0276-0002。

③ 按：蔡陶林为蔡姓大族公号。在咸丰八年（1858），蔡陶林、郑元圭、黄良春、杨仲义四大家族曾为港西上里搭楼庄四大股人（地权持有人），兼为重要水利"南坡圳"圳道起造人。四大股人曾为共同出资修建水利系统签署合约，参见王世庆编：《台湾公私藏古文书》，台北："中央研究院"傅斯年图书馆藏，第六辑，编号 06-12-476。

银应用"，向城隍会会员刘怀郎、杨应科等人借贷 30 银圆，言约每年利谷 4 石 5 斗。这些借贷关系显示，十九世纪末期的大租户家族已逐渐败落，反而成为小租田主的欠债人。

三、客庄公业组织及其规模

许多客家田主在积累田业之后，经常利用凑股集资方式，组织祀典，祭祀原乡共同祖先（"唐山祖"）和开台祖先。在年老分析田产时，刻意保留若干田业作为死后蒸尝，以便子孙得以长期祭祀。平常，他们也会捐资认股，组织造桥、育婴，或是组建伯公信仰等神明会团体。这些祀典尝会散布各大宗族，跨越众多村庄，并占有广大的田租。它们不但维系台湾与原乡的亲族，而且是凝聚客家社会的基础信仰。

以佳冬庄杨姓族亲为例，他们奉 1 000 多年前唐代一位官员"杨云岫"为祖，组织祀典会；每年清明时节，举办团聚，共庆杨姓"同宗共族"。本项祀典计有 31 会份，由各地杨姓族人认捐。根据组织章程，本会会员于清明节前日，共同集会，向祖宗祭拜；会员若要割卖会份，需经会众同意，且仅能换算定额银圆，不能照市价求偿。另外，注重鼓励族亲攻举功名，对于捐纳职称（捐监）、进泮（考秀才）和中举出贡甚至进士者，分别给予奖赏 4~36 银圆不等。

类似的联宗祭祀组织，则是"萧何公祀典会"。本会在嘉庆、同治年间，由美浓龙肚庄、麟洛庄和佳冬庄三地的萧姓人家，奉秦汉之际的名士"萧何"为祖，建置跨地区的祭祀组织。会员计有 56 份，按照分属村庄，划为 5 个"甲"。例如，首甲为龙肚庄，二甲为麟洛庄，五甲为佳冬庄等。本会每年三月春分时节由三大庄头轮流布置会场（俗称"开厂办礼"），邀请族亲前往捻香礼拜萧何，借此联络萧姓同宗情感。为了鼓励族宗亲参与祭典，本会特别编列交通路费，凡届期赴会者都能得到补贴旅费。平时，祀典尝会则扮演小型钱庄功能，借贷资金给予萧姓族亲，收取较市价稍低的利息，以利周转。

在血食尝会方面，佳冬庄杨家三房子孙曾在 1896 年筹备资金，购买田业，利用租息祭祀开台祖先"杨及芹"。本尝会每年 3 月 21 日举办诞辰祭典，邀请派下子孙共同会餐，以示崇敬。平时，尝会在管理人的授权下，经常捐款修缮地方庙宇或神社祭典。在日据时期，曾参与捐献"赤十字会"、修缮桥梁等公益活动。显然，尝会除了联系同宗派下亲情之外，也兼具多种地方慈善机构的功能。

神明会组织经常由同宗族或是同地缘的信徒捐款，组成祀典会。例如，道光年间北势村郑戊伯等八名村民筹资购买一块 3 甲 6 分田业，年纳大租谷 12.55 石，供作"关帝爷祀典"。本会设管理人，负责向佃户收租。①

由于客家村民习惯将田地归属为祀典共业，为此，许多田块的田主经常都是尝会组织。在十九世纪九十年代，客庄所见田地买卖契约，经常出现如下的景象：

> 立按田借银字人新东势庄钟鼎秀。先年承祖叔伯均分遗下自己有梅溪会田两处，坐落土名老北势庄上头西片洋。其车路下田贰坵，东至车路为界，西至钟凤升田为界，南至徐姓尝田为界，北至元康公尝为界。又埔隔仔西片洋田贰坵，东至牛埔为界，西至大沟为界，南至徐姓尝田为界，北至元康公尝田为界。两处田共四坵；八方界址面踏分明。原带田甲四分正。每年纳黄春荣大租谷三硕三斗四升正。系与钟凤升均分梅溪会田，一单完纳。今因乏银应用，即托求牛埔庄陈载卿、钟炳生二人向得新、老北势两庄水圳公会经理人钟集祥手内，生借过六八佛银 50 大元正。（下略）
>
> 明治三十六年六月立按田借银字人钟鼎秀②

在这件胎借契约里，不仅借银人是"梅溪会"（可能是同宗组织）会份田的管理人，即便是银主也是村庄水利组织公会的经理人。至于田块四周的业主，也几乎都是徐姓、元康公尝等尝会公业。③

表 1 为 1920—1950 年屏东地区客庄地权分配结构。我们选择粤籍客民占 70% 以上的"纯客"村庄作为样本，试图分析客家村庄地权分配结构的特征。表中所列客家村庄，大致是清代"六堆"民团组织的核心聚落。表中，除麟洛庄和佳冬庄等地段居民夹杂闽、粤籍客民之外，大多数"纯客"村庄的尝会组织都占有该庄田园面积 50% ~60%。若干传统老庄，例如新北势庄和四沟水庄，尝会田业更占有 70% 以上。此外，神明会田业普

---

① 《道光九年五月关爷祀典内人郑戊伯等杜绝卖田契字》，见《屏东麟洛地区土地文书》，台北："中央研究院"台湾史研究所藏，编号 T0455D347 -0100。

② 《明治三十六年六月新东势庄钟鼎秀立按田借银字》，见《屏东麟洛地区土地文书》，台北："中央研究院"台湾史研究所藏，编号 T0455D347 -0156。

③ 孔迈隆研究美浓地区客家宗族尝会和神明会组织，发觉祀典尝会派下成员经常交叉换股，乃至家族兄弟拥有数个公会组织会员资格，参与各种祭祀仪式。参考 MYRON L, COHEN. Shared beliefs: corporations, community and religion among the south Taiwan Hakka during the Ch'ing, 见陈秋坤、许雪姬主编：《台湾历史上的土地问题》，台北："中央研究院"台湾史田野研究室，1992 年，第 176 - 186 页。

遍占有 15%。至于兄弟叔侄等家属共同持有的"共业",约占 5%。在闽、粤杂处的村庄,例如麟洛庄和佳冬庄,其私有田业分别占有 49% 和 46%,高于纯客村庄。① 如果将客庄宗族的公尝、家族共业和神明会等公共田业合并计算,那么,客庄的共有田业约占总面积的 70%。②

表 1　屏东地区客家村庄地权分配（1920—1950 年）

庄名	公业/甲	比例/%	共业/甲	比例/%	神明业/甲	比例/%	私业/甲	比例/%
西势	238	62	27	7	29	7	93	24
竹田	200	49	18	4	68	17	120	30
麟洛	212	31	27	4	114	16	342	49
长兴	360	56	0	0	86	13	197	31
内埔	198	56	21	5	77	22	59	17
老北势	163	57	20	7	38	13	65	23
新北势	249	70	14	4	43	12	52	14
新东势	278	51	33	6	78	15	153	28
万峦	389	60	8	1	63	10	186	29
四沟水	295	78	3	1	30	8	48	13
五沟水	569	64	24	3	120	14	171	19
佳冬	28	29	9	9	16	16	45	46
新埤	95	59	6	3	42	26	19	12

资料来源:潮州、内埔和佳冬等处地政事务所收藏 1920 年以降"地籍登记台账"。麟洛地段原来属于长兴庄范围,其中含有若干闽籍村庄。佳冬地段的村民,包括邻近数个闽籍村庄。为此,这两个地段的私有田业比例相对高于"纯客"村庄。

屏东地区客家村民将多数田业归属公共尝会和神明会组织的现象,显

---

① 日据时期长治庄地段的业主包含闽、客籍村民。其中,客家村庄（长兴段、德协段和麟洛段）的祭祀公业（田园）约有 183 甲;闽籍村庄（德协段、番子寮段）的祭祀公业则只有 8 甲。参见黄琼慧:《屏东县地名调查》,见施添福总编纂:《台湾地名辞书卷四:屏东县》,南投:台湾省文献委员会,2001 年,第 358 页。

② 孔迈隆从 1905 年的地籍调查资料,估算美浓庄民利用祖先、神明和各种仪式名义而建立的水田租业,约占全村总面积三分之一;龙肚庄等村则占四分之一。参考 MYRON L, CO-HEN. Shared beliefs: corporations, community and religion among the south Taiwan Hakka during the Ch'ing,见陈秋坤、郑雪姬主编:《台湾历史上的土地问题》,台北:"中央研究院"台湾史田野研究室,1992 年,第 184 - 185 页。

现大陆客家原乡文化的传承，但更大的因素可能是屏东地区的历史环境所促成。明清时期福建地区普遍出现族田公产接近或超过私人土地规模的现象。郑振满的研究显示，二十世纪五十年代闽西北地区的乡族共有地占50%以上，沿海各地约占 20%～30%。① 科大卫（David Faure）也指出，东新会潭冈乡宗族的尝会和神明会占有大部分田业，只不过他从小区控制的角度，指出宗族组织试图利用控制族田，以便操纵祭祀仪式和宗教活动，形成所谓"宗族社会主义"村庄组织。②

福建省和广东省民间宗族和祭田的发展和村庄小区控制，大致也可说明台湾客庄公共田业发达的现象。只不过屏东地区的公共田业特别发达，既有原乡的尝会公业传统，也有边区拓垦环境的生存竞争因素。

四、管事与六堆的权力网络关系

（一）从管事到庄长

清代初期，地方官对于台南府城以外南部三县（台湾县、诸罗县和凤山县）的税收和差役，大都仰赖地方头人以"管事"名义，代为催收派遣。原来官方规划一里设一名管事，催征税务；一保设一保长，调拨差役。管事由业主（佃户）共同推荐，负责向官方呈报及催收辖区赋税，官方则豁免其 5 甲田园地税作为酬劳。管事的设计，其实就是国家推动聚落村庄化的做法，目的在将自然资源化为行政资源，从而使官方势力得以控制土地，以便就田问赋，长期而定时地收取税赋。此外，管事人选经常随着自然村的扩展而增加。最早规划由一名管事承管大约 10 甲范围的聚落。随后，人口跟着耕地拓展而搬迁，形成新的村庄。此时，地方官也以村庄为单位，任命各庄头人充当管事，于是，原来一里设一管事，扩展为各庄设立管事（例如，西势庄管事，简称"庄管"）。管事长期负责催收一庄税

---

① 郑振满认为闽北地区共有族田发达的原因，主要是避免分家析产造成家族房支的矛盾。其次则是地主家族为避免代代均分田产，导致由富转贫。参见郑振满：《明清福建家族组织与社会变迁》，长沙：湖南教育出版社，1992 年，第 257－264 页。

② 科大卫（David Faure）采用"宗族社会主义"（lineage socialism）描绘广东新会潭冈乡宗亲以宗族组织控制土地产权，操纵地方庙会祭祀仪式的现象。DAVID FAURE. Lineage socialism and community control：Tangang Xiang in the 1920s and 1930s，in DAVID FAURE & HELEN F SIU eds. Down to earth：The territorial bond on south China，Stanford ：Stanford University Press，1995：pp. 161－187.

务，等于是村庄的赋税代表，地方官也就认定他们即是该村的业主。①

康熙二十三至二十四年（1684—1685）担任诸罗知县的季麒光，曾指出："今台湾田园归之管事，人丁归之保长。就里之大小，或一人，或二三人，终身不改其役，又非尽有身家殷实之民。使之久任催征，不免挪移隐漏，侵渔冒误之弊。"② 康熙四十一至四十三年（1702—1704）陈瑸担任台湾知县，也指出："一里一管事，派敛佃户，未必无指一科十之弊。"③ 康熙五十六年（1717）编制的《诸罗县志》记载台湾的地主大致可分四大类，其中一大类即是"管事"："田园之主其名有四：曰官庄，则设县之后，郡属文武官招垦田园，因而递受于后官者也；曰业户，则绅衿士民自垦纳赋或承买收租，而赋于官者也；曰管事，则乡推一人理赋税、差役，官就而责成之众，计田园以售其值，而租赋不与焉者也；曰番社，则番自为耕，无租赋而别有丁身之饷者也。"④ 直到同治、光绪年间，在南部三县的纳税证明文件（"粮户执照"），仍然可看到某里某名"管事名下佃户纳税谷数"的声明。例如，"凤山县正堂张为征收事。据观音里某管事名下纳户黄长发完纳光绪十一年正供粟五石正"⑤。

其实，不仅官方委托管事就近代理地方税收，大多数不在地业主也必须依赖在地佃户头人充当私人管事，代为收租，管理佃人。前述几名台南府城垦户，即是例证。此外，尚有管事系由业主和佃户共同协商委派的专业管理，负责分配水源，修理圳道，以及征收租粟等事务。⑥

客庄的管事大都属于最早创庄的有力之家，或是不在地垦户的"佃首"，或私人管事出身。例如，最早开辟弥浓（美浓）庄的林桂山家族，

————————

① 在诸罗（嘉义）地区村庄税收，直到嘉庆年间一直由庄管事负责催收，并由庄民缴纳"管事辛劳银"；民间土地典卖亦需管事盖印，方属完备。在若干村庄曾出现管事家族将"管事大租"杜卖的契约。不过，嘉庆以后，卖契较少见到管事印记。管事的职责也被地方保甲制度所替代，乃至管事租转变成地方村庙的香火。有关嘉义地区管事功能的变迁，参见黄阿有：《清代嘉义地区的田园主与陂圳的关系》，《台湾文献》，2008 年第 59 卷第 4 期，第 14－17 页。

② 季麒光：《条陈台湾事宜文》，见《台湾县志》，台北：台湾银行经济研究室，1961 年，第 229 页。

③ 陈瑸：《条陈台湾县事宜》，见《陈清端公文选》，台北：台湾银行经济研究室，1961 年，第 7 页。

④ 周钟瑄：《诸罗县志》，台北：台湾银行经济研究室，1962 年，第 86 页。

⑤ 凤山地区纳户执照图片，参见唐荣源编：《古凤山县文书专辑》，高雄：高雄市文献委员会，2004 年，第 59－64 页。

⑥ 例如，同治三年（1864）东振庄业主陈元隆，东振馆管事叶梦华和东振新庄（粤籍）管事杨渠成共同签署一份契约，同意委派另一名粤籍管事代为管理粤籍佃农纳税事宜。参见《同治三年十月林开招等立杜卖田契字》，见《屏东高树刘家文书（一）》，台北："中央研究院"台湾史研究所藏，编号 T0304D0251－0025。

自乾隆元年至道光十五年（1736—1835）长期担任本庄管事，并在庄中建造"济南馆"作为收租藏谷的租馆。同样，近邻的中坛庄和南隆庄，是粤籍客民李九礼于乾隆十三年（1748）率领族人前来开辟而成。此后，李家即长期担任本庄管事。咸丰年间（1851—1861），弥浓庄富户林伟麟（林文二）因经营染布及布匹生意积累百甲良田，被庄民推举为管事。① 前堆长兴庄邱永镐家族从康熙四十年（1701）出任管事，直到光绪时期，日据初年，前堆长兴庄管事仍然继续由邱家承担，从而形成所谓的"管事家族"。② 在左堆佳冬地区的客庄东埔庄，自清初创庄到日据时期，也是由开庄的戴昌龙家族担任管事。在日据初期，官方甚至以戴昌龙名字的谐音——昌隆，作为村庄名称。③

管事的职权除了代理官方征收赋税之外，另有责任配合官方采购稻谷任务（"采买"）。清代早期，官方为求储备台湾米粮供需，并供应内地沿海地区粮食市场，要求地方官每年按春秋两季农民收割时节，以每石谷0.36两的官定价格，强制业户和熟番部落供应一定数额米谷，作为仓储。由于民间谷价每石大约在1两左右，因此，官方采买稻谷便成为业户的额外负担。乾隆二十四年（1759）规定，不准向社番勒卖谷石。至于民间业户采买，也须每年告知采买谷数和官价，由"谷多良户"公平采买。在客家村庄则由"管事"按照业佃田业比例，分摊采买稻谷数额，再缴送官方，因此，管事也要求业佃补偿"采买辛劳银"。④

在乾隆期间的客家村庄，将"管事辛劳谷银"纳入田园交易的固定费用。例如，在乾隆五十六年（1791）长兴庄潭头村田主陈贬婶出典田业。典约规定，本地块每年需纳大租6.25石，银主可自行换佃取租为利。重要的是本契约末尾的一段声明："批明：即日经管事三面再批，每年晚季应纳采买辛劳谷一石七斗五升。早冬若有奉宪发领采买，应纳采谷一石。立批永昭（褒忠港西里长兴庄管事邱敏万盖印）。"⑤ 道光、咸丰年间几个客

---

① 萧盛和：《一个客家聚落区的形成及发展：以高雄县美浓镇为例》，台湾师范大学硕士学位论文，2004年，第61－62页，第77－78页。

② 据称邱永镐早年担任台南府城业户（卢林李垦户）在长兴庄的管事，代为管理租务。有关邱家历代管事名单，参见利天龙：《屏东县前堆地域的社会空间结构与变迁》，台湾师范大学硕士学位论文，2007年。

③ 钟瑾霖：《林边溪中游的拓垦与聚落发展》，台湾师范大学硕士学位论文，1998年。

④ 乾隆二十四年杨姓闽浙总督下令严禁勒派社番采买谷石，减轻熟番困苦。至于民间富户，仍然需要按照厅县规定采买谷数，按照官价分摊。参见《彰化知县颁布"遵立奉禁，不许社番采谷"》，见《岸里大社文书》，台北：台湾博物馆藏，编号AH2308－000－004。

⑤ 《乾隆五十六年四月潭头庄陈贬婶立出典契》，见《屏东麟洛地区土地文书》，台北："中央研究院"台湾史研究所藏，编号T0455D0374－0157。

庄的土地典卖契约，仍然保留业主缴纳"管事辛劳谷"的旧规，显示管事代理村庄税务的俗例一直延续下来：

> 仝立典契人归来庄分仔庄兄弟许妈力等，有承祖父伯叔仝龟屯庄族伯衍苈，明买过分仔庄后土名大分田贰……年带纳业主租粟拾陆石壹斗陆升，又配贴管事采买粟参石……托中送就与阿猴街许希记出首承典，三面言定时价佛银贰百大元正……
>
> 道光陆年五月立典字人许妈力等①

在咸丰六年（1856）的另一张典卖契约，王姓业主将一块种植甘蔗的旱田典卖新北势庄钟姓公尝。典契交代本地块每年需纳蔗田田赋（廊饷）和管事辛劳谷。这两项费用其实也就是田价的一部分：

> 立典大契字人阿猴街王薄兄弟等。先年承祖父遗下买有竹架下庄瑞泰号拾塯田，完纳部（廊）饷大租壹拾陆石正，每年供纳管事谷壹石五斗（下略），就于新北势庄钟宗贵尝内人象观兄弟等出首承领。当日三面言定时值典价佛银贰拾陆员正。
>
> 咸丰陆年七月立典大租契人王薄（业主王常记印）②

到了晚清，客庄管事似乎兼任庄长职务，且变成有给职位。日据初期，长期担任美浓（弥浓）庄管事兼庄长的林海珊，曾因庄民积欠"管事辛劳谷"，呈禀日本警方，请求协助追讨。禀文内容称：

> 具禀。港西上里弥浓庄管事林海珊为抗欠辛劳，恩准恩严追，以璬习顽事。窃珊自光绪十八年（1892）经庄中绅耆咸禀在案，并帖请珊承充庄管。自后禀公办理，毫无偷安。其辛劳谷石系各业佃供出，向有成规，请帖声明炳据。讵料人心叵测，狡诈多端。时有傅乌进、钟日保等胆敢抗欠五年辛劳谷，且声称大人并无出示，安得向收等情。独不思事务繁多，无论大小俱责成管事。似此抗欠辛劳，愕腹何能办事。非蒙严追，将彼此效尤，谁人办公。不得不沥情禀叩凤山县支厅大人殿察。恩迅严追，庶习顽

---

① 《道光六年五月归来庄分子庄兄弟许妈力等立典契字》，见《屏东麟洛地区土地文书》，台北："中央研究院"台湾史研究所藏，编号 T0455D0374-0010。

② 《咸丰六年阿猴街王薄王丁兄弟立典大租契字》，见《屏东麟洛地区土地文书》，台北："中央研究院"台湾史研究所藏，编号 T0455D0374-0085。

知墩，办公有赀。沾叩。

依据陈情禀文，林姓管事自称早在1884年即接受庄中绅耆的委托，充任管事，管理庄中大小事务，至于其辛劳则由业佃均摊。不过，在日本占据初期，庄民观望不前，连续积欠管事辛劳银，造成管事无心办公。为此，请求警方派员严追抗纳管事费用的村众。[1]

从禀文的申诉看来，可知在清廷统治200多年期间，屏东客家村庄一直维持由业佃分摊出资，聘请"管事"代表承办全村地赋和各种对外接洽事务的传统。同时，由于大多数田业在名义上都属于尝会、神明会或家族共业等集体组织所有，因此，管事在实质上也有职权介入全村田赋的征收和田业的管理事务。村庄管事和各尝会管理人业已成为客家聚落的社会经济势力核心，也就是共同的领导阶层。此处，再以资料比较翔实的前堆长兴庄邱永镐、邱忠山"管事家族"为例。邱家自康熙四十年（1701）来台拓垦，经历乾隆中期的财富积累，成立各种尝会血缘组织，并结合庄民组织神明会祭祀团体。到清末邱维藩继承家业，肩负邱永镐尝等7个血食尝和4个福德会等地缘团体的管理人职责，等于其家族是掌管前堆社会经济势力的核心家族。[2]

（二）六堆的权力网络关系

在管事之外，客庄社会另有一种特殊的半军事化民兵组织，称为"六堆"。[3] 康熙六十年（1721），以朱一贵、杜君英等闽籍漳州和粤籍潮州人为主的移民，招众竖旗杀官，造成台南府城和屏东近邻村庄的暴乱。在反乱过程中，客家庄民一方面组织六大营队的民团，协助官方反乱；争取地方官员的认同；另一方面则争取正统名分，高举大清皇帝圣旨牌，象征客民是忠诚的义民，有别于倡乱的"不义"闽、潮人等。经过官军、义民14个月的平乱和绥靖之后，闽、客族群也逐渐因武装冲突而分成两个抗争的族类，旧有的村庄也历经并庄重组，变成鲜明的闽、客分居现象。[4]

---

① 《凤山县管内政治一斑》，见台湾总督府"临时台湾土地调查局"：《台湾总督府公文类纂》，编号9785。

② 利天龙：《屏东县前堆地域的社会空间结构与变迁》，台湾师范大学硕士学位论文，2007年。

③ 六堆核心组织大致集中在东港溪中上游，分为先锋堆、前堆、中堆、后堆、左堆和右堆。后两堆因中隔施世榜租业（万峦庄）和蓝鼎元家族租业（里港），被隔离成相对独立的堆组织。

④ 有关清代南部地区民间械斗事件及其镇压过程，参见许毓良：《清代台湾的军事与社会：以武力控制为核心的讨论》，台湾师范大学博士学位论文，2004年。

雍正十年（1732）爆发吴福生事件，六堆照例派出壮丁一万余人助军平乱。乱平之后，前后任闽浙总督郝玉麟和德沛都向朝廷奏请叙功，奖励客庄义民。乾隆五十一年（1786）爆发林爽文、庄大田竖旗举兵造反事件，六堆再度助军平乱有功，正式取得"义民"身份。此后，在道光十二年（1832）李受事件、咸丰三年（1853）林恭反乱事件，乃至同治元年（1862）戴潮春事件等闽、粤分类械斗案件中，客庄频繁出堆，派遣数千至一万三千多名堆壮参与战斗。①

六堆在承平时期即按照各堆内部业主和佃农的田租收入，征收堆费，作为储备性质的"粮底谷"。利天龙利用难得的5件前堆组织的堆费收据，分析摊派纳谷大致分为早晚两季，并按大租户三分（30%）、小租户五分（50%）和佃农二分（20%）的比例分摊②。遇到战事发生，则按各庄人口和田园大小比例，分配堆旗，并按旗数派拨米谷杂费。例如，右堆的美浓庄分配12支；龙肚庄和竹头脚庄各5支；其余小庄则分配2~3支不等。每支堆旗出谷50石，米10石，另加30银圆。清末六堆组织的人口约有7 603户，计42 859人，另有近邻纳入"副堆"的民壮约2 170户，计1万名③。日据初期，殖民当局有鉴于客庄曾经发动有效的抵抗行动，为求掌握六堆客庄的坐落和地理方位，要求客庄领袖绘制简要地图。从此地图上，可感受到六堆领袖对于生存环境充满被围困的焦虑感——六堆客庄的西南方，尽是闽南人的村庄，东北方则是散布山脚的"番社"，在闽籍村民和"番人"的围绕下，客庄形同被包围的聚落。

1896年，殖民当局要求六堆协助警力捕捉参与抗日的"土匪"，六堆总理在日警的催促下，召集各庄庄长和族长共聚一堂，厘定章程，规定捉拿匪徒及各种出堆的权利与义务。根据合约所订规条，所有六堆范围的客庄，都须尽力协助官方推动绥靖政策。具体内容简介如下：④

一议我粤六堆无论何庄何姓，如有不肖之徒敢为土匪者，一经查出或被告发，即向该庄长跟交，由庄长责成其族长，由族长责成其房亲跟交，

①　许毓良：《清代台湾的军事与社会：以武力控制为核心的讨论》，台湾师范大学博士学位论文，2004年。
②　利天龙：《屏东县前堆地域的社会空间结构与变迁》，台湾师范大学硕士学位论文，2007年。
③　《凤山县管内政治一斑》，见台湾总督府"临时台湾土地调查局"：《台湾总督府公文类纂》，编号9785。
④　《凤山县管内政治一斑》，见台湾总督府"临时台湾土地调查局"：《台湾总督府公文类纂》，编号9785。

毋得徇情，致干国法（下略）。

一议堆总副理宜平日侦察各庄有无土匪；有则或协仝庄长、族长严拿送官治罪，或密报警察宪兵严拿治罪，不得庇纵徇情（下略）。

一议如有土匪抗拒官长抢劫民财者，无论何庄何人，有能奋勇救援生擒贼匪一名者，禀官奖赏外，堆内加赏银贰拾肆元；杀毙贼匪一名者，禀官奖赏外，堆内加赏银壹拾贰元。如有被土匪杀伤者，堆内调医外，每月给伙食银肆元。伤愈停止，如有伤废手足不能耕种，堆内措养老银壹百元；如有伤至毙命者，堆内措养家银贰百元。以上各款银圆系由各堆各庄自行给领，堆内各庄出七，本庄出三。即向所题公费派出给领，不得抗顽推诿。如有此情，禀官究治。

具名：六堆总理　邱凤扬；六堆副理　林建琼。各堆总理、副理及新北势庄等庄长、族长不等。（下略）

这份合约，虽然订立于日据初期，但是，通过规章内涵和各庄族长名单，大致可推知是延续清末六堆组织而来。六堆的基本干部是各村庄主要宗族的族长，其上设庄长一名，率领族长统筹全村事务，包括巡查村境，保护田业，武装村民对抗外敌。例如，前堆共有 16 庄，21 个家族，人口 5 633 人；中堆计有 19 庄，69 个家族，人口 7 167 人；先锋堆辖有 11 庄，33 个家族，人口 5 980 人。此外，六个堆各设一名总理和副总理，管理堆内各村的治安和人夫的调拨工作。整个六堆的领导人则是大总理和数名副总理。[1] 遇到出堆派兵场合，各堆各庄依据比例原则奖赏有功人士，抚恤伤亡。[2]

1897 年，弥浓庄庄长兼任管事林海珊因辖下"右堆"若干村庄头人积欠七百余银圆堆费，及一千余石堆谷，请托弥浓庄区长曾荣祥代向日本警方陈情，追讨堆费。据此可知，六堆客庄分摊堆费的惯例，一直维持到日

---

[1] 《六堆费延滞处分关件》，见台湾总督府"临时台湾土地调查局"：《台湾总督府公文类纂》，编号 9774。

[2] 成立于道光、嘉庆年间的美浓"杨恭成新丁祀典"尝会，曾于 1896 年分摊本庄堆费 8.37 石谷。《"杨恭成新丁祀典"尝会会簿》，见《高雄美浓杨恭成家族文书》，台北："中央研究院"台湾史研究所藏，编号 T0550D0454－0003－13。

据初期。①

如果了解到各庄宗族族长经常是各大祭祀尝会和神明会的主事者,那么,六堆组织其实就是有权控制客庄田业的超级公业团体。在六堆的组织下,各堆管辖下村庄都有义务提供米粮、拨派壮丁,协助出堆战斗和实行各种伤残抚恤措施。为了应付管事费用和六堆规费,大多数宗族组织必须及早筹备公共田业,以便随时应付官方派令,或是分摊堆组费用。客庄家族盛行集中管制田业,可能便是顺应历史环境的结果。

结语

清代初期,屏东平原在官方推动边区落地化的策略下,陆续出现台南府城出身的大型业户占据草地,招佃开垦,辟土成田,从而将自然资源化为土地税源,并吸引垦佃定居,结成聚落。此外,官方为求在偏远地区征收地税,在每一个行政里设立管事制度,代替官方催收地赋,调拨劳役,从而将村庄聚落转化为纳税单位。在国家势力逐渐控制屏东平原的原住民、土地资源和移民的过程中,引发了不均衡的地权结构,以及具有族群意识的"闽主客佃"租佃生产关系。闽籍业主长期以不在地地主身份占据大片租业,而客佃则以投资工本,改善田地,换取独立的土地经营权利(田主)。许多客民也利用累积的资本买卖田底,再向现耕佃农抽收小租,晋升为田主阶层。比较特殊的是,多数客家田主家族将田业拨为尝会祀典,或是划为家族"分耕而不分田"的共业。本章认为,客家产权集中的现象,可能和屏东平原的边区性有关。频繁的闽、粤分类械斗,以及村庄之间的紧张关系,促使客庄聚落重视村庄的半军事化联盟组织(六堆)。在村庄内部则由管事统筹土地税务,监督土地买卖,避免田业外流到异籍手中。至于家族组织,则利用公业提供的丰富租息举办祭拜祖先仪式,联络同宗共祖情谊。同时,投资神明会和慈善组织,建立泛村庄的族亲关系。家族尝会公业、管事和六堆联盟等于是集结族长、庄长和村庄精英为一体的文化权力网络,将客庄社会有机地凝聚在一起。

---

① 《凤山县管内政治一斑》,见台湾总督府"临时台湾土地调查局":《台湾总督府公文类纂》,编号9785。1897年3月26日,担任第31区长的曾荣祥曾因右堆村庄头人抗欠"堆费",请求凤山支厅长派遣警察或宪兵前擒拿到案。禀文称:"兹承来谕,饬荣传右堆竹头背庄傅荣昌,九芎林庄钟作利,龙肚庄钟云保,东振新庄杨永林、杨阿捷,大埔庄叶载戌,刺桐坑庄邱得来,崁顶庄张阿金,九块厝庄陈江、陈阿朱,新寮庄邱添来,新威庄邱成兴,武洛庄钟保生等少欠堆谷,限于此26日到警察署(下略)。"

垦区、堆域与粤境：六堆第一旧家的落地生根

利天龙

前言

清代自唐山渡台的客家族群，一向被描绘成"从无眷属……无室家宗族之系累"①，并且是"卖谷还粤……又复之台，岁以为常"的一群人。②然而，在来去不定的移垦浪潮中，并不乏拓垦有成而落地生根者。本章所关注的邱氏一族——"六堆第一旧家"③，就是在清领时期入垦前堆地域，④从而开基立业的案例。邱氏族裔不仅在清代历次民变中担任南台湾六堆义军的领袖，1895 年日军入台，其族人也以六堆大总理与核心幕僚的身份，率领义民浴血奋战。

本章首先由垦区庄的权力结构入手，讨论邱姓管事获取地方准行政权的背景。其次，借由干预土地交易、收买大小租权、代理官方事务、兴修水利设施以及获取初级功名等途径，本章也企图解答邱家如何能长期位居垦区上层领导地位的历史问题。最后，相对于开垦初期的态势，邱家的影响圈如何渐次超越垦区庄，由小而大、逐步推及堆域和粤境？关于这个耐人寻味的过程，本章企图从传统社会组织的运作细节来寻求合理的解答。

---

① 蓝鼎元：《平台纪略》，台北：台湾银行经济研究室，1958 年，第 52 页。
② 蓝鼎元：《平台纪略》，台北：台湾银行经济研究室，1958 年，第 63 页。
③ 钟壬寿：《六堆客家乡土志》，屏东：常青出版社，1973 年，第 189 页。
④ 前堆地域的范围，大约相当于屏东县长治乡 11 村、麟洛乡 7 村，以及屏东市东缘的 8 个里。实际上，前堆地域的长治乡与屏东市部分，属于上前堆地区，而麟洛乡则为下前堆地区。

笔者以为，通过历史的纵深剖析前堆地域内特殊的管事阶层之家族化现象，有助于解开南台湾六堆境内的区域差异问题，不仅裨益于乡土教育，更能丰富既有的客家研究成果。

一、垦区庄权力结构的在地化

六堆第一旧家的拓垦行动，是在邱永镐主导下开展的。康熙四十四年（1705），府城之卢、林、李三姓垦户与阿猴社之间的土地交易契约完成签署后，[①] 邱永镐便以管事身份从原籍镇平招徕邱、胡、廖、黄、李、罗六姓青年协垦。[②] 在清王朝控制力薄弱的南台湾边区，垦民必须自食其力、团结自保。所幸，他们并非四方簇聚的乌合之众，而是具有原乡社会关系的拓垦集团，不仅志在力田谋生，还渴望能久居台湾、建立家园。

（一）管事准行政权的确立

卢、林、李三姓垦户所在的府城，与下淡水地区距离遥远。当时"业户居郡城者十之七八焉"[③]，由于垦区离城窵远，郡城的业主虽握有土地所有权，但无法实时处理垦区庄的大小事务。业主权虽在垦户之手，佃户仅有永耕及土地的收益权，但是后来佃户逐渐取得土地实权，亦有招佃收租的情形发生。

下淡水地区的土地报垦者，被认为只在追求短期利益，并无长期经营垦区的打算，因此无法成为垦区秩序的安定力量。[④] 对垦区佃农而言，受业主之托负责收租的在地管事[⑤]，实比业主具有更大的影响力。在这一基础上，携带妻孥来台建立家园的邱永镐，遂得以系地方秩序于一身，成为安定垦区的关键。而在有司眼中，管事也必须为地方治安负起责任。[⑥]

---

① 《台南市卢乃聪申诉状》，见台湾总督府"临时台湾土地调查局"：《台湾总督府公文类纂》，编号4418－2，第1－4页。

② 钟壬寿：《六堆客家乡土志》，屏东：常青出版社，1973年，第190页。

③ 陈文达：《凤山县志》，台北：台湾银行经济研究室，1961年，第13页。

④ 施添福：《清代屏东平原的土地拓垦和族群关系》，见《平埔族群与台湾历史文化学术研讨会论文集》，台北："中央研究院"历史语言研究所，1998年，第24－47页。

⑤ 此种管事乃垦户之经理人，与庄民向官推举并经官验充者不同。"由官验充之管事，于后代文献罕见，似自然废绝。"参见戴炎辉：《清代台湾之乡治》，台北：联经出版事业公司，1979年，第10页。

⑥ "……敢有攘夺斗殴，负嵎肆横，本镇执法创征，决不一毫假借。其或操戈动众相攻杀者，以谋逆论罪，乡保耆老管事人等一并从重究处。"参见蓝鼎元：《东征集》，台北：台湾银行经济研究室，1958年，第81页。

根据《南部台湾志》对地方官僚的描述，① 乡长一职若果真有名无实，表示官治系统的若干行政权力实际上已为管事所把持。原本专责收租的管事，借由与官吏接触、为其服务的机会提升地位。虽然有些管事可能会"武断乡曲"② 而成为恶势力，但由于其手握实权和对垦区背景的了解，却也必然是边区社会秩序赖以维持的支柱。

实际上，管事的权力还间接来自府城官僚的背书。③ 垦区若生事故，不仅业主无力亲收租谷，对官员来说则唯恐耽误国课。故而，业主和官吏彼此勾结、苟且偷安的情势在所难免。基于在地优势并手握租谷的管事，遂得以日渐扩权。垦区社会的实际生活中，不仅小至盗牛、偷鸡这类鼠牙雀角之事，业主无从过问，就连土地佃权的移转，也必须听任在地管事的安排，诚所谓："头家拱手以听，权尽出于佃丁"④ 矣！

在这种局势下，受到头家倚重并担任垦区经理人的邱永镐，俨然是独当一面的地方领袖。他不仅是有民众认同基础的领导者，同时也是官府默许的地方事务代理人。在平时，为了增产力田，率众入山破水，不惜冒着番害的危险开埤作圳；遇战时，为了保卫家园驰援战场，甘冒风险而身先士卒。在安身立命的前提下，管事和垦民上下一心，都有固守家园的信念。

（二）垦区庄的地域整合：以租馆为中心

论者虽已指出："租馆管事是促成地域发展的核心人物，管事多半会大量招徕同乡移民到其管辖的地域中……其乡贯别通常会影响到地域的组成分子；租地和自然街庄也因此被租馆整合成为一个地域。"⑤ 然而，租佃契约⑥却显示，邱姓管事的收租范围，实际上仅涵盖仑上、火烧、香杨脚

---

① "……平时处理庄中事务者有管事，管事本系办理租馆之人，然而官吏出差各地方时，多住宿租馆，一切事务多依赖管事。于是管事之权自然提高而胜过乡长，致使乡长一职有名无实。"村上玉吉：《南部台湾志》，台北：成文书局，1985 年，第 25 页。

② 丁宗洛：《陈清端公年谱》，台北：台湾银行经济研究室，1964 年，第 73 页。

③ "……庄主多侨居郡治，借客之力以共其租；猝有事，皆左袒。长吏或迁就，苟且阴受其私，长此安穷乎？"参见王瑛曾：《重修凤山县志》，台北：台湾银行经济研究室，1962 年，第 51 页。

④ 周钟瑄：《诸罗县志》，台北：台湾银行经济研究室，1962 年，第 148 页。

⑤ 黄琼慧：《屏北地区的聚落型态、维生活动与社会组织》，台湾师范大学硕士学位论文，1996 年，第 45 页。

⑥ 这张契约表明乾隆五十九年（1794）邱映兰和其侄邱起凤兄弟，在仑上、火烧、归来三庄可向邱、廖、郭、施、叶五姓佃农收取 32 石 1 斗 1 升 4 合的租谷。详阅王世庆编：《台湾公私藏古文书》，台北："中央图书馆"台湾分馆藏，第五辑，编号 125。

和归来庄一带，并未涵盖垦户最初请垦的范围。可以确定的是，海丰庄、德协庄的管事另有其人（见表1）。

这种以各庄管事为中心的土地拓垦模式，特殊之处在管事有其责任范围，其收租权力通常仅止于附近数庄，而未涵盖整个垦区。简单来说，业主向官请垦时的埔地，未必能被整合成一个完整的地域单元。业主若因垦区庄过于广袤而委托数个管事人收租，将出现以各庄租馆为中心而各自整合的若干个地域单元。不过，垦区庄内由租馆整合而分割的小地域，实际界线并不如想象中那样的泾渭分明。

表1　清代契约文书所见前堆邻近各庄之历任管事

庄名	管事	时间	资料来源
和兴庄	邱佐臣	乾隆十七年四月	第五辑，编号037
和兴庄	何黉光	乾隆三十八年	第五辑，编号074
和兴庄	周维琼	乾隆四十七年五月	第五辑，编号093
和兴庄	林郑□①	嘉庆三年二月	第五辑，编号140
和兴庄	陈文成	嘉庆六年十月	第六辑，编号045
和兴庄	林雍杰	嘉庆七年六月	第五辑，编号373
海丰庄	苏　韶	雍正十一年十一月	第五辑，编号008
海丰庄	何乃祚	乾隆六年五月	第五辑，编号016
海丰庄	古钦发	乾隆十一年十月	第五辑，编号029
海丰庄	林振顺	同治七年六月	第五辑，编号564
德协庄	黄纯雍	乾隆二十七年	黄琼慧（1996），第56页
东宁庄	赖□臣	乾隆四十五年一月	第五辑，编号087
东畔庄	朱永球	乾隆八年	第六辑，编号012
东势后庄	谢日树	乾隆十四年	第五辑，编号032，034

资料来源：

（1）整理自王世庆编：《台湾公私藏古文书》，台北："中央图书馆"台湾分馆藏，表中"资料来源"即为契字之辑别与编号。

（2）黄琼慧：《屏北地区的聚落型态、维生活动与社会组织》，台湾师范大学硕士学位论文，1996年，第56页。

尽管收租的责任区域略有不同，但从租佃契约看来，本地管事的责任

---

①　本书中引用地契文献，常有无法辨识的文字，均用"□"代替，在此统一说明。

区确实和北部的垦首制度一样，均盛行着大、小租制。① 随着租权移转，同一聚落内将存在多个租馆，各自为所属的大、小租户效力。虽然请垦之初，乡贯别通常会影响到地域的组成分子，然而历经土地权利移转和起耕换佃过程之后，地域空间单元内的租地很可能转由不同乡贯别的佃农垦耕，也就引发地域内某种程度的不均质现象。由此而衍生的各种水源争较、土地境界纠纷，就成为管事日常生活中必须处理的问题。另外，既然租馆所整合的地域，是个租地参差错落的地域，则管事所直接面对的，就不只是业佃关系上的业主或佃农；为了妥善管理责任区域，管事和管事之间的接触与联系也无法避免。亦即，管事的视野不仅自上而下地关注佃农，也平行地及于负责其他租馆的管事。

承上所言，垦区社会下层的佃农，通过管事仲裁并排解纠纷，上层的管事以业主与佃农的信赖为基础，为双方提供服务，从而确保了垦区的安定。如此一来，在垦区事务上，官方愈发显露出疲软的窘境，多数事务非由管事出面不可。管事以其地方头人之姿，得以超越官职，掌握地域社会的准行政权。而这种边区的权力结构，是前堆地域的垦民建立家园后，在日常生活中必然深刻体会到的事实。

二、管事地位的巩固与领导阶层的家族化

对照邻近各庄的历任管事，不难发现一个前堆地域的特殊现象：邱氏后裔长期担任垦户经理人，与其他地区有别（见表1、表2）。以海丰庄为例，在雍正十一年（1733）到同治七年（1868）之间，该庄管事职务先后由苏、何、古、林四姓人士担任，显然收租的事务数次易手。而和兴庄在乾隆三十八年（1773）至嘉庆七年（1802）间，也由何、周、林、陈四姓人士先后接掌收租事宜。值得深究的是，在同一垦区内邻近各庄频繁的人事更迭情形中，为何唯独邱家得以长期担任长兴庄的管事，几乎成了名副其实的"管事家族"？

---

① 对于客庄拓垦组织的论述，亦有论者质疑前人以尝会向官府请垦系跳脱台湾特有垦首制及大、小租制的说法。参见林正慧：《六堆客家与清代屏东平原》，台北：远流出版事业股份有限公司，2008年，第140－141页。

表2　清代凤山县长兴庄的历任管事

时间	姓名	世系	职称
康熙末	邱永镐	十五世	管事
雍正元年至六年	邱仁山	十六世	管事
雍正六年至乾隆四年十二月	邱智山	十六世	管事
—	邱信山	十六世	管事
乾隆元年七月	邱永浩（镐）	十五世	管事
乾隆七年十二月至十二年一月	邱忠山	十六世	管事
乾隆二十一年十二月至二十六年十二月	邱奕福	十六世	管事
乾隆三十年	邱俊万	十七世	管事
乾隆三十一年四月	邱忠山	十六世	管事
乾隆三十八年九月至四十四年四月	邱奕锵	十六世	管事
乾隆四十九年六月至五十四年五月	邱敏万	十七世	管事
乾隆六十年十一月	邱映□	十八世	管事
嘉庆二年一月至七年八月	邱映藕	十八世	管事
嘉庆八年十月至九年五月	邱芳义	？世	管事
嘉庆十五年七月至十六年八月	邱镇凤	十九世	管事
嘉庆二十五年十月至道光四年十月	邱连凤	十九世	管事
道光二十五年二月	邱承	？世	城工管事
咸丰九年八月至十一年七月	邱永清	？世	城工管事
同治四年十二月	邱长底三、邱银廷	？世	管事
光绪年间至日据初期	邱维藩	二十世	管事

资料来源：

（1）利天龙：《屏东县前堆地域的社会空间结构与变迁》，台湾师范大学硕士学位论文，2007年。

（2）"国家文化数据库"：http://nrch.cca.gov.tw/ccahome/index.jsp，编号0006715928。

（一）介入土地交易市场

清廷领台之后，屏东平原最迟至康熙五十八年（1719）已有港西里与港东里的设置，[①] 两里大致以东港溪为界。随着土地拓垦事业的开展，汉移民与其聚落的数量与日俱增，为便于管理，将原有的两个里析分为上、中、下三个里。但只有此种官设里堡的总理，并无法积极地影响或控制客

---

① 王瑛曾：《重修凤山县志》，台北：台湾银行经济研究室，1962年，第50页。

属地域。朱一贵事件荡平后，粤人因"功加外委，数至盈千"，专断独行而出现"保正里长，非粤人不得承充"的现象。①

然而，以里、堡之总理身份介入土地交易的情况并不多见。前堆地域一带更为普遍的是邱氏管事介入土地交易过程的现象（见表3）。其中最早的案例见于乾隆元年（1736），当时在邱永镐的见证下，佃人邱文龙将土地退与邱叔庸承顶。②

开垦初期，这一类"退田契"的数量不少，佃人出退的土地不待业主认可，在管事的主持下即可另招别佃。针对管事主导换佃的现象，学者认为："康熙五十六年已有久佃成业主之气氛，至乾隆十年前后，佃权的处分仍普遍用'杜退埔底'或'退田'字样，而尚称给垦人为业主。至乾隆十年以后，立'杜卖田契'者，已甚普遍，而称给垦人为大租业主，佃户自居为小租主，任意典卖其业主权。"③ 前堆地域的土地交易，看来也是如此。

在邱永镐之后，他的几个儿子都曾继任管事。其第六子邱忠山以管事身份介入土地交易的情形，可见于乾隆七年与八年的契约文书，不过这些文书与当年邱永镐所涉入的契约一样，俱未见管事戳记之使用。④ 最迟至乾隆十二年，邱忠山介入潭头庄黄氏兄弟的退田契约时，始见管事图记的使用。⑤

当时邱忠山所持有的"怀忠火烧庄管事图记"样式与其他六任管事所持有的几乎相同，只是名称上稍有更易。乾隆年间邱家所持有的管事图记之所以冠以"怀忠"字样，系客家义民在协助荡平朱一贵乱事后，获得的官给荣耀。⑥

嘉庆以后的管事图记改冠以"褒忠"字样，则是林爽文叛乱时，客家

① 刘良璧：《重修福建台湾府志（下）》，台北："行政院"文化建设委员会，远流出版事业股份有限公司，2005年，第664页。

② 王世庆编：《台湾公私藏古文书》，台北："中央图书馆"台湾分馆藏，第五辑，编号015。

③ 戴炎辉：《清代台湾之乡治》，台北：联经出版事业公司，1979年，第321页。

④ 王世庆编：《台湾公私藏古文书》，台北："中央图书馆"台湾分馆藏，第五辑，编号019，024。

⑤ 王世庆编：《台湾公私藏古文书》，台北："中央图书馆"台湾分馆藏，第五辑，编号030。

⑥ "……直三等逐率众来会，制府满保将为首起义诸民，现拔李直三、侯观德、邱永月、刘庚辅、陈展裕、钟沐华、钟沐纯为千总，赏银九百五十两、米三百石、彩段一百疋，旌其里曰'怀忠里'，谕建亭曰'忠义亭'，优恩蠲免差徭（立碑县门，永为定例），奉旨从优议叙……"卢尔德嘉：《凤山县采访册》，台北：台湾银行经济研究室，1960年，第269页。

义民在扫平南路贼目庄大田的战争上出力甚多所获。尤其是前堆山猪毛庄的义民，除获"褒忠"匾额外，还蒙将军福康安召见慰劳。[1] 虽然这些管事图记均为私记，不是官方所核发，但是私记内屡见官方意味浓厚之"怀忠"或"褒忠"字样，似乎代表着邱家的历任管事，就是"经官验充"的管事。无论如何，可确定的是：管事家族既是垦户的收租代理人，同时又有官给荣誉。如此一来，邱家的准行政权，就更加名正言顺了。[2]

表3　管事家族介入土地交易的例子

契字类型	时间	土地位置	卖方	买方	管事/介入方式
退田契	乾隆元年七月	长兴庄横圳下	邱文龙	邱叔庸	邱永镐/在场
退田契	乾隆七年十二月	长兴庄横圳下	邱凤仁	王日达、王日旺	邱忠山/在场
退田契	乾隆八年十一月	香杨庄	邱必瑄	傅日任	邱忠山/在场
退田契	乾隆十二年一月	潭头庄	黄清伯兄弟	李明选	邱忠山/戳记
杜绝卖契	乾隆十七年十月	香杨庄	李明宦	邱信山	邱忠山/知见、戳记
杜绝退契	乾隆二十年一月	火烧庄	邱静若	傅以传	邱奕福/在场、戳记
永卖截契	乾隆三十年十一月	香杨庄门首	傅日任兄弟	许标元兄弟	邱忠山/在场
杜绝卖田契	乾隆四十年	长兴庄老屋背	邱启瑾	邱俊万	邱敏万/戳记
绝卖田契	乾隆五十七年一月	香杨脚庄	蒋妈乞等	苏奕隆	邱敏万/在场
典田契	嘉庆七年八月	长兴庄老屋背	邱黄氏全男等	林绍辉	邱映藕/在场

---

① 阙名：《平台纪事本末》，台北：台湾银行经济研究室，1958年，第65页。

② 前人曾以"税捐处兼乡长"来形容管事的职权。参见钟壬寿：《六堆客家乡土志》，屏东：常青出版社，1973年，第275页。

（续上表）

契字类型	时间	土地位置	卖方	买方	管事/介入方式
杜绝卖契	嘉庆七年十一月	火烧庄	王贞喜等	郑宅	邱 承/戳记
杜绝卖田契	嘉庆十五年九月	仑上庄横圳下	邱台秀兄弟	赖清燕	邱镇凤/在场
转典田契	咸丰三年四月	横圳下	王国兴	福珍、日光	邱芳义/中人、代笔

资料来源：王世庆编：《台湾公私藏古文书》，台北："中央图书馆"台湾分馆藏，第五辑，编号 015，019，030，038，044，060，120，415，152，178，410。

无论在场知见、中介或走笔代书，还是简单地使用图记，邱家历任管事都在不同程度上涉入了土地交易市场。对买卖双方而言，垦区管事的背书，不仅相当于可靠的履约保证，更是将来遇到纠纷时，官员裁决的考虑依据。对管事家族而言，他们的出面，则是对自身领导地位的一再宣示。

（二）大、小租权的收买

清代中叶，大租户因族大分枝而逐渐衰弱，而小租户则因实质收入相对增加，使其地位逐渐超越了原来的业主。[①] 一份印证此事实的契约[②]显示：乾隆四十九年（1784）六月，邱永镐之孙邱敏万与业主李钟龙签订"杜绝卖租契"，买下长兴、火烧与归来等庄垦地之大租权。[③] 契内佃户计有邱、郭、廖、施、薛等六姓，前堆邱家实已超越昔日的管事阶层，进一步跃升为地域内自收纳课的业主。

---

① 张明雄：《清代中期台湾传统农商社会的演进及其社会结构的转变》，《台湾文献期刊》，1991 年第 42 卷第 1 期，第 162 页。

② "立杜绝卖租契业主李钟龙有承祖父遗下兄弟阄分应得长兴、火烧、归来等庄垦地界内田园甲额，收管租粟内之佃人邱璋荣、郭子华、廖英联、施成嫂、施宁、薛宝等，每晚季共纳龙分下租粟、升科隘口谷共玖拾叁石壹斗八升。前既立契，托中出典于邱敏万哥家掌，管收租纳课、对佃认明，付收租项如数去异，兹龙自忖无力取赎，情愿欲将玖拾叁石壹斗捌升之租杜绝出卖于人，尽问房亲人等俱各无银承买，外托中再引就于邱宅敏万哥出首承买。当日三面言议，定时价值银叁肆拾两正，除前收过典价番银贰百陆拾肆两贰钱外，今又收过杜绝卖契洗找花边番银柒拾伍两捌钱，合前后典买龙凭中实收过花边番价共叁百肆拾两足讫。"参见王世庆编：《台湾公私藏古文书》，台北："中央图书馆"台湾分馆藏，第五辑，编号 101。

③ 王世庆编：《台湾公私藏古文书》，台北："中央图书馆"台湾分馆藏，第五辑，编号 101。

此后纵使邱家的大租权曾有移转，但大抵仍不出房亲族人之外。譬如乾隆五十八年（1793）时，邱敏万将租粟 35 石 4 升典出，但承顶的是邱映藕，乾隆五十九年（1794）二月，邱敏万之子邱映兰与侄邱起凤复因邱敏万遗欠债数浩繁，又将遗下之租粟 93 石 1 斗 8 升出卖于邱映藕承顶。①由此可知，土地权利的掌握，在相当程度上与领导地位的维持有关。万一不得已而必须将地权释出时，管事家族的做法又如何？且看这个例子：

立杜绝卖田契邱贤振、贤扬兄弟有承父遗下横圳下水田一处。
（中略）
尽问房亲叔伯人等俱各不愿成交，托中引就郭宅子华出首承买。
（中略）
说合中：邱季麟（花押）
见：邱正宏、邱正元、邱奇书、邱辉来、邱端成、邱仰贤、邱正璋、刘特吉（花押）
在场：叔邱倬荣（花押）
弟邱贤英、邱惕谂、邱超清、邱元祥、徐日朗、邱惕谟（花押）
依口代笔：邱英生（花押）
业主：李（印）
管事：邱忠山（花押）②

这份签署于乾隆三十一年（1766）的契约显示，邱家的土地权利在转入异姓（郭）手中时，竟有邱正宏等八人见证，同时在场的还有邱贤振之叔、弟等七人；除有管事邱忠山签印背书之外，还罕见地请出李姓业主到地参与。足见，管事家族几乎是倾家族、宗族之力，全面地防堵土地权利流失。这一层由房亲族人所共筑而成的防火墙，无疑是管事家族得以长期占据垦区社会顶层的重要屏障。

不过真正能够让在地农村家族致富的，应当是小租权和管事辛劳谷。就目前所见的前堆地域若干土地契约，耕佃除了缴交大、小租之外，部分

---

① 王世庆编：《台湾公私藏古文书》，台北："中央图书馆"台湾分馆藏，第五辑，编号125。

② 王世庆编：《台湾公私藏古文书》，台北："中央图书馆"台湾分馆藏，第五辑，编号061。

契约尚还载明必须负担"管事辛劳谷"或"辛费谷"①，也就是管事因收租而应当获取的报酬。根据道光朝以前的租率，每甲水田的小租田租最高有三十二石，而大租的田租最高仅有八石，远低于小租。旱园的收益，也是小租户的纯益较高（见表4）。因此，拥有小租租业的田主在招佃认垦后，往往可从佃农的生产剩余中得到利润而迅速致富，其利益远比大租权丰厚。

表4 道光朝以前的大、小租额比较

单位：石

租赋类别	上田	中田	下田	上园	中园	下园
大租额（A）	8.00	6.00	4.00	6.00	4.00	2.00
小租额（B）	32.00	24.00	16.00	24.00	16.00	8.00
正供额（C）	2.74	2.08	1.758	2.08	1.75	1.716
大租户纯益（A－C）	5.26	3.92	2.242	3.92	2.242	2.84
小租户纯益（B－A）	24.00	18.00	12.00	18.00	12.00	6.00

资料来源：整理自东嘉生：《台湾经济史研究》，台北：东都书籍株式会社台北支店，1944年，第261，266页。

（三）与官府力量的接轨

乾隆四十年（1775）台湾府蒋元枢率同各厅、县，公捐银一万二千银圆，将其银分交辖内四县，各县得三千银圆之资以买田园，田租收入用于支应修城之工资。② 而清代台湾府在港西里内置买之田业计有一百零六甲余，其租谷开征后按时价变卖，并将所得解存府库，专作修理台湾府城垣之用。乾隆五十四年（1789）间，长兴庄内李振山所遗物业被卖给台湾县

---

① 台湾历史博物馆即藏有道光二年（1822）由长兴庄管事邱连凤签署的辛费谷完讫付单："记收过许梦庚奇顶逢春分田6分应纳本年晚季辛费谷1石7斗5升完讫付单为照。"可于"国家文化数据库"检索：http://nrch.cca.gov.tw/ccahome/index.jsp，编号0006715927。

② 原文为："乾隆四十年，台湾府蒋元枢率同厅、县公捐银一万二千元，将银分交四邑，（每）邑三千元，使各买田园，收其租之入，备修城工经费。于是，台湾县（即晋安平县），置买凤属港西里民田一百六甲六分三厘有奇，现收谷九百六十三石七斗零五合二勺。按照时价变卖，将谷价解存府库。如有城垣倒坏，提为修理城垣经费之需。"参见佚名：《安平县杂记》，台北：台湾银行经济研究室，1959年，第102页。

作为护城之费用。①

长兴庄下的城工田业，原为业主李振山所垦，邱家则长期担任其管事，彼此有相当之渊源。值得注意的是，李振山的田产出卖后，虽然租佃关系发生变化，由"佃农—业主—国家"，改为"佃农—国家"，但就实际的租谷征收流程而言，管事作为中间人的结构并未因此改变，仍为："佃农—管事—业主/国家"。垦户李振山的管事邱奕锵，直接成为官方征收城工租谷的代理人。最迟于嘉庆三年（1798）前后，长兴庄邱家已持有台湾县核给、专为办理城工息租之制式戳记。

乾隆五十七年（1792）因田禾遭蝗灾，连年荒歉，以致稻坪无谷可收。经管事邱奕锵禀请折价完纳，并获准延至当年十一月底前征收。然而，除蝗灾之外，部分城工业佃又逢大水冲压而致土地流失，或变为沙地不能耕作。② 有感于连年积欠之租谷难以清款，张秀超等职员遂呈请免新纳、依旧征纳永为定例。③

在前述案例中，官方向业佃责交未完之城工租谷，实由管事邱奕锵居中斡旋，无论折价或延缴租谷，邱家为业佃代言挺身而出，为百姓争取福利。此后，道光朝至咸丰十一年（1861）前后的管事，亦由邱氏后裔担任，于戳记则见"台湾县"或"台湾县正堂"字样。可见，城工息租在内的租赋征收，邱家成员也多有涉入。除管事职务外，其余地方公职亦见邱氏宗族出任。④

可以确信的是，自邱永镐担任卢、林、李三姓垦户之经理人并率众入垦开始，无论是否"经官验充"，其族人对于地方事务始终具有相当的影响力。乾隆末年以后，邱家更以垦区事务的熟稔为基础，包办城工息租的

① 王世庆编：《台湾公私藏古文书》，台北："中央图书馆"台湾分馆藏，第五辑，编号371。

② 王世庆编：《台湾公私藏古文书》，台北："中央图书馆"台湾分馆藏，第五辑，编号001，002。

③ 王世庆编：《台湾公私藏古文书》，台北："中央图书馆"台湾分馆藏，第五辑，编号371。

④ 例如：乾隆五十九年前后，邱丕成担任"水甲"一职；嘉庆九年至嘉庆十六年前后，邱超拔曾长期担任长兴庄城工息租之水甲；咸丰四年至咸丰九年间，则有邱平光担任长兴庄职员。王世庆编：《台湾公私藏古文书》，台北："中央图书馆"台湾分馆藏，第五辑，编号127，160，002。

开征。在国家行政机构的依赖下，管事家族的角色与责任，诚然与日俱增。①

（四）水利设施的兴修

十八世纪初，邱永镐、邱智山父子率领众人兴筑水圳，引隘寮溪与支流番子寮溪、巴六溪的水，灌溉德协、长兴火烧庄一带。邱智山之子邱俊万，继之亦加入筑圳的行列。② 水圳因灌溉中心点为火烧庄而取名火烧圳，为纪念创圳人邱永镐，也称作"邱永镐圳"。③ 雍正六年（1728），管事邱仁山率众赴大坑阙疏浚竹叶林圳，遭生番杀害殒命。来年二月，总兵石云倬率兵丁剿抚，由府治经武洛社并移营海丰庄，多次深入内山。④ 乾隆四年（1739），邱永镐四子邱智山因佃农作田缺水，漏夜往大坑阙巡视水路，亦遭番害殒命（见表5）。

由此可知，邱家固因独资投入工本，得以享有并支配水权，却也必须独力承担风险。任何与埤圳维护、水量分配有关的协调与纠纷，也都必须由邱家出面（见表5）。

表5　清代前堆管事邱家参与火烧圳修筑与维护的重要事件

时间	原因	详情纪要
康熙四十年	自大坑阙引水，圳路初创	分让水权：长兴十分之七、德协十分之三
康熙四十年后	族弟分家，移居新东势	分让水权：抽出全部水量的五分之二，让与邱永月自费开沟，修筑新东势圳
雍正六年十二月	疏浚水圳	管事邱仁山率长兴、竹叶、新潭头等庄民到大坑阙疏浚竹叶林圳，遭山猪毛生番杀伤12人，生番又追至竹叶庄杀伤佃民2人

---

① 论者已指出台湾南部农村的管事，不但主管地方田赋税收，兼理官方采购稻谷，同时也须协调水利灌溉用水的分配和维修。参见陈秋坤：《土著地权、族群关系与客家公产：以屏东平原为中心，1700—1900》，见《六堆历史文化与前瞻学术研讨会论文集》，台北："行政院"客家委员会/屏东：屏东科技大学，2007年，第26—27页。

② 黄琼慧：《屏北地区的聚落型态、维生活动与社会组织》，台湾师范大学硕士学位论文，1996年。

③ 沈明章：《埤圳命名搜奇》，《农田水利杂志》，2004年第51卷第7期。

④ 石云倬：《奏为台湾南路山猪毛野番杀害民番事》，见《宫中档雍正朝奏折》，台北：台湾故宫博物院，1977-1980年，第8102页。

（续上表）

时间	原因	详情纪要
乾隆四年十二月	巡视水路	佃农作田缺水，邱智山漏夜往大坑阙巡圳，为马卡查牙社番杀害
乾隆二十四年	旧圳被洪水冲圯	邱忠山向阿猴社土目、番子寮庄民及兵丁购买旧圳附近的埔园开垦新圳
乾隆二十四年十月	河水细流，分灌不敷使用	长兴、德协二庄协议圳水源头改于德协，并调整分水比例：长兴五分之三、德协五分之二
乾隆二十五至二十六年间	新圳近山猪毛教场，有碍营盘	遭下淡水营都司叶元聪填塞
乾隆二十七年	修筑新圳	经凤山县知县王瑛曾会勘，建议缴纳营银六两以为圳租，并准许开圳
乾隆三十年	修筑旧圳，灌溉课田	陈请知县潭垣给予器械鸟枪，以便入山修筑圳头，县主谕令各庄佃如欲前往界口修筑埤圳，只要据实以报，将拨壮番与兵丁护行
乾隆三十年八月	修筑旧圳	引用王前知县给枪 38 杆之旧例，一再陈请，八月二十五日终获批准
清末	旧圳崩坏	邱维藩出资督工，修筑石头埤

资料来源：

（1）六堆忠义文献，转引自黄琼慧：《屏北地区的聚落型态、维生活动与社会组织》，台湾师范大学硕士学位论文，1996 年。

（2）刘正一：《邱仁山列传》，《六堆风云》，2001 年第 87 期，第 11 – 12 页。

（3）刘正一：《邱智山列传》，《六堆风云》，2001 年第 88 期，第 29 – 31 页。

（4）访谈所得。

乾隆二十四年（1759）起，邱氏后裔多次领导或代表民众和官方交涉，山猪毛营都司、凤山知县和南路营参将都在协调之列。邱忠山在其管事任内，甚至曾出面控告南路营参将索浑，索浑又控告知县王瑛曾到台湾巡道与台湾知府，各据案情。在官府能否核给器械以便入山修圳的事由上，也是经邱家一再陈请，官方准给鸟枪后，佃农才敢赴山脚筑圳。①

在攸关生计的水利议题上，邱家自备工本、一肩扛起，满足了前堆地域内万千佃农对圳水的渴望。通过屡次与官方之间的周旋与折冲，邱家充分展露其作为地方头人的特质，并因此维持领导地位于不坠。他们前仆后继兴建、维修和疏浚水路，其功厥伟。这种由下而上、源自群众的厚实声望与实力，其声势之大，无疑是前堆地域社会中任何个人或家族都难以撼动的。

（五）晋升士绅阶级

入垦之初，客佃应邱永镐号召来台，加上其代收业主大租，在地方上已甚具实力。邱永镐以降，子孙二代复借由科举获得初级功名，持续强化地域社会中的家族影响力。邱永镐之子邱肇扬（即邱忠山）为贡生；邱永镐之孙邱际成（即邱翘万）、邱锦万均为监生，而邱际时（即邱敏万）、邱秀（即邱俊万）则为庠生（见表6）。这些具贡、监生与生员等身份者，是地方士绅中人数最多的。拥有初级功名者，在地方上已具一定名望，不仅是私塾教育的主要师资，也是推动地方公益的主要力量。②

表6　清代上前堆地区管事家族的成员

姓名	身份	生平主要经历与事迹
邱永镐		长兴庄第一任管事、康熙六十年（1721）立军功
邱仁山（1690—1728）	邱永镐长子	康熙六十年（1721）立军功，赏正六品武官；外委守备雍正初年（1723），长兴庄第二任管事
邱义山（邱廷伟）	邱永号次子	雍正十年（1732）以吴福生之役立军功，功加义民
邱智山（1705—1740）	邱永镐四子	雍正六年（1728）长兴庄第三任管事
邱信山	邱永镐五子	雍正十年（1732）以吴福生之役立军功，功加义民
邱忠山（1709—1776）	邱永镐六子	乾隆八年（1743）台湾府儒学庠生（秀才）、例贡生长兴庄第四任管事、控告参将

① 刘正一：《邱忠山列传》，《六堆风云》，2001年第87期，第39－40页。
② 江淑美：《清代台湾客家子弟教育研究（1684—1895）》，台湾师范大学硕士学位论文，2003年。

（续上表）

姓名	身份	生平主要经历与事迹
邱俊万（1736—1799）字秀、号升斋、谥文达	邱智山长子	乾隆二十五年（1760）台湾府儒学庠生（秀才）乾隆三十一年（1766）长兴庄第五任管事、乾隆三十二（1767）年岁贡生乾隆五十一年（1786）前堆总理、乾隆五十三年（1788）赏正六品文官：通判
邱映芹	邱俊万之子	林爽文之乱立军功
邱开万	邱仁山长子	乾隆四十年（1775）加入文宣王祀典会
邱丕万	邱仁山次子	乾隆五十一年（1786）赏八品职衔：外委

资料来源：

（1）王瑛曾：《重修凤山县志》，台北：台湾银行经济研究室，1962 年，第 257 页。

（2）刘正一：《邱忠山列传》，《六堆风云》，2001 年第 87 期，第 39 - 40 页。

一如前述，管事家族借由介入土地交易、收买大小租权、代理官方事务和兴修水利设施等途径，巩固了自身的领导地位。在后续的发展上，邱氏族裔更借由重视文教的传统，获取初级功名，提升其社会地位。此后，管事家族如何借由士绅阶层的名望，维持其在地域社会（垦区庄）中的既有地位，甚至进一步将家族影响圈由垦区庄，向外扩及整个前堆或六堆粤境？这是本章接着要分析的问题。

三、传统社会组织中的管事家族

（一）血缘性的社会组织：尝会

由现存的土地租佃契约来看，大约到了十八世纪中叶以后，拥有人口数量与经济优势的管事家族才开始组织在地尝会，进入"组织化垦殖"时期。乾隆二十九年（1764），邱家创设始二世祖尝，上距初垦年代已逾半世纪。毕竟，有了生产上的剩余，才有余力津敛财富、典买土地，并以收益来延续祖先的祭祀香火。该尝与其他现存而仍运作中的燃秀公尝、均庆公尝、邱西湖公尝等，均为族众集资设立的"会份尝"。这些以唐山祖为号召而组成的尝会组织，未必是大陆原乡尝会的延伸，但必然有深厚的渊源，① 多数均在台设立。

综观管事家族与其宗族所津敛之尝会，至少有以下几个特点：

1. 范围跨越庄界

由组织的运作来看，邱始二世祖尝每年的祭祖与算会，遍及火烧庄、东振新庄、竹围仔、德协庄等庄；② 由股份的记录来看，烋秀公尝的成员分布在新威、长兴、麟洛、新东势、德协、槟榔林、中仑、新寮、万峦、火烧、大路关、龙肚、中坛、美浓、新庄仔、新北势、内埔、东振新庄、田寮、楠仔仙、荆仔寮等庄，③ 均庆公尝的成员至少也分布于长治、内埔、竹田、仑上等庄。④ 在屏东平原广袤的土地上，这些会份尝一方面通过添置尝产时不定期帮办酒席，凝聚彼此的族谊，另一方面，则通过周期性的轮流祭祖与算会，强化联系。管事家族设置的烋秀公尝等会份尝，目前的年度祭祖算会仍维持着在不同尝员家中轮流办理的情形。⑤ 以邱西湖公尝为例，祭祖用的小型木制牌位，平时由管理人保管，遇集会时才于会场设置。⑥ 清领时期的其他尝会，可能也是以相同的方式，在各庄宗族居所轮祀。

2. 团结与互利

会份尝"很强调经济利益的特性，是一种共利团体"⑦。十九世纪初以降，始二世祖尝内因兄弟分家、修理坟冢、生借尝银、割会抵债、欠谷割会等频繁的会份移转记录，即反映了该组织本身的经济功能。⑧ 为了延续组织的利益，邱氏尝会的股东不仅以成文的尝约防范割会对组织延续的冲击，并以"缚在祖位前"等手段，借由宗族的集体权威约束族众，甚至实行"由亲及疏派完"的连坐法，解决尝内的债欠问题。⑨

为了确保尝会得到一定的经济利益，向邱氏尝会生借尝银的利率并不

① 利天龙：《屏东县前堆地域的社会空间结构与变迁》，台湾师范大学硕士学位论文，2007年。

② 佚名：《邱氏始二世祖尝总簿》（手抄本），邱廷光先生藏。

③ 佚名：《大始祖烋秀公尝簿》（手抄本），邱洪光先生藏。

④ 佚名：《（五世祖均庆公尝）派下会员大会手册》（2005年影印本），邱洪光先生藏。

⑤ 访谈所得：长治，邱洪光先生宅（访问日期：2007年7月4日）。

⑥ 田野调查：邱西湖公尝算会，老潭头庄，邱润宗先生宅（访问日期：2006年6月25日）。

⑦ 庄英章：《田野与书斋之间：史学与人类学汇流的台湾研究》，台北：允晨文化，2004年，第45页。

⑧ 利天龙：《屏东县前堆地域的社会空间结构与变迁》，台湾师范大学硕士学位论文，2007年。

⑨ 利天龙：《屏东县前堆地域的社会空间结构与变迁》，台湾师范大学硕士学位论文，2007年。

低，但在族群分类激烈的时期，在相对封闭的客属地域中，这种途径似乎仍能被接受。在这一点上，南台湾屏东平原上激烈而紧张的族群关系，在相当程度上，提供了尝会组织壮大的条件，当然，也为领导士绅创造了舞台。

3. 重视地方精英

乾隆年间的始二世祖尝规约显示，具有功名之族人若能到场祭祖，可获得若干奖励。道光元年（1821）尝内新议的规条，甚至无分会内或会外，只要领有功名者到场祭祖，一概赏予花红银。道光十一年（1831）开始，尝员已能领取"科会银"作为科举旅途的补贴。[①]

管事家族的尝会组织之所以一再地通过公议尝约，鼓励精英出席、参加算会，继而明订补助科考的规条，不外乎以下三种目的：其一，借由实质的奖励，勉励后裔力求上进，以光宗耀祖。其二，族人拥有若干功名在身，不仅提升宗族的声望，更提升与官府接触的层面，有助于获取更多的生存机会与资源。其三，士绅借由周期性的出席在"上、下庄"举办的算会，不仅有助于更新彼此的人际关系，更有利于凝聚平时散居各地的房亲。

（二）地缘性的社会组织：神明会

清领时期，六堆粤庄的神明会组织数量颇多，其中的孔夫子会和大圣祀典两个组织，很适合观察客家领导士绅的人际网络，我们将这两个组织分述如下。

1. 孔夫子会（文圣会）

该会的会序[②]由邱秀传抄，而邱秀即邱永镐之孙邱俊万（字秀，号升斋）[③]。乾隆二十六年（1761）邱秀集合士子创设孔夫子会的基础，在于其所拥有的秀才功名。最初成员有数十人。此后三年间，可能有不少新成员陆续加入，后来会员的矛盾浮上台面，并且酝酿着另起新会。乾隆三十

---

① 佚名：《邱氏始二世祖尝总簿》（手抄本），邱廷光先生藏。
② 原文为："……文等身列雍庠，忝居士林，均沐圣教遗泽，咸沾洙泗余徽，安能忘其所远宗也哉！自辛巳春，曾约同人数十，启圣会于台湾，集文人于港口，以崇圣典，以敦友谊，至严且和，诚美举也。迨甲申熏莸杂进，臭味差池，乌能与侪俗浮沉之士谬为同声耶也。独不思太史公有言曰：'同明相照，同类相求'，其言诚足贵耳！于是爰集一会，会之分由三十有三年春始也，按人数二十有奇，每遇孟春，会友一举祀事，时以讲道论德，谈古评今，一切俗情，羞挂齿颊，亦犹是体群不党用不比之至教云尔。……斯不愧为士君子之林，乃可语圣人之徒，毋令轻浮浅露之士同类而共笑之也。同治贰年癸亥（1863）岁，接抄后学邱秀敬选（按：撰）。"参见临时台湾旧惯调查会辑：《台湾私法人事编》，台北：台湾银行经济研究室，1961 年，第 267 - 270 页。
③ 刘正一：《邱俊万列传》，《六堆风云》，2001 年第 88 期，第 8 - 10 页。

三年（1768），孔夫子会正式分裂。为与旧组织区别，新设的孔夫子会以文圣会为名，原组织则称为老孔圣会。①

虽然组织分裂后，"所号为知交者，反目若不相识"，但在六堆公共议题上，这两个士绅组织倒还不至于置身事外。嘉庆八年（1803）建造内埔天后宫时，文圣会与老孔圣会均曾响应乐捐。光绪二十年（1894）的忠义亭申禁碑，也有长兴庄文圣会的题银记录。② 这些记录，均从侧面印证了前述孔夫子会的组织分裂。

由于资料有限，仅能确定文圣会的成立与邱秀等人的主导有关，至于老孔圣会的经管情形，并无会务数据可考，只能得知其最后四任的管理者。这些资料至少透露出两个讯息：其一，管事家族后裔如邱维藩、邱兰香均曾经管此会，显示邱家至清末仍能居"士君子之林"，维持其地方领导的地位，而老孔圣会这个精英集团的运作，则持续到日据初期。其二，由管理权利在长兴庄、北势庄或新北势庄之间移转的情形分析，老孔圣会的确是个跨越堆域而运作的高层社会组织。

邱家与这群"可语圣人之徒"所拥有之超地域士绅网络，除能持续强化小区域内的个人与家族势力外，也在一个更广大的空间范围里，统合了原本散处各地、大小不一的地域单元，并将之转化为一个井然有序、层次分明的地域社会。

2. 大圣祀典（文宣王祀典）

乾隆二十六年（1761），粤庄设立大圣祀典，获得客家士绅的广泛支持。举人徐瓒、贡生邱肇扬、监生赖自然、生员黄东鳞等士绅，每人捐一银圆作春秋享祀之用，其余设立花红奖励来兹。至乾隆四十九年间（1774），大圣祀典内会友已达192名。③ 咸丰二年（1852）修建天后宫时，大圣祀典题银120银圆，无任何组织能出其右。通过同治元年间（1862），大圣祀典留下的记录，可知该组织创立后，始终为六堆公益事业服务。④ 基于六堆乡绅均有出资的事实，大圣祀典"决算时能网罗各堆乡

---

① 文圣会和老孔圣会均能持续运作至清末，在长兴庄内，前者至少拥有一块面积达8甲的土地，而后者也至少掌握面积相当的8块土地。整理自《土地台帐》（手抄本），屏东：屏东地政事务所藏，长兴段。

② 黄典权编：《台湾南部碑文集成》，台北：台湾银行经济研究室，1966年，第749页。

③ 黄典权编：《台湾南部碑文集成》，台北：台湾银行经济研究室，1966年，第249页。

④ "历年举文会、设花红、施义渡、造桥梁，凡所为长育人才，鼓励后进，利己便人者，无不具而举；而且见善必趋，有公必赴，凡属大典莫不首唱，则此一会也"。参见临时台湾旧惯调查会辑：《台湾私法人事编》，台北：台湾银行经济研究室，1961年，第270–276页。

绅到场，可以代表六堆全体"①。

参与公共事业基本上是精英展现影响力的途径之一。而筹创大圣祀典的邱肇扬，就是邱永镐之子：邱忠山。一方面，邱忠山继其父兄担任长兴庄管事，其人际网络的展延，足以充填上前堆的社会空间。另一方面，邱忠山更以其贡生头衔，借由参与大圣祀典，将家族的社会空间扩及整个六堆粤境。

就地域范围来看，大圣祀典因其纯由士绅阶层组成和几近"有公必赴"的义举，成为一个超地域的地缘组织。大圣祀典的人际网络若投影在地表，几乎等同于粤境，这是六堆社会中层次最高、影响最大的社会组织之一。这种超地域的组织，乡里庶民无法置身其中。角头或庄域等小范围内的组织，虽然对升斗小民相对开放，却构筑出较为狭隘的社会空间。然而，无论社会组织的层级如何，经管组织所需要的，必定是素孚众望的精英。

（三）堆制组织的运作：管事家族与传统社会组织的整合

在正式的六堆组织成形之前，未见邱永镐出任义军统领，但他与儿子邱仁山二人，确实因助官府平定康熙六十年（1721）的朱一贵事件而立下军功（见表6）。雍正十年（1732）间，吴福生在台湾南路竖旗抗官，邱永镐首次以义军领导人身份，率同儿子邱义山、邱信山一起防守巴六焦和阿猴社一带。② 虽然屏东平原粤东客庄的堆制，早在康熙雍正时期就已逐渐成形，而且"每营义勇均按田甲派定，粮饷亦归各营田甲自办"③。然而，对照本章有关管事邱家在台设立尝会的时间，至少就前堆而言，并无证据显示此时期的堆制组织运作和尝会、神明会组织有关。

乾隆三十二年（1767），邱永镐之孙邱俊万成为岁贡生（见表6），他在乾隆三十一年（1766）左右继邱忠山之后担任长兴庄管事（见表2）。面对乾隆五十一年（1786）林爽文事件的激荡，邱俊万膺任前堆总理，④整个上、下前堆地区，都在他的号令之下。依六堆选举大总理的条件推测，邱俊万的出线很难说与手握尝会"财产"及贡生"名望"无关。林爽文事件中，士绅们鉴于节气入秋而义军被帐俱无，乃以"粤庄公费，尚有

---

① 钟壬寿：《六堆客家乡土志》，屏东：常青出版社，1973年，第270页。

② 王瑛曾：《重修凤山县志》，台北：台湾银行经济研究室，1962年，第257页。

③ 宋九云：《台南东粤义民志》（1880年手抄本），邱炳华先生藏，转引自吴进喜：《清代南台湾客家六堆武力布防策略的地理基础》，《HAKKA杂志》，2006年第3卷第4期，第14页。

④ 黄袞、廖芳：《邀功记略》，见曾彩金总编纂：《六堆客家社会文化发展与变迁之研究》，屏东：财团法人六堆文化教育基金会，2001年，第96页。

数万"为后盾，向官府借银分发义民制衣。足证乾隆中叶以前，六堆各地的尝会组织应已集腋成裘，并由士绅掌握公费动支的经济大权。①

有关六堆和尝会组织的关系，已有学者叙明："各庄宗族族长经常是各大祭祀尝会和神明会的主事者……六堆组织其实就是有权控制客庄田业的超级公业团体。"② 虽然缺乏堆制组织原始簿本，只要了解到无论堆制组织或尝会、神明会组织均需要士绅经管，就不难理解在相当程度上堆制组织的本质就是士绅组织的事实。

嘉庆二十四年（1819），六堆士绅设立科举会③，其规约书规定"立会簿六本，每堆各执一本"，年度整理账目时，必须"设席算数记簿，六堆之簿要带来记明"④。此种做法与管事家族之会份尝经办方式如出一辙。以邱姓管事家族的大始祖烋秀公尝为例，该组织在 1935 年更立尝规时，即指定大簿（尝簿）一式六本，平时分别由居住在美浓、新威、高树、新东势、长兴和美仑庄的六位役员保管，遇有集会时再携至议场记录。⑤ 科举会/堆制组织的运作模式，最初很可能就是脱胎于会份尝这一类传统社会组织。

不仅如此，烋秀公尝之尝田佃农每年缴交租谷时，和六堆许多神明会组织一样，谷价均"依照内埔庄大圣会价结算"⑥。借由租谷的对价关系，和各庄摊派公费的习惯，不难理解到昔日架构在六堆粤境社会空间之上的，是一个个范围不等、层级有别，而且彼此犬牙交错着的各种社会组织。这些复杂网络背后的支持系统，就是许许多多的客家领导士绅。

1895 年日本占据台湾之前，继任管事的邱氏后裔邱维藩，之所以进入六堆组织核心、擘画抗日军务，其前提应当和昔日的邱俊万一样，凭借的就是各种组织的经管权力。当时邱维藩不仅掌理着老孔圣会、福德会、将军会、关圣会等地缘性组织，也经理着邱永镐尝、邱能昌尝、邱俊万尝、

---

① 吴进喜、利天龙：《尝会组织与堆域社会：以台湾南部前堆地域为例》，发表于客家民间信仰与地域社会国际学术研讨会，赣州：赣南师范学院，2007 年，第 192 页。

② 陈秋坤：《土著地权、族群关系与客家公产：以屏东平原为中心，1700—1900》，见《六堆历史文化与前瞻学术研讨会论文集》，台北："行政院"客家委员会/屏东：屏东科技大学，2007 年，第 30 页。

③ 科举会成立的动机是美浓进士黄金团考取举人后所引发之福建士子抗议事件。参见钟壬寿：《六堆客家乡土志》，屏东：常青出版社，1973 年，第 193、284 页。

④ 临时台湾旧惯调查会辑：《台湾私法人事编》，台北：台湾银行经济研究室，1961 年，第 301 页。

⑤ 佚名：《大始祖烋秀公尝簿》（手抄本），邱洪光先生藏。

⑥ 佚名：《大始祖烋秀公尝簿》（手抄本），邱洪光先生藏。

邱含英尝、邱始二世尝、邱梦龙尝、邱德建尝等血缘性组织。① 至于出任六堆第十任大总理并领导抗日的邱凤扬，至少也曾经管邱永楠与邱荣宾两个尝会组织。② 必须说明的是，由于这些资料间接整理自殖民时期的土地调查成果，而且尝会公田的管理人数年之间仍多有变动，在殖民占据前的传统社会，这些管理人手持的尝田资产实际上可能有所不同。

结语

邱永镐以卢、林、李三姓管事身份率众入垦屏东平原之后，其家族在南台湾之前堆和粤境地区落地生根的过程，有别于往昔那些卖谷还粤、来去不定的客民。垦区庄权力结构的在地化，使位居管事的邱家，长期成为官方之地方事务代理人，并因此掌握了维持地域秩序所需的准行政权。而管事阶层家族化的过程，则让前堆始终围绕着特定的权力核心——邱永镐家族——进行地域化。

邱永镐以降，管事家族的精英，无论是邱忠山、邱俊万，还是清末的邱维藩，均以垦区庄的在地实力为基础，由下而上、逐步地深化社会参与，垂直地串联起不同层级的尝会、神明会甚至是堆制组织。通过邱家精英的经管与串联，各种血缘性与地缘性的传统社会组织，才能在地域范围不等、组织成员不同的社会空间尺度内，整合有限的资源。整个六堆客家，几乎就是建构在一连串绵密人际网络之上的复杂社会。

从长远的家族与拓垦史来看，邱家获得"六堆第一旧家"的美称，确实是相当耀眼的荣誉。站在本章的基础上，如果说六堆组织是一个"超级公业团体"，则前堆邱家在这个超级公业团体中，应当就是目前唯一被识别出的"超级管事家族"。这样一个在地宗族势力的崛起，和前堆地区的地域化过程，究竟是南台湾六堆社会的通例还是特例？有待更多的比较研究来加以阐明。

---

① 《土地台帐》（手抄本），屏东：屏东地政事务所藏，长兴段、德协段、麟洛段。
② 《土地台帐》（手抄本），屏东：屏东地政事务所藏，长兴段、德协段、麟洛段。

吉洋庄：一个由多元族群文化形成的南台湾客家聚落

萧盛和

    客家族群系台湾岛上的第二大族群，在清代初期陆续自粤东及闽西等地移入，主要分布于南部高雄、屏东两县的六堆地区以及中部的台中县和北部的桃园、新竹、苗栗各个县境。其实在云林县、彰化县、台北县等地早期也有客家居民入住，但是因为所占人口比例较少，逐渐被闽南族群同化而形成了所谓"福佬客"。

    客家人移入台湾之后，并非完全就此定居下来。台湾"天高皇帝远"，各个族群之间为了争夺生存空间，经常发生所谓的分类械斗。诸如汉人与原住民之间的汉番械斗、闽南人与客家人之间的闽客械斗、漳州人和泉州人之间的漳泉械斗、甚至不同郊商之间的顶下郊拼等，造成在清代出现了台湾历史上所谓"三年一小反，五年一大乱"的现象。加上台湾地震和台风等自然灾害频繁，到了日据时期，殖民当局又在各地垦殖农场，鼓励岛内移民积极开发原野地，因此造成岛内出现二度甚至三度移民的情况。南投县、花莲县和台东县各地就有不少岛内移民形成的客家聚落。这类新的移民聚落居民来自四面八方，也不限定族群，因而具有相当复杂的文化背景。

    位于台湾南部高雄县美浓镇的吉洋庄，就是在这样的背景之下形成的聚落之一。本章拟通过文献资料以及田野调查探讨该聚落的发展过程，特别针对该聚落形成过程中与台湾社会主流趋势相反的概况——闽南人被客家人同化成"客福佬"的现象，作较为深入的探讨。

一、吉洋庄开拓背景

吉洋庄系位于台湾南部一个颇为知名的客家乡镇——高雄县美浓镇南方边陲的一个小聚落，居民仅百户左右。由于居民来源较为复杂，文化背景多元，因此在人类学领域之中颇具学术探讨价值。

美浓镇区分成弥浓、龙肚、南隆三大区域，该庄属于最后开发的南隆地区。由于这个区域系位于荖浓溪洪水泛滥区，早在美浓地区的弥浓、龙肚等老庄头已经积极开发的清朝中叶，此一区域仍然仅有稀稀落落不成庄头的零星住户。日本根据《马关条约》占据台湾之后，殖民当局在美浓东南侧的竹子门挖掘狮仔头山涵洞，引用荖浓溪溪水兴建水力发电厂，并将发电余水作为灌溉用水。日本殖民当局在美浓地区整体规划水圳开发工程，构筑了狮仔头圳灌溉渠道，使得美浓平野形成绵密的灌溉网络。在狮仔头山和龟山之间的缺口又兴建了龟山堤防，防堵了荖浓溪的洪水水患。日本实业家爱久泽直哉成立的三五公司在这里设置南隆农场，从台湾各地，特别是台湾北部的新竹州所属客家地区招募大批佃户前来移垦，这个地区才获得积极开发。

在收集论文相关资料过程中所找到的有关此地区的早期土地归属资料，是在《台湾总督府档案平埔族关系文献选集》中，根据原件誊写的《乾隆四十年搭楼社大邦雅之招耕字》等3份契约。原文如下：

立招耕字人搭楼社业主大邦雅承父先年到台分垦得溪埔园壹处，坐落凤邑中坛庄土名肚猴溪埔。东至蛇山脚为界、西至金瓜寮路为界、南至清水港溪为界、北至中坛小溪为界，四至批明。今因守隘乏力耕种，将埔园托中引就，招得黄仕珍、黄起凤言前来出本招佃耕垦。当日三面言议：愿收犁头工银四百大员，折重三百二十两足银，契二比交讫。其埔园踏界，交银主前去报佃开垦，吉庄永为己业，掌管收租不敢异言。限约三年无租，以后成业者，每年该纳埔底租谷三十石，又纳通事社课租粟十石，道垯不得短欠。其埔园系乃是父自垦之业，与房亲土目人等无干，亦无不明，倘有不明兹事，雅自抵当；倘有生番下山作歹，与业主无干；倘被大水冲崩物业，系业佃二比消磨，后日复浮复纳不得异言短欠。此系二比甘愿，口恐无凭，立招耕字一纸付执为照。

为中人刘子僯押
在场人通事印
乾隆四十年二月日立招耕人大邦雅印

代笔人男文明印

由此份文件可知，现今南隆地区北侧有一大片土地，原为平埔族凤山八社之一的搭楼社平埔番人大邦雅家族的产业。在乾隆四十年（1775），大邦雅将大租权以320两银子的价格转让给台南府城的大租户黄仕珍及黄起凤。

黄仕珍等取得大租权之后，以荖浓溪大水冲崩此地为由，于乾隆五十四年（1789）向凤山县申请减免租税，取得堂谕《乾隆五十四年凤山县正堂张为给批示》一纸。原批文如下：

堂谕给准批列契后于右

凤邑主张，为给批事：照得本年二月初一日，准业主黄世珍、起凤所请，乾隆四十年二月间承卖搭楼社屯番大邦雅青埔园一处，土名中坛肚猴溪埔俱各界址，登载契内明白。今据自立垦成大小租业一处，但此业乃水崩之处，不堪为科。该契签秉请明判断，饬差查复实，乃水崩之处，不堪为科带饷。蒙本府谕饬，批准业户黄仕珍、起凤等永远执照纳供课札，详仰宪频案。不得书委生端、差役生端受侑，各凛遵毋违。将示

乾隆五十四年十二月日给

根据前述第一份文献《乾隆四十年搭楼社大邦雅之招耕字》一文所述，这块土地是大邦雅之父自垦之业。到底大邦雅家族是如何取得肚猴溪埔这块地的？这是值得探究的课题。

雍正六年（1728）十二月二十四日，山猪毛社（今山地门）傀儡番杀汉民22人。翌年春二月，总督高其倬檄台湾道孙国玺、台镇王郡调游击靳光瀚、同知刘裕带兵攻山猪毛社，调诸罗知县刘良璧堵后山，拨内优社（今高雄县美浓镇）出八斗里难截杀之。又北路参将何勉入南仔仙山，会同抵邦尉山下相机擒剿，平山猪毛。[①] 此时的美浓地区受到甚大威胁，清廷派遣隘丁防守，给予隘地。大邦雅之父亲是否作为隘首而取得肚猴溪埔的广大产业？这点值得更进一步探讨。

黄仕珍、黄起凤于乾隆四十年取得肚猴溪埔的大租权，22年之后，又将大租权转手给郡城的陈瑞记，有《嘉庆二年黄仕珍全立尽责杜绝契》一纸为证。原文如下：

---

① 盛清沂等编著：《台湾史》，台北：众文图书股份有限公司，1988年，第737页。

仝立尽责杜绝契人，熏风馆业主黄仕珍、黄起凤等，昔年合垦大小租业一处，址在凤属港西里中坛庄南畔，土名肚猴溪埔。东至蛇山山脚、西至金瓜寮、南至清水港、北至中坛庄小溪，四至明白。年完埔底租谷三十石，又完通事社课租谷拾石。其甲数尚有荒埔未开，不得经丈。今分圈议将此租业出卖仝分，先问房亲人等不能承受，外托中引就问郡城内陈瑞记出头承买，三面言议时价番银三仟大员，折重银二仟四百两正。即日银契两相交讫，其租业荒埔即踏明界，交付银主前去招佃耕种掌管收租抵利，任从开成田园，价值千金不敢阻当，一卖千休，后日子孙不敢生端找赎若事。保此租业系乃己垦之业，与房亲人等无干，亦无重帐典挂他人财物及不明各事。如恐不明等情，业主支理，与承买人无干。口说无凭，今立杜卖禁绝契一纸，并缴上手垦契一纸，共二纸付执为照。

为中人邱有华押

知见人叔权临押

嘉庆二年二月日仝立杜绝契人黄仕珍押起凤押

代笔人蔡朝荣押

根据以上内容我们可以推断，南隆地区在清代初期系属于凤山八社之一的搭楼社平埔族人活动的地盘，汉人的经济势力进入之后，才逐渐转化为汉人农民的佃耕之地。

二、清代吉洋庄的开发

吉洋庄是南隆地区较早形成的主要庄头之一，清代后期已经有人在此地从事耕作。在此次田野调查过程中，我们找到了一些清代与本庄相关的土地契约文书，可看出在清代后期此地很可能已经形成庄落。

较早的文件是光绪十六年（1890）二月的土地买卖契约，内容如下：

立卖典契字人，本庄邱有信，有认垦埔园一坵，坐落土名吉洋。东至陈头、西至□□、南至直恭园、北至蔡水来园，四至明白。经丈六分，年配纳吴振丰馆大租银壹元贰角正。今因欠银别置，先尽问房亲人等不欲承受。后托中送就与本庄吴知高上出首承典，三面言议：典出契面佛银叁拾大员正。其银即日仝中交收足讫明白，其园立即踏明界址，付银主前去翻犁、耕种、收税、纳课，管掌为业，不敢生端异言。保此园并无先典他人及叔兄弟侄争执为碍。其园限至六年，外备契面银，对年月一齐取赎，不得刁难。今欲有凭，立卖典契字一纸付执为照。

其认吴振丰馆垦单壹纸系卖主信自收存再照中见林善助押
又批明此园丈单内系经丈六分又照知见妻吴氏押
光绪拾陆年贰月日立卖典契字人土库庄邱有信押
秉笔人潘渊德押

　　根据相关契约文献资料可解读出清末吉洋地区的一些社会现象：第一，吉洋的地名在清朝末年已经明确。不过早期的清代官方文书上面此一区域曾经出现有"揭阳溪"的名称，1911 年日本发行的地图把吉洋写成"结羊庄"，日本大正年间的民间文书将此地写成"吉羊"。目前此地居民不管是使用客家话还是福佬话，都把吉洋发音成"揭阳"，"揭阳"极可能是本庄的老地名。第二，当时吉洋庄的地主可能是吴振丰馆，它是大租户。垦单由该馆署名，垦民须向它交大租。台湾"中央研究院"学者陈秋坤教授指出，吴振丰馆的馆主是台南府城的吴姓大户人家。第三，契约书秉笔人潘渊德，从姓氏看来极有可能是搭楼社的平埔族人，从此份契约书的内容及其书法功底看来，此时此地的平埔族人已经彻底汉化。第四，早期在吉洋地区耕作的人有不少是南邻屏东县里港乡所属的土库庄人。根据美国哥伦比亚大学孔迈隆教授抄录自台湾总督府"临时台湾土地调查局"所做的调查报告并提供给笔者的资料，在日本占据初期，这种现象仍然相当普遍，"陈头"这个名字就在孔迈隆教授提供的资料中，资料显示陈头是土库庄人。

　　另一份文件系光绪二十年（1894）六月所立的土地买卖契约，虽然当年正逢中日甲午战争，但契约文书内容并无指涉此事件，一切仍如旧惯。契约内容如下：

立杜卖绝地基字人邱晋那，昔年自己开有荒地基一处。东至萧阿友为界、西至钟祥五为界、南至石墙为界、北至廖阿生菜地为界，四处界趾（址）全中踏界分明。今因乏银应用，口口托中引就于廖云龙出首承买。当日言定：时值依价拾太元正，日后不敢异言生端反悔。自卖之后，愿交于承买人耕管，壹卖千休。恐口无凭，立杜卖绝字壹纸，付执为照。
即日批明实领到杜卖绝价银拾大元正立批
又批明西北角有竹木连廖阿生菜地角起直绣（透）至
钟东那为界立批说合中人汤阿舞押
在场见人周阿清押
公正人陈头押

光绪贰拾年六月日杜卖地基字人邱晋那

　　此份契约内容有不少与后来吉洋庄相关的线索：第一，萧阿友是在前述孔迈隆教授提供的资料中拥有土地笔数最多的人，他是二十世纪六十年代吉洋里里长萧桂春的父亲，曾长期经管跨越整个六堆地区的"萧何公尝"的尝会事务。从各庄头耆老留存的资料显示，日据时期他曾参与美浓、竹头角、高树等地的名士乡老组成的同年会。第二，廖云龙是吉洋开庄的重要人物，来自屏东内埔的和顺林。其子廖保郎系孔教授提供的资料中拥有最多土地的人，个人名下土地总面积多达11.375 5甲。其孙廖进德从日据时期到战后初期曾长期担任吉洋一保的保正及吉洋里里长，是吉洋庄政治经济方面的重要领导人物，也是美浓地区主要政治派系白派的领导人。第三，廖阿生在孔教授资料中也是一位拥有土地较多的地主，拥有土地3.935 0甲。第四，陈头为土库庄人，在吉洋庄拥有土地2.6甲，前述两份早期与吉洋庄相关的契约资料中都有出现他的名字。从上述两份清代土地买卖契约可以看出早期吉洋庄与南边隔邻屏东县里港地区的福佬庄土库之间关系密切。

　　孔迈隆教授提供给笔者的资料为日本人占领台湾初期，对台湾地区从事全面土地普查中有关美浓地区的土地统计数据。当时美浓全境行政区划分成弥浓、竹头角、龙肚、中坛、金瓜寮、吉洋六个大字。在这份数据中出现的吉洋大字所属领域之内有吉洋、狗寮、顶溪埔寮、下溪埔寮、公馆等庄头，这些应该是清代后期已经出现的老庄头，分布在今日吉洋里、吉和里、吉东里的行政区域之内。这三里是当时吉洋大字所属的整个区域，因此早期的地号都是吉洋段。这也就说明了为什么距离吉洋庄2.3公里路程，在吉和里行政区域内的小学被称为"吉洋国小"了。日据时期整个吉洋大字领域可以说就是广义的吉洋庄。狗寮是今日吉东里的上九寮和吉和里的下九寮，公馆在今日吉和里的和兴庄，吉洋里的溪埔寮和吉洋仍然维持当年的地名。孔教授的资料中并未显现现有的外六寮、二十一只屋、四只屋、大顶寮、九坑等聚落名称，因此可以推论这些新庄头是到了日据时期南隆农场成立之后才形成的。此份资料也显示，除了本大字内的庄头居民拥有本大字区域内的土地外，在本大字以外的庄头如上坑仔、中坛、弥浓、龙肚、菜寮、新南势、顶林仔头、下林仔头、土库等聚落的居民在吉洋大字区域内也拥有土地。上坑仔、中坛、弥浓、龙肚在今日的高雄县美浓镇，菜寮、新南势在今日的屏东县高树乡，顶林仔头、下林仔头、土库现属屏东县里港乡，顶林仔头目前已经废庄。里港乡境内三个庄头的居民是福佬人，这些福佬人在吉洋大字领域内拥有的土地多达 34 户 46 笔，土地面积总共有 26.642 5 甲。

资料中吉洋大字的土地区分为旱地、建地、未开发地三类。资料显示居住吉洋庄内拥有土地的居民有 40 户，私有土地共 129 笔，土地面积总共 79.321 5 甲，其中建地面积占 5.374 5 甲，其余的私有地都是旱地。而屏东县境的福佬庄民在吉洋大字拥有的土地都是旱地，没有建地，可以推断他们没有在吉洋庄内居住。从这份资料也可以看出当时居民没有水田，他们的田地全部都是靠天吃饭的旱田埔地，说明当时此地并没有任何灌溉工程。这份资料中属于吉洋大字的未开发地共有 18 笔，面积广达 190.196 0 甲之多，全都被纳入"国库"项目，这些未开发的土地分别成为土地调查之后才成立的三五公司南隆农场和盐水港制糖株式会社承耕的土地。

从孔教授提供的资料可看出，当时吉洋庄贫富悬殊的现象相当明显。这份资料显示从清末到日据初期，在 40 户拥有土地的庄民之中，土地最多的为廖保郎，其名下土地多达 11.375 5 甲，占吉洋庄民私有地总数的七分之一。位列第二的萧阿友拥有土地 8.822 5 甲，位列第三的黄四姑有 6.452 5 甲。前三位占了全庄私有土地的三分之一，前六位拥有过半数私有地，前十二位占了八成私有土地。在资料中出现的吉洋庄地主除了廖保郎、涂阿丙及萧阿郎、萧阿乙、萧阿喜、萧金水四兄弟的后裔目前仍定居吉洋庄，其余地主的后代大都无法查知其下落。前述地主都是较早从外地迁入而并非世居此者，其余吉洋庄居民的先人几乎也是日本占据时期才迁入此地定居，因此吉洋庄可说是一个经二度移民而形成的小区。

三、日据初期的吉洋庄

日据初期发行的《台湾日日新报》，在 1908 年 11 月 12 日该报"艺苑"版面有篇署名洪史臣的诗作，标题是"中秋有感时寓蕃薯吉洋庄"①，共有五言古诗四首，从中可体察百年前吉洋庄的自然风物概况。

诗作之一：

秋水白茫茫，岸柳色将老。残暑退小池，萧瑟树间报。茅芦竹作扉，奇峰云不扫。

邻翁招我饮，乡情亦浩浩。一饮正微醺，秋风吹陇稻。此景动余心，劳人叹草草。

---

① 当时吉洋庄隶属蕃薯寮厅。

这首诗描绘了当年吉洋庄的秋色，可见当年的吉洋河畔栽植了柳树，可惜这种情境目前已经不复存在。当年的吉洋庄都是茅屋，直到二十世纪五十年代还是这样的场景。茅屋的房门都是用竹片编成的，老一辈的庄民们都还能体会。不知道当年吉洋哪一位耆老如此热情，招请这位才子旅人一起饮酒。让他内心甚感温馨，喝了酒之后有点飘飘然，看着风吹稻浪的情景让诗人内心更为感动！

诗作之二：

犬吠竹篱边，儿童戏纸鸢。风声乱岸草，鱼跃入深渊。有客市中来，杖头肥肉悬。

田家好风味，妻孥乐陶然。无忧荣与辱，芋栗满园田。我饮亦已醉，狂歌长短篇。

鸡鸣犬吠是当年乡间很普遍的现象，没想到当时的儿童也有机会放风筝。屈指算来，这些儿童都应该是现代吉洋庄民的太公辈，时至今日这些儿童也都成仙去了。早年吉洋庄较有名望的"南隆王"廖进德出生于1900年，他应该属于这些儿童之列，不知道这群放风筝的儿童中是否有他的身影？根据吉洋耆老赖天来先生的说法，位于现在庄头西北侧的吉洋河有个朱屋家潭，潭边是吉洋的老庄头所在。诗人说的鱼跃深渊，可能就是在这个深潭吧？吉洋庄少有店家，当年可能需要从邻近的南隆农场行政中心的手巾寮或者经济中心的和兴庄斫猪肉。为了招待客人，老爹特别去买猪肉用担竿挑着带回家中，这应该是一般场景。看着老爹担着猪肉回家，一家老小当然欢喜，因为那个时候打打牙祭应该是很难得的生活体验。乡间生活所求不多，只要田里头作物正常生长就很满足了。诗人此时已有醉态，唱起歌来时长时短，断断续续，也别有一番趣味。

诗作之三：

我昔归家时，稚子门前迎。团圞如明月，年年不忘情。故乡如作客，匝月复远行。

湖海空浪迹，奔走无定程。好花四时红，云树千迭生。归与复归与，劳劳何时停。

诗人为了生计经常出外劳碌奔波，回乡反而有如作客。回想返抵故乡家门时，小孩高高兴兴地在门口迎接，让他感受一家团圆的温馨。现在正逢中秋，却在他乡度过。浪迹天涯，何日归程？心中好不惆怅！内心不断感叹，何时才能够定居老家，享受团圆之乐啊！

诗作之四：

> 好月正东升，挂我门前竹。一样弄清辉，千里共心目。山色青人照，芦花白满麓。

> 年年作远游，岁月复相逐。秋风吹滩头，秋雨洒茅屋。自愧鸟不如，飞倦觅巢宿。

吉洋庄的中秋明月高挂在门前的竹丛上，斯时此情此景更让他思念家乡。不知家乡妻小是否也在望着明月想念着他？远看弥浓山的景色如此清幽，原野的白色芦花布满眼前，不禁感叹经年累月为着生活奔波在异乡作客。风起雨落更添惆怅，深深感叹自身还不如飞鸟。飞鸟倦时还可回到巢中，而作为万物之灵的人却只能借宿他乡。

诗评家壶溪对洪史臣的这些诗作评论说：秋感五方言四章，怅触伤怀，萧萧落落，杜韩以外，别见心得。深刻地体会了诗人心中的感怀惆怅之情。

从诗句中我们可以看出当年吉洋地区的植物生态，稻作是其主要产业，田间也种了芋头和粟米。没有看到我们熟知的香蕉和烟草，因为这些作物当年还未引进种植。当然，也更不可能看到今天虾池遍布的景况。奇怪的是，诗中没有提到甘蔗，这个地区那时应该都有老式糖厂制糖才对。吉洋庄曾经满布竹丛，二十世纪五十年代还是如此，但是现在竹丛几乎绝迹，取而代之的是高高的椰子树和槟榔树。原野的芦花应该是沙蔗花，在秋天几乎是白茫茫一片，此种景观现在只有在荖浓溪河床上才看得到了。

四、日据时期吉洋庄居民的生活概况

吉洋庄的耆老、祖籍梅县来台祖落脚闽庄的福佬客郭枝清先生说，日据中期，他们家从旗山中寮山顶搬到吉洋庄的时候，他还不到10岁。印象中那时吉洋庄头还没有像样的道路，家家都是以竹子为支柱盖上甘蔗叶的简陋穿凿屋，分布在羊肠鸟道旁。每逢下雨天，到处都泥泞不堪、滑溜无比，走起路来让人提心吊胆。

吉洋庄外除了东侧属于南隆农场之外，其余都是当年盐水港制糖会社所属的甘蔗园。居民除了佃耕南隆农场的田地外，有劳动能力的人绝大部分也到甘蔗田做事，称为"会社工"，赚取微薄的工资以补贴家用。这种生活一直维持到 2000 年，台湾光复后改组的台湾糖业公司旗山糖厂停止蔗糖生产为止。

庄中望族廖家以承包甘蔗运输业务为家族产业，组织了甘蔗运送班。运送班通常以 5～6 辆牛车组合而成，每辆牛车配置两头阉过的大公牛以及两位青壮男性工人，通常由兄弟搭档担任同组工作。他们将会社工砍下来削去蔗叶之后加以捆成的蔗把，整齐地叠放在牛车上，用牛车将蔗把从甘蔗园运到小火车停车坪的平板车厢上，再由火车头拖运到位于旗尾的糖厂辗制蔗糖。

运蔗铁道系统以旗尾糖厂为中心，分别通达弥力肚、吉洋、横山尾、竹头角、楠仔仙、九曲堂等地。从竹头角经旗山到九曲堂的区段，还兼营客运业务。在九曲堂衔接的纵贯线铁路，成为日本占据时期旗尾地区对外交通的主要干线。

第二次世界大战后期，盟军大举轰炸台湾地区的重要设施，位于冈山和屏东的军用机场更是首当其冲。为了减少损失，日本军事当局在吉洋与手巾寮之间的糖厂甘蔗田修建简易机场作为军用机场的疏散机场，发动旗山郡内 15 岁以上人员无偿奉工协助整修跑道。机场完工不久，一架日本飞机停在靠近手巾寮的机场北侧，由当地警防团人员轮班看守，有一位手巾寮的林姓团员不幸被盟军飞机扫射伤重身亡。笔者探访了林先生现年 93 岁的遗孀，她对当年的悲剧记忆犹新。她说先生当年 30 岁，自己 28 岁。那天一大早，先生和一位名叫贾黎的邻居，奉命看守飞机，不多久意外就发生了。先生遭到盟军的飞机扫射导致重伤，被送到旗山急救，当晚就去世了，遗体在旗山被火化。骨灰被送回手巾寮时，南隆地区全体警防团员都穿着制服在手巾寮的衙门迎灵，南隆农场和制糖会社、手巾寮农场的日本员工以及当地居民也列队迎灵，场面相当浩大。告别式完成之后，下葬于高埔顶公墓。日本军机在意外发生后，立即紧急起飞，不知道飞到哪里去了。当年正在"吉洋国小"高等科就读的朱女士，她的回忆有不同的说法。她说林姓壮丁与另一位晚上跑去赌博的壮丁调班，当晚就睡在机翼下面，不料第二天一大早美机来袭，他逃避不及，当场被炸身亡。另有一说林先生前一晚赌博到凌晨，然后睡在机翼下面，黎明时分遭遇不幸。庄民邱女士在世时也提到，其后另一架日本军机为了逃避盟军飞机追击，紧急迫降南端吉洋庄附近的机场跑道。日籍军机驾驶员跳下飞机大声呼叫在场民工，帮忙砍下香蕉树叶遮蔽机身。盟军飞机尾随赶至现场展开攻击，飞机当场被击毁，附近地区的部分民居也遭到机枪扫射。幸好因为有了之前的惨痛经验，大伙都及时疏散躲避，因此并未造成伤亡。这架飞机的机翼后来被拆下来作为吉洋和邻庄二十一只屋（今福兴庄）之间水圳上的小桥，最后被二十一只屋的庄民敲成煮菜的锅子。

由于此地建有疏散机场，以致南隆地区屡遭盟军空袭。有一次吉洋公学校高等科的学生在日本老师带领下到龟山一带抬取相思树烧成的木炭，被误认为是军队而惨遭扫射，从茎浓溪畔的龟子山下到九坑一带伤亡惨重。某次空袭时，吉洋庄萧姓居民结婚置备的八脚眠床床栏被一颗机枪子弹贯穿了两个弹孔，这颗子弹还打碎了米缸，最后嵌入土砖墙壁中。吉洋庄居民黄姓妇人在田里工作时斗笠尖顶被子弹贯穿，妇人被吓得脸色发青。有一颗子弹命中田里的瓜藤，大黄瓜应声而落。老一辈的庄民常津津乐道当年精彩的空战过程，说得口沫横飞，恍如昨日才发生的事一般。庄中有些壮丁被日本当局征调到南洋或大陆担任军夫，也有人被派到大陆战场担任通译，有些壮丁因此一去不返。

五、吉洋庄居民分类

日本占据台湾初期所绘制的六堆地区简图显示，当时位于中坛南侧的吉洋地区为闽庄。根据当时的相关土地买卖文件内容，可判断土库地区的福佬人与吉洋庄之间的关系相当密切。

孔迈隆教授所提供的资料显示，日据初期，吉洋庄拥有土地的居民分属 15 个姓氏。这些居民应该在 1895 年日本占据台湾之前的清代末期就已经定居此地，其中以萧氏七人最多，其余依序为廖、杨、涂、林、钟、黄、张、曾、陈、傅、李、叶、沈、罗。除了前述可以查询到其后裔的廖保郎、涂阿丙、萧氏兄弟之外，大多居民有可能是已经迁移他处的福佬人，部分姓氏在庄中已不复存在。而目前与文献资料有同样姓氏的居民，有不少家族的先世系在日本占据时期才迁入吉洋定居下来的。

1895 年爆发甲午中日战争，清朝大败于日本。双方签订《马关条约》，台湾被割让给日本。日本占据台湾后，为了充分掠夺台湾资源，大力从事现代化建设，积极开发台湾。在清政府眼中接近番界边缘，形同边荒的美浓原野也不例外。1908 年完成竹仔门水力发电厂工程后，又积极兴建狮仔头水利工程以运用发电余水，并兴建龟山堤防阻绝茎浓溪的水患。广大的南隆平野，经由三五公司南隆农场当局大力招募，来自台湾各地的垦民进驻此地，从事农田垦殖。吉洋庄也被纳入这股移民热潮的范围之内，因而造成当代吉洋居民来源的多元化。除了早期定居的成员之外，还包括来自弥浓、中坛、龙肚等美浓老庄头的"本地客"，来自桃竹苗地区的"台北客"，来自茶顶山背六龟乡境的"新民庄客"，来自茎浓溪对岸同属右堆的

"高树客"，来自六堆地区右堆以外其余各堆的"下庄客"，来自旗山中寮山区的福佬系的"山顶人"，来自荖浓溪河床上被荖浓溪水冲刷掉的马六甲、中仑、笃加等水流庄以及土库一带的"福佬人"，甚至有来自六龟二坡子的"平埔番"。这些来自各方的拓荒好汉们经过三四个世代的融合，最后都成了带有美浓四县腔客家口音的"美浓客"了。

依据美浓户政事务所保存的日据时期户籍资料，日本占据时期吉洋庄共计61户20个姓氏，其中以萧姓最多，有11户，其次依序为陈姓9户，涂姓8户，廖、杨、吴、许、余、李各3户，刘、张、钟、黄各2户，赖、邱、秘、谢、饶、徐、郭各1户。其中以秘姓最为特殊，户籍资料上说该家族来自旗山的溪洲，极有可能系马卡道大杰颠社平埔族后裔。其中刘、许、李姓全部和部分陈姓在族属栏注明"福"者应为福佬人，其余注明为"广"者为客家人，注明"熟"者系平埔族。

根据现任吉洋里长曾月飞（外六寮庄福佬人）印赠的吉洋里乡亲电话簿的资料，今日吉洋庄内的四个邻共有103户，分属21个姓氏。其中以陈姓15户居冠，其次依序萧姓14户、涂姓13户、饶姓9户、杨姓8户、张姓6户、黄姓5户，5户以下者依序为刘、李、吴、廖、谢、郭、余、邱、郑、许、赖、王、徐、梁等，姓氏分布与清领时期有明显的差异。

吉洋庄现住居民的族群大致可区分为汉族系统的"客家系"和"福佬系"两大类，"平埔系"仅有来自六龟二陂子的王氏家族，已经完全被汉化了。"客家系"包括来自老庄头的"本地客"，诸如来自弥浓的吴家、张家、黄家、杨家，来自龙肚的萧家、涂家、陈家，来中坛的刘家，来自六龟新威、新寮两地的邱家，还有"高树客"杨家，来自内埔的"下庄客"廖家、涂家、赖家，属于"台北客"的饶家、谢家、余家、涂家等。除了少数"台北客"的第一代偶尔讲海陆话之外，其余都讲四县话，随着老人的去世，现在庄内已经完全听不到海陆话了。"福佬系"方面包括来自高树菜寮的刘家、高树水流庄的许家，来自土库庄的陈家，来自中寮山顶的李家、郭家，来自台北大稻埕的陈家，来自手巾寮的郑家等。其中第一代只会讲福佬话，第二代在家中讲福佬话、在庄内讲客家话，第三代几乎完全讲客家话，是台湾地区少见的"客福佬"区域。不过吉洋庄的客家人大半也会讲流利的福佬话，闽客互动相当密切。比较特别的是第二三代闽南系的庄民，虽然从各方面看来几乎和客家人没有两样，在公众场合都使用客家话交谈，但叫其名字时却是用福佬音，这是因为在他们自己家里还使用福佬话的关系。但第四代以后的福佬系居民，连名字都用客家音了。大体来说，吉洋庄的居民日常用语是以蕉岭口音的美浓腔四县话为主。

六、吉洋庄居民的宗教活动

（一）伯公与有应公

吉洋庄拥有位于聚落西侧的开庄伯公以及聚落东侧的庄头伯公两座福德正神的神坛。由于开庄伯公神坛较早兴建且前有广场，因此所有庄内统一祭典均在开庄伯公坛前广场举行。举行祭典时轮值炉主都要亲自前往庄头伯公处，恭迎摆在香炉上的书有伯公称号的木牌，将之迎请到开庄伯公处神坛一同参与祭典。

开庄伯公原来的型制是传统的贴地式神坛，神座两侧各有一棵数人合抱的大芒果树。可惜在二十世纪六十年代末香蕉外销日本颇为畅旺，为了扩大兴建香蕉集货场，将它改建为庙宇式坛庙，两棵大伯公树也被砍掉了，失去原有古朴亲切的容貌。

南隆地区的庄民因开庄历史短，族群意识不像美浓老庄头居民那样浓厚，因而此地区的伯公祭典未若美浓老庄头做联庄祭祀活动那般盛大，仅由各个庄头村民各自祭拜自己庄内的伯公，吉洋庄方面也仅举行本庄内的统一祭典。庄内伯公的统一祭典每年都举办3次，分为春福、秋福及冬福。每次由一位炉主负责主持，炉主的产生由庄内四个邻的各户户长以抽签方式决定。各邻以轮值年为单位，再由各邻自行抽出三位本邻内的户长，分别负责轮值当年各次祭典的炉主工作。

春福举行时间是在农历二月二日伯公生日那天，炉主必须备办三牲祭品，代表全庄祭祀开庄伯公，行礼如仪。由炉主担任主祭，礼生负责祭典仪式的指导并担任司仪，祭典仪式结束后，全庄信众登席聚餐，依"公食公开"的原则，也就是由参加聚餐的家户共同分担开销费用。

秋福在每年农历七月底举行，仪式比较隆重，先举行渡孤仪式，各户各家都要备办三牲及各种祭拜鬼神的金纸香烛、纸衣纸裤等物，准备烧给"好兄弟"——孤魂野鬼。当天下午四点前，各户人家将祭祀用品送达开庄伯公神坛前广场布置妥当，全庄信众共同参与祭典仪式，仪式甚为隆重。次日中午炉主备置酒席，由全体信众登席聚餐，还是依"公食公开"的原则。所谓"公食公开"就是由参与庄民交登席费，目前大概以每人新台币三百元为原则，若有结余，由伯公坛公用。

冬福通常在农历十月十五日举行，也称为"完福"，仪式与秋福相近，同样有渡孤活动。举办冬福时，当值炉主会募集基金，聘请戏班演戏，有时请客家采茶戏班，有时请布袋戏班，依所募集到的经费多寡决定，与神同乐，感谢伯公一年来对全庄的庇佑。

吉洋的庄头伯公神坛极可能系建于"二战"后初期，因为其香座神碑上刻有"镇兴庄"字样，镇兴庄是吉洋庄在台湾光复初期的庄名。伯公坛原设立在庄头附近的台糖公司蔗园内，从神碑形式推断应为贴地式伯公坛，后来这个伯公坛被台糖公司废掉。耆老说庄头伯公曾经托梦给庄头耆老饶春霖，庄民听到伯公的托梦消息，都十分热忱捐献，因而在二十世纪七十年代重建伯公坛庙于庄头。重建时系以庙宇式兴建，装饰比开庄伯公还华丽，表现了此时的民间经济有所发展及当时居民的审美思维。

吉洋庄的"有应公"位于聚落西侧约 300 公尺的台糖农场边，早期附近有一棵大茄苳树，原来的周边环境让人感觉非常阴森。耆老说早年在这一带曾经发现不少无主骨骸，因此庄民在这里建立了有应公祠收藏这些遗骸予以奉祀。逢年过节由各家各户自行准备三牲前去祭拜以求平安，而每年农历七月的祭典特别隆重，由热心庄民自行抽签产生炉主主持全庄联合祭典。二十世纪八十年代台湾地区"大家乐"赌风盛行，各地有不少人来此求取"明牌"。因所求"明牌"获中大奖的民众捐出巨款，购买附近的土地加以扩建，原本破败的神坛摇身一变，俨然寺庙规模。

（二）祖先崇拜

吉洋庄目前通行嘉应州蕉岭四县腔客家话，表面上看来是一个客家村落，实际上居民来源比美浓地区的其他村落更为复杂，从庄内各家各户祖先崇拜的方式也可看出居民来源的多样性，各家各户的祖堂结构明显展现吉洋庄多元文化的特色。

庄内的祖堂建筑外观大多为台湾"下南式"的客家形式，但深入观察可发现不少族群融合的风貌。传统"下南式"客家祖堂有"祖在堂神在庙"的观念，没有奉祀神像。祖堂内的祖先牌位是开放式的，安置在神桌正中央。所有祖先名讳谥号依左昭右穆的方式书写于祖牌上面，祖牌背面墙上是一个巨大的寿字，这是标准的台湾南部六堆地区客家型制。但是吉洋庄各户祖堂内部型制却因族群来源多样而变得相当复杂，目前，有不少家族之祖堂厅堂内的神桌上安置了不同的神像，部分家族以竹林观音神像取代寿字，有的则采用桃园三结义画像作为背景，有些家族在神桌上供奉各种神明的塑像，诸如关公、太子爷、王爷、灶君等。原来应居中摆放的祖牌也被安置在面对神桌的左侧，形成"神祖同屋"的现象，甚至有些客家家族的祖牌也改用封闭型制的闽式祖牌了。

祖堂建造形式也明显有族群融合现象，如陈姓闽系家族祖堂外观上是客式祖堂，内部安置完全是闽式。许姓闽系宗族外观闽式祖堂，内部闽客混合形式，祖牌为客式开放式置左，中间为神像。许氏家族最早居住地系在荖浓溪洪泛区的水流庄，受到洪水冲击后迁移到林仔头庄，最后定居吉洋。该家族户籍姓氏为许姓，但祖牌上供奉江氏先祖。比较特殊的现象是祖堂堂号书写成"洛阳堂"，一般许姓为高阳堂，而江姓系济阳堂，为何其家族以洛阳为堂号？目前家族成员一概不知道。谢氏客系家族祖堂外观为客式祖堂，内部神像居中，祖牌置右，明显受闽系风格影响；李氏、郭氏闽系家族祖堂外观均为客式，内部则为闽式；台北客系余家祖堂维持北部客家的内厅开门方式，内部则维持北部客家摆置，祖牌中央书写余氏家族列祖列宗字样，没有书写祖先名讳。庄内纯粹内外均为下南客型制的不是很多，如廖式、萧氏、涂氏等，维持着传统风格。下南客家型制的祖堂，除了其祖牌摆置方式完全依传统方式之外，柱对、门对、窗对、灯对、栋对、祖牌对等一应俱全。除非家有丧事，否则所有祖堂终年门户洞开，夜间灯火通明。

根据这些家族祖牌资料显示，来自龙肚涂家五桂堂的十五世祖伯清公受封"武德将军"，他是率领客家义军平定朱一贵事件的六堆将领之一，后来带领客家壮丁开发了龙肚庄。来自屏东内埔的五桂堂涂家和廖家以及来自美浓的颍川堂陈家，祖牌上面的部分先祖都有太学生的头衔，应该是通过捐输获取的国子监生荣衔。台北客平阳堂饶家祖牌上面供奉了"恩师"洪旗公，据称系一位替该家族选定了一穴好风水以致失明的地理师。

吉洋庄近年来新建房屋建筑形式逐渐转变成洋楼，部分祖堂安置在楼上，与传统三合院式的形式截然不同。包括客家系的邱家、涂家、杨家以及福佬系的李家、郑家等，外观形式没有差别，内部摆设随各家主人自己决定。来自六龟新寮的邱家干脆购买现成的福佬式神龛安置祖先，让人难以判断其族群属性。

高雄县美浓镇的大部分客家人移居台湾虽已超过10代，仍然保留了相当浓厚的中原意识，这种观念通常被称为"客家精神"。客家人的中原意识具体表现在其祖堂的建筑架构及其堂号、门对、栋对上面。

堂号源于南北朝五胡乱华之际，当时中原人士南迁避难，为了纪念祖先来源之地，更为了使子孙不要忘记自己的根本，便在住宅正厅大门上方写上祖先原居地的地名，如河南、太原等；也有部分宗族是以祖先训勉子孙的话语，诸如"师俭""三省"等作为堂号。在正厅大门的两侧则书有门对，通常是将史上最具声望的祖先成就或事迹书于其上以光耀门楣。台湾南部六堆地区客家聚落祖堂正厅内的栋梁之下大半还书有栋对，以显示各自家族的渊源。

吉洋萧氏来台祖士杰公为萧氏广东松源开基祖梅轩公之后第十六世，原居广东梅县石扇堡凹下。乾隆二年（1737），他带着弟弟仕勇跟随在平定朱一贵事件中建立功勋的涂百清［广东镇平县（今焦岭县）人］，从里港乡境武洛经高树乡境大路关辗转到达美浓的龙肚庄垦殖定居。在龙肚庄的西角建立伙房，作为台湾开基祖堂。萧氏迁台至今已繁衍超过10个世代了。

士杰公的第六代孙二十一世富喜受萧何公尝之托，于1907年前往美浓吉洋庄宗亲萧阿友处收账，当时已丧妻的他在吉洋庄教书的宗亲阿乙等人介绍之下认识了守寡妇人邱阿冉女士，情投意合终结连理。邱氏原是来自弥浓庄的吴姓，生有二子，再婚后于1909年生子阿传。

早年阿传在一般节日将萧氏祖先依附于吴氏祖堂与吴氏同母异父兄长一起祭拜，大年除夕时则带儿子回到10公里外的龙肚西角祖堂祭拜祖先。此种祭拜方式自日据时期到战后初期都未曾改变，即使与吴氏兄长分家后仍然维持。

1958年阿传将残破的穿凿屋改建成砖瓦伙房式建筑之后，择期从龙肚祖堂请回祖先牌位，举行新建祖堂升座仪式（厅下转火），从此才结束此种寄人篱下的祭祖方式。新建祖堂完全依照传统格局，延请传统建筑师傅朱顺有、李祥珍先生等精心建造完成。

客家人号称中原士族之后，在祖堂建筑格局方面基本上遵从古制，其主要特色为长幼有序、内外有别。祖堂建筑主体随处可见典雅的对联，展现世家大族的风范。诸如柱对、门对、窗对、灯对、栋对、祖牌对、龙神对等，字对之多宛如书法展示场，堂号尤为这些书法体的核心。

在这些林林总总的字对中，最能显示中原意识及家族发展沿革者，莫过于堂号、门对和栋对了。所有来自广东梅轩公派下的萧氏之堂号通常以"师俭堂"作为堂号。在宋末元初，广东嘉应州松源开基祖五十郎梅轩公选立堂号时，鉴于萧氏在历史上享有赫赫盛名的宗祖萧何公年老病革之际遗言交代子孙："后世贤，师吾俭；不贤，勿为势家所夺。"① 乃订"师俭"作为堂号，用以期勉子孙能够发扬先贤之遗志。因此，若在任何地方看到祖堂正厅高书"师俭堂"者，必定为梅轩公之裔孙，都是源于广东松源之萧氏客家子弟。在台湾各地，萧氏祖堂的堂号除了师俭堂之外，还有河南堂、兰陵堂、凤翼祠、岑海堂、芳远堂、书山堂、斗山堂等。

---

① 司马迁：《史记》. 卷五十三,《萧相国世家》。

　　堂号之由来如前所述，系因各支派初祖徙居各地之际，在新居所在之处建立祖祠祭拜祖先，自订堂号以纪念本宗族的肇基之地或者在历史上享有盛名的祖先。萧氏子孙支派的开基祖如未自订堂号者，通常会以"河南"或"兰陵"作为堂号，以"河南"为堂号系因河南为萧氏始祖叔大心食采之地；以"兰陵"为堂号则因南北朝时期的齐、梁两朝，萧氏均位列九五，族大势盛，时萧氏族人泰半居于江苏南兰陵之故。

　　萧氏得姓之始祖为商代宗室微子启之后裔叔大心。微子启原名开，因避汉景帝讳而被改名启，系商纣王同母庶兄。启出生时其母系帝乙之妾，后来其母被立为妃才生下纣，因此纣成为嫡子得以继位，启则仍为庶子。纣即位后为政淫乱，庶兄微子启数谏不听，乃遁居徐州。武王伐纣灭殷商建立周朝，封纣子武庚以奉殷祀，立三监以防。武王死后成王继位，因年幼由周公摄政，管蔡不服，勾结武庚叛乱。周公东征三年克之，承成王命诛武庚，令微子启以代殷后奉其先世，启受封于宋。[①] 春秋之时，宋万叛国弑君，微子启之后叔大心出兵平乱，因功受封于萧邑，从此以萧为姓，为萧氏始祖。萧邑即今江苏北部之萧县，当时位于宋国境内。而宋国领域之中心位于河南，因此"河南"成为萧氏最早的堂号。

　　叔大心之后第四十六世孙萧道成接受南朝刘宋禅位，建国号为齐。道成系南兰陵（江苏武进）人，族人主要分布兰陵地区。因而"兰陵"也就成为萧氏的另一个主要堂号。

　　台湾的萧氏族人主要来自福建和广东，不论福建的闽南萧氏还是广东的客家萧氏，其实脉同一源，均可归源于五代十国时楚国的兵部尚书、叔大心第五十七世孙萧觉。觉徙居江西泰和，觉之后裔叔大心第六十四世孙梅轩于宋末元初天下大乱之际，自泰和经闽西石壁徙广东梅县松源，为萧氏入粤始祖，订堂号为"师俭堂"。觉之后裔叔大心第六十六世孙萧时中为明永乐九年状元，奉旨任福建漳州主考，定居漳州成为入漳始祖，其子积玉开基郑店，立"芳远堂"。第六十八世崇星另立"书山堂"。第六十九世满泰徙南靖书洋内坑另立"斗山堂"。第七十世孟蓉徙南靖上下涌另立"涌山堂"。另一支第五十六世萧曦于唐末中和元年入闽居长乐县大鳌坑为入闽始祖，立"凤翼祠"。曦之后叔大心第七十八世孙徙晋江县岑兜，立"岑海堂"。这些萧氏脉系均有裔孙移居台湾，闽系大半分布于嘉义、彰化等地，粤系主要分布在六堆及桃竹苗。

　　台湾客家人的每一个姓氏均将其祖先最具辉煌成就之事迹标示于门对

---

① 司马迁：《史记》，卷三十八，《宋微子世家》。

之中，萧氏家族自不例外。萧氏先祖之丰功伟业，在汉唐盛世均有突出表现。萧氏门对之左联为"汉京丞相府"，稍具历史常识者必能联想到其主人翁萧何。"汉京"是指西汉时期的都城长安，丞相府自然就是萧何的府邸了。萧何在秦末担任沛县的主吏掾，当刘邦还是一个素行不怎么端正的小角头时，萧何便常以其职位护着他。当刘邦聚众起事时，萧何即弃职追随刘邦作为其主要幕僚。刘邦兵入关中时，属下们忙着分财宝、夺妇女，只见萧何设法收藏秦朝丞相御史留下的律令图籍，当时大伙都笑他傻。项羽焚毁咸阳城后，只有萧何保有明确的天下户口资料。楚汉相争时，萧何依据这些资料为刘邦征兵征粮，使刘邦没有后顾之忧。他又向刘邦进言，推荐韩信为大将军，建立莫大功勋。萧何又将家族子弟胜兵者数十人交给刘邦调遣，刘邦大为高兴。天下大定后论功行赏，萧何以功劳第一被封为酂侯，受命担任丞相，赐予"剑履上殿、入朝不趋"之尊荣，父子兄弟十余人皆有食邑。当陈豨及淮阴侯先后造反时，刘邦均运用萧何之计策平定之，晋封萧何为相国。惠帝时萧何年老病重，惠帝亲临府中探视，并请他推荐继任人选，萧何举曹参代之①。参继任丞相后一切法令规章均依萧何所订，无所更改，史称"萧规曹随"。

萧氏门对右联为"唐殿秘书家"，此中典故源于唐玄宗开元年间文名满天下的萧颖士。颖士字茂挺，4岁就会写文章，10岁已成为太学生。他看书一遍之后就可把书中内容熟记而背诵出来，19岁考上进士，当时对策列名第一，被授予秘书正字。日本使臣来华时特别向皇帝请求希望能以萧夫子为师，可见其文采连海外都相当出名。颖士死后谥文元先生。

栋对是六堆地区客家祖堂中较为独特的资料，其字数甚多，有些家族祖堂的栋对甚至有60字以上的。从栋对的内容可看出此家族的发展沿革及其迁移的时空背景，大体上与中国历史的发展过程息息相关，是客家人中原意识最具体的表现。

吉洋士杰公脉下师俭堂之栋对左对为"石扇继松源辉燕翼振鸿图五十郎开基俊杰英才荣八叶"。其中表述了此一支系在五十郎梅轩公开基松源之后，六世祖万三郎公从松源迁居石扇（今广东梅县石扇镇）。而后分支又迁移各地，宗亲兄弟们共同努力大展宏图，期望后世能够再创萧氏祖先"八叶宰相"般俊杰尽出的辉煌成就。"八叶宰相"是指唐朝时萧瑀之下子孙相承先后有8人担任宰相的事迹。萧瑀为南朝后梁明帝之子，后梁被隋灭亡之后，专心于经术之研究。唐高祖建朝后，瑀受封为宋国公，甚受高

① 司马迁：《史记》，卷五十三，《萧相国世家》。

祖器重，呼之为"萧郎公"。他对公事孜孜尽力，不敢松懈。有一回高祖下敕令，瑀未立即颁布。皇帝诘问为何如此时，瑀说："隋大业年间曾发生敕令前后矛盾的事故，因而我必须将敕令确实勘审无误后才敢发布。"高祖大为称赞说："有这么认真的大臣，我还有什么可担忧的呢？"唐太宗时，因萧瑀杰出的表现，任命他担任参知政事，成为宰相。后世子孙分别有萧嵩相元宗、萧华相肃宗、萧复相德宗、萧俛相穆宗、萧寘相宣宗、萧仿相懿宗、萧遘相僖宗。子孙相承 8 人拜相，世间罕见，因而列入栋对以勉子孙。

栋对之右对为"元明推唐宋启人文昌大族十六世渡台绵延瓜瓞着三方"。首先，历数梅轩公广东开基前后朝代世系的变迁，点出历来文明昌盛的概况。其次，点明来台祖是广东松源开基祖之后第十六世，定居台湾后子孙繁衍，枝叶茂盛遍及各处了。吉洋师俭堂的来台祖士杰公于乾隆二年（1737）开基龙肚 200 多年以来，子孙繁衍已超过 10 个世代。除了龙肚西角的开基伙房外，在六堆地区的十坑、吉洋、横山尾、竹头角等地也有分支伙房，子孙更是遍布全台甚至海外。士农工商军警公教均有其裔孙任职，其中任职教育界者甚多，大中小各级学校各个级职，都有士杰公的裔孙，真是"绵延瓜瓞着三方"。

客家族群移居台湾之后，大半分布在穷乡僻壤之境，从事农垦工作，看天吃饭。早期忙于养家糊口，几乎没有受教育的机会，日据时期设立的公学校，以同化教育为目标，绝不可能提倡中原意识。美浓地区各家族祖堂起造人大半终其一生从未接受过正规教育，其余乡邻的生活背景也相似。基本上他们对中国的史地常识不可能有深刻的了解，但建造祖堂时却不约而同地造出如同中原士族房屋的式样。每一家的堂号、门对、栋对无一不充满了中国传统意识和缅怀先贤策励子孙的内容。反映出客家族群的传统观念，完全不受异族统治的影响。在这种充满中原背景的时空资料环境熏陶之下，客家族群拥有如此浓厚的中原意识自然就不足为奇了。

七、当代吉洋庄的产业变迁

吉洋庄居民绝大多数以务农为生，早期基本以种植水稻为主，部分埔地种植旱作，如落花生、大豆、甘薯等，部分人家也曾经种植黄麻、芝麻等作物，糖价好的时候有部分人家种植原料甘蔗。烟草在日据时代引进美浓地区之后，部分庄民也向专卖局申请种植烟草，在吉洋庄曾经种植烟草的包括饶家、陈家、余家、涂家、廖家五户，后来因土壤、生活习惯、人手欠缺等因素的影响，逐渐结束了种烟事业。二十世纪五六十年代庄民以种植香蕉为大宗，丸吉标志的香蕉作为外销商品一度名扬东瀛，成为日本人相当喜欢的水果。然而后来受到香蕉弊案影响加上香蕉黄叶病猖獗，植蕉盛况逐渐消失。居民又一度盛行种植柠檬、番石榴等水果，但是收成起伏不定，有些果园又废耕了。近年来，吉洋庄民兴起种植网室木瓜和养殖水产的风潮，不少农田开挖水池，以养虾为主，也有少部分养殖笋壳鱼或高经济价值鱼类。虾种曾经包括草虾、白虾、泰国虾，最后发现养殖泰国虾比较顺利，因而目前绝大部分村民在养殖渔业方面以养殖泰国虾为主。

结语

从早期资料显示可能属于福佬庄头的吉洋庄，经历了100多年的变迁已经转化成地道的客家庄，这在台湾地区是一个特殊的现象。因为台湾很多原属客家的地区都被转化成闽庄，客家地区福佬化的现象比比皆是，类似吉洋庄的福佬客家化的例子并不多见。

吉洋庄开庄迄今，历经清朝统治、日本占据和台湾当局的管理，除了房舍的建筑有所改变外，其他各方面的改变不多，大部分居民仍然过着日出而作，日入而息的农业生活。庄内没有自来水、没有公共交通工具、没有收寄信件的邮筒、没有公众社交空间、没有学校、没有餐馆、没有网吧，只有两间小杂货铺。所有娱乐活动必须前往八公里外的旗山或美浓的市街，一切都维持着淳朴的风貌。由于农业所得偏低，必须依靠年轻人出外工作贴补家用。平时庄容显得冷清，甚至孤寂，只有年节到来时才稍有生气，这种现象其实也相当程度地反映了当前台湾地区一般农村的态势。

前堆聚落开发初探

邓文龙

一、前堆的地理环境

（一）地理位置

前堆位于屏东平原之中北部，西邻屏东市，北连九如、盐埔二乡，东隔隘寮溪溪埔地与内埔乡、万峦乡部分相接，南隔麟洛溪与竹田乡接壤，西南则以大湖圳与万丹乡为界。

前堆雨量丰沛、分布不均。据研究，"90% 雨量集中降于 5 月至 9 月，干季可长达 7 个月"①，干季过长，且瞬间雨量过度集中的情形，导致雨季苦潦、干季苦旱，潦旱循环不断，使前堆拓垦时常常需要面临两难的情况和困境：一则洪水会导致农作物受损，但也会因泛滥带来有机养分，增加土壤的肥沃度；二则在缺水的旱季也需想法寻觅水源，以维持农作物生产。有研究指出，从空间分布的情形来看，六堆并非是全然完整的区域：右堆自成一个集团；前堆、中堆、后堆与先锋堆在空间上组成一个集团；左堆则在南方自成另一个集团。这种空间上的割裂，正反映了河川泛滥、洪水威胁的环境特色。② 前堆长期处在隘寮溪泛滥的阴影下，拓垦之艰辛

---

① 施添福：《清代屏东平原的土地拓垦和族群关系》，见《平埔族群与台湾历史文化学术研讨会论文集》，台北："中央研究院"历史语言研究所，1998 年，第 3 页。

② 李宜萍：《产业移民聚落的发展：屏东县盐埔乡大山疗与 30 座的个案研究》，台湾师范大学硕士学位论文，2006 年。

可想而知。

(二) 易泛滥的隘寮溪

隘寮溪分为南北两支，北支称北隘寮溪，南支称南隘寮溪，两溪于玛家乡北叶村北方汇合后，西行 5 公里，至三地门乡与内埔水门村之间，泻入屏东平原。[①] 南隘寮溪从三地门出山后，呈网状流路，行水区经水门、大和庄、新东势、竹围、新北势、竹田、麟洛、万丹等乡，于下游汇合各支流后，再注入东港溪出海。清代拓垦初期，邱永镐率民众开筑圳道，即是引隘寮溪水，灌溉长兴庄、竹叶林庄百余公顷土地，建立新家园。由于隘寮溪经常泛滥，历史上曾有多次水患导致毁庄、毁圳的记录，如麟洛乡新田村五谷宫内福德正神牌位上写着已消失的"六合庄"、麟洛邱家先祖邱若洪开拓的"四间屋庄"，都可能毁于 1817 年大洪水，另在 1890、1895、1911 年洪水分别冲毁万丹庄、水啸庄、道爷庄，1913 年冲毁八寿埤邻近村落，1930 年洪水冲毁麟洛新庄八卦碑一带，[②] 此外，海丰"科科庄"、烟墩脚的"芎蕉下"等，都是毁于洪水的村落，显现隘寮溪水患之频繁。

为防堵隘寮溪水洪患，从清朝光绪十九年（1893）起，民间就陆续开始分阶段兴修堤防之筑造工事，这期间屡次冲毁、屡次建堤。第一阶段由内埔人士江昶荣与黄星楼共同倡议募款兴建堤防工程，在今三地门往盐埔方向，顺着河道筑堤防，但因经费不足、工事不固，堤防被冲毁；第一阶段工程虽失败，但其精神影响了后继的邱毓珍、钟晋郎二兴建昌基堤防。[③] 第二阶段的治水工程是在 1902 年间，由民众推举后堆总理邱毓珍为负责人，并筹措金额共 4 万余元，共建成了堤防 952 米，所完成的堤防由当时日本当局阿猴厅的佐佐木厅长命名为"昌基堤防"，使这段堤防有了正式的名称，六堆地区水患也因为这段堤防的完成，而得到暂时的疏解。第三阶段的治水工程在 1906—1907 年间，由担任内埔区长的钟晋郎二担任筑堤总理，将昌基堤防增补了 860 米，使整个六堆地区多年未受洪水危害，对六堆地区的民生有了正面的作用。然而完成后的昌基堤防并非一劳永逸，内埔的西北边（即现今竹围、东片村一带），因地理位置接近隘寮溪沿岸，

---

① 徐芬春：《梦想之河：再现屏东平原水圳文化》，屏东：屏东县政府文化局，2009 年，第16 页。

② 宋义达：《麟洛采访册》（增补），作者自印，2010 年，第 13.5 页。

③ 江景勤文、郭淳瑜：《被淡忘的六堆名进士之后》，http：//www.th.gov.tw/epaper/view2.php？ID＝42&AID＝552，检索日期：2013 年 7 月 16 日。

从犁头镖以南每年仍然有水患，当时内埔庄长钟干郎欲一并解决问题，遂以州政府的经费配合庄的经费，不足的部分由当地的居民以劳力服务的方式，共同施工，直至 1931 年，将堤防延长了 600 米，这段工程被称为"番子厝护岸堤防"，这也是六堆第 7 次的治水工程。① 昌基堤防在日据时期兴建，在地方首长及士绅数度号召下，六堆乡民几乎家家户户动员，长期投入艰苦的堤防兴筑工程，直至 1938 年终于将隘寮溪往下延伸疏导到下淡水溪（高屏溪），前后历经 48 年、11 次治水，终于完成昌基堤防工程。②

昌基堤防的修筑，将原本向西南漫流的隘寮溪改道流向西北，绕盐埔、高树、里港注入高屏溪上游，③ 隘寮溪水患的灾害从此逐渐解除；但自隘寮溪改道后，沿岸景观也跟着改变，堤防南岸原隘寮溪旧道溪水消失，形成一片大小砾石遍布的河坝地（溪埔地），成为一批批南来的北客移民拓垦的天地。

（三）隘寮冲积扇

发源于潮州断层崖东侧的主要河川，自北而南有荖浓溪、隘寮溪、林边溪、力力溪四大溪流，这些水系的上游不仅雨量充沛，更因坡度大而下蚀旺盛，因此在越过潮州断层崖后，自上游侵蚀携带而下的大量沙石，且洪水常冲出新的河道，因坡度陡降、流速骤减而由谷口向下渐次堆积，形成一连串的冲积扇。④ 其中以扇径长约 18 公里的隘寮溪冲积扇最大，扇面向西偏南倾斜，地层结构大部分为砾石含沙，天然补注条件甚佳。⑤

除了河川提供用水之外，涌泉是更稳定的水源。由于组成冲积扇扇顶的物质颗粒较大，雨水或河水容易下渗成为地下伏流，既缺深厚土壤，又无足够水泉，因此扇面原始景观荒凉。但冲积扇的地下水在扇顶得到大量补充后，在地底缓慢地向下游流动，至扇端再度涌现而成为活泉。前堆地域即位于隘寮溪冲积扇扇端的涌泉带，泉水在前堆范围出现的大致高度

① 《六堆探索之旅：尽责治水的庄长钟干郎》，http://library.taiwanschoolnet.org/cyberfair2006/sixpile/p4.htm，检索日期：2013 年 7 月 16 日。
② 《内埔乡志》，屏东：内埔乡所，1973 年，第 53-56 页。
③ 钟彬政：《地理位置山川地形》，见曾彩金总编纂：《六堆客家社会文化发展与变迁之研究：自然环境篇》，屏东：财团法人六堆文化教育基金会，2001 年，第 8 页。
④ 施添福：《清代屏东平原的土地拓垦和族群关系》，见《平埔族群与台湾历史文化学术研讨会论文集》，台北："中央研究院"历史语言所，1998 年，第 38 页。
⑤ 杨万全：《水文学》，转引自利天龙：《屏东县前堆地域的社会空间结构与变迁》，台湾师范大学硕士学位论文，2007 年。

是：新围约 35 米、老潭头约 30 米、香杨脚则约 25 米。[①] 在前堆拓展之初，先民因发展农业的需要，尤其重视水利建设，涌泉稳定而可靠的水源，一方面有利于水田化的加速，但另一方面，因堤防工程未能有效制止洪水泛滥，造成该地开发不易，因此前堆的长治、麟洛，后堆的内埔北方与中堆的竹田北方，虽有客家先民辛苦打拼，但相较于其他地区，由于洪水屡屡破坏辛苦开发出来的地区，造成所谓的"水流庄"[②]，因此，前堆在先天环境上受到河系所控制，同时也因河川变化，形成一套与水密切相关的"水圳文化"，呈现出复杂多变的生活舞台。

二、前堆地区的开拓

自康熙二十三年（1684）在台湾设郡县后，康熙五十六年（1717）李丕煜任凤山知县，因下淡水以东人口剧增，康熙五十八年（1719）乃增设港东、港西二里，以东港溪为界，前堆境内属于港西里。光绪十四年（1888）又将二里自北往南分别划分为港东上里、港东中里、港东下里、港西上里、港西中里、港西下里，前堆境域属于港西中里，即今屏东平原长治乡、麟洛乡和屏东市境内一部分。

（一）上前堆的开拓

清代南部客家在下淡水溪的拓垦，普遍认为始自于万丹的滥滥庄。六堆开庄以滥滥庄为据点[③]，朝北、东、南向外移垦，最初在东港溪沿岸垦殖今竹田、内埔、万峦三乡，即清代所谓港西下里与港东上里的区域。而前堆的垦殖，始于康熙四十年（1701）左右，是六堆拓殖事业的第二阶段，由另一批客家移民往北方的隘寮溪及其支流番仔寮溪进行拓垦。[④] 前堆分为上前堆、下前堆、附堆三部分。

1. 以邱永镐家族为首的拓垦

上前堆的拓垦始自于邱永镐一代的客家先民，但邱永镐和一开始就到滥滥庄的客家人不同，他并未到滥滥庄开垦，而从府城到阿猴买地，再返回原乡找人来台垦殖。

---

① 施添福：《清代台湾屏东平原的土地拓垦和族群关系》，见《平埔族群与台湾历史文化学术研讨会论文集》，台北："中央研究院"历史语言所，1998 年，第 39 页。

② 施雅轩：《复杂多变的六堆生活舞台》，http://nknucc.nknu.edu.tw/~t2678/paper/2007-03.pdf，检索日期：2013 年 7 月 4 日。

③ 但客家人拓垦屏东平原始自滥滥庄之说，已逐渐受到质疑。

④ 林正慧：《六堆客家与清代屏东平原》，台北：远流出版事业股份有限公司，2008 年，第 87 页。

清代康熙三十六年（1697），邱永镐（广东省镇平县人）随军队来台，军队解甲后，前往台湾府（今台南市）卢、林、李三姓商行当伙计。当时三姓商行有意发展屏东平原的业务，于是派邱永镐到阿猴社主持业务。①

有关邱永镐拓垦屏东平原缘由，根据《台湾总督府公文类纂》收录的《台南市卢乃聪申诉状》②记载，"长兴庄"的土地拥有人应是卢、林、李三姓商人，委托管事邱永镐开垦。因此，邱永镐才返回故乡招募邱、胡、李、罗、黄、廖六姓乡亲前往"长兴庄"拓垦，故长兴地区的土地开发属于"闽主粤佃"的模式。③康熙四十四年（1705），"卢林李"垦号向阿猴社买地的契约完成签署，开垦成业后，分为七处：海丰庄、仑上庄、香杨脚庄、火烧庄、潭头庄、份仔庄、顶下科戈庄。合资的三姓垦户约定以拈阄方式将田业均分，各自管理。邱永镐便是当时三姓垦户所委托的管事④（代理人）之一。邱氏垦民起初以香橼树下（即今屏东县长治乡香杨村）为据点，搭建租馆供垦民居住，后因租馆遭风雨侵袭倒塌，邱氏等人遂弃地沿溪北上辟垦，形成以长兴火烧庄为中心，逐渐向外扩散的分布形态。⑤这些移民，最终垦成香杨脚、长兴（火烧）、老潭头、新潭头、单座屋、三座屋、仑上、下屋仔、芎蕉脚、竹叶（德协）、烟墩脚、份仔、新围（山猪毛）等庄，逐渐开发成上前堆，即现今长治乡一带。

其中老潭头与新潭头二庄，系程乡白渡堡人邱宗旦等人于康熙四十七年（1708）开垦而成，以位于其中的一处池潭为界，潭南称老潭头，潭北称新潭头。⑥邱宗旦与邱永镐是叔侄关系，邱宗旦之子邱成旺生五子，遂兴建五座伙房，让五兄弟各自成家，因此演变成现在的五房头。⑦

长治乡现辖区有长兴、潭头、香杨、进兴、新潭、德成、德协、复兴、仑上、德荣、德和等村，面积39.886 1平方公里，人口30 469人。

---

① 钟壬寿：《六堆客家乡土志》，屏东：常青出版社，1973 年，第190 页。
② 《台南市卢乃聪申诉状》，见台湾总督府"临时台湾土地调查局"：《台湾总督府公文类纂》，编号4418－2，第1－4 页。
③ 闽主粤佃是清初土地拓垦模式，参见李文良：《清代南台湾的移垦与"客家"社会（1680—1790）》，台北：台湾大学出版中心，2011 年，第26 页。
④ 李文良：《清代南台湾的移垦与"客家"社会（1680—1790）》，台北：台湾大学出版中心，2011 年，第70 页。
⑤ 黄琼慧：《屏东县高树乡聚落发展与地名探源》，《屏东文献》，2000 年第2 期，第66－94 页。
⑥ 刘正一总编：《长治乡志》，屏东：长治乡公所，1990 年，第35－36 页。
⑦ 李孟哲编：《前堆伙房檐头下》，台北：客家委员会，2012 年，第74 页。

2. 水利设施的兴筑

（1）水田化。

在南部客家拓垦的过程中，除了空间的拓展外，客家乡民亦致力于水利设施的兴建。客家人在下淡水溪积极兴建水利设施有其主客观因素：一为解决用水问题。因客家人已在原乡积累了丰富的兴修水利的经验，有助于客家人在下淡水地区的拓殖。二则因人口增长的压力，官方"化园为田"政策的实施。因福建内地米谷市场的扩张，带动了台湾水田化的土地开发热潮，无形中刺激农民改种水稻，这亦是雍正以后，水田耕作成为此后台湾农业主流的重要背景。[1] 因水利设施提供稳定的水源，使水稻的收成趋于平稳，米谷价格因输出而上涨，购置水田租业成为有钱商人优先的投资目标，垦佃与业主同时在水田化热潮中获得利益。[2] 而南台湾客家移民居住的六堆地区位于涌泉带，可以用较低的成本技术修筑水利设施，完成水田化工作。换言之，在土地价格竞争中，因自然环境的差异，影响水利开发成本。而南部六堆地区，虽也有部分地区遭受水患之苦，但相较于台湾其他地区，其夏季受洪水侵袭的程度较轻，故不需要较高的维护经费，这也是促使佃户集资投入构筑水圳的原因。

乾隆十二年（1747），屏东平原客家地域双冬稻作开始日趋普遍，并被视为台湾引水灌溉得法的典范地区。[3] 在台湾府县、诸罗县等地水田尚未大量开发之际，凤山县治南境已"悉从内山开圳筑坝，引流灌溉，凡可兴之水利，无不尽开"。[4] 1765—1774 年，屏东平原的客家地域已发展成台湾典型的双冬稻作区，而双冬稻作区的巨大生产力，是六堆客庄在战乱时期仍能提供大量米粮的第一重保证。[5] 南台湾屏东平原因自然环境条件佳，在十八世纪水田化热潮中占有高度的优势。

（2）开凿圳道。

从康熙末年（1722）开始，台湾各地陆续出现中、大型水利工程，拥有水圳构筑技术和资金的垦民，在拓垦活动中逐渐扮演起重要的角色。清代台湾开筑埤圳之投资者，都为移民之拓垦投资者垦户，从事垦耕的地

① 陈秋坤：《十八世纪上半叶台湾地区的开发》，台湾大学硕士学位论文，1975 年。

② 李文良：《清代南台湾的移垦与"客家"社会（1680—1790）》，台北：台湾大学出版中心，2011 年，第 86 页。

③ 施添福：《国家与地域社会：以清代台湾屏东平原为例》，见詹素娟、潘英海主编：《平埔族群与台湾历史论文集》，台北："中央研究院"台湾史研究所筹备处，2001 年，第 79 页。

④ 王瑛曾：《重修凤山县志》，南投：台湾省文献委员会，1993 年，第 284 页。

⑤ 吴进喜：《清代南台湾客家六堆武力布防策略的地理基础》，《HAKKA 杂志》，2006 年第 3 卷第 4 期，第 23 页。

主、佃人及个人之水利事业企业者。即清代台湾土地的开拓与水利的兴筑，完全是由先民自己开发的。①《赤嵌笔谈》记载着台湾南部开坤作圳的情形："下淡水以南，悉为潮州客庄；治坤蓄泄，灌溉耕耨，颇尽力作。"②邱永镐家族在开垦长兴地区时，积极拓垦荒埔成旱园，进而运用在原乡开坤凿圳的技术，投注大量资金，使收获贫瘠的旱园变成经济价值高的良田。在十八世纪初，邱永镐、邱智山父子率众，率先引隘寮溪与支流番仔寮溪、巴六溪水（武洛溪）开凿圳道，开辟了大湖、德协圳系统，拓殖德协、长兴火烧庄一带。仑上、长兴庄、老潭头的邱家与内埔钟干郎家族都曾出钱出力。被长兴人称为"火烧圳"的"德协圳"经过闽村与原住民村落，为其提供了重要的饮水与灌溉资源。

表1　清末前堆水利设施一览表

名称	源流	注入溪流	灌溉面积	设立年代	说明	现今范围
大湖圳	份子南方米贶泉窟	本庄洋	100甲	康熙中叶	初由邱永镐私资兴建，后两度易主圳权，1901年为林少独有，改为业佃共同经营	长治乡
火烧圳	隘寮溪上游			康熙中叶	由邱永镐私资兴建，后全由其子孙继承管理	长治乡
竹叶圳	火烧圳上游			康熙中叶	由邱永镐私资兴建，因隘寮溪泛滥，毁坏严重，咸丰末年，由竹叶庄民出资修复，后由庄民共同经营	长治乡

---

① 王世庆：《清代台湾社会经济》，台北：联经出版事业公司，1994年，第135页。
② 范咸：《重修台湾府志（下）》，南投：台湾省文献委员会，1993年，第487页。

（续上表）

名称	源流	注入溪流	灌溉面积	设立年代	说明	现今范围
番仔厝圳				乾隆十年（1745）	由垦首邱文琳出资开凿，光绪十七年（1891）因洪水崩坏，水田变成旱园	长治乡
玲洛坤	番仔寮溪	西势溪	200甲			麟洛乡
老水坤	潭底新园北方泉窟	经麟洛、竹架、径仔注入隘寮溪		嘉庆年间	由业佃共同筑成	麟洛乡
海丰圳	番仔寮溪中游	阿猴溪（万年溪）	100甲			屏东市
科科林横圳			100余甲	乾隆十七年（1752）	位于海丰庄，旧圳建于乾隆十七年（1752），后被洪水摧毁。道光十年（1830）该庄业佃鸠资兴建横圳	屏东市

资料来源：林正慧：《六堆客家与清代屏东平原》，台北：远流出版事业股份有限公司，2008年，第153－154页。

（3）汉番冲突。

水圳开垦之初的资金，大多数由担任管事的邱家出资，因而他们享有水利使用支配权，但同时须承担所有筑圳、维护风险及协调乡民用水纠纷等事。邱家在筑圳过程中，侵入番界，曾付出丧失2子及庄民死伤的惨痛代价。雍正六年（1728），邱永镐长子、继任第2任管事的邱仁山率众至大坑阙（今内埔乡水门村）疏浚被砂石淤塞的竹叶林圳，遭山猪毛社的傀儡生番杀害，得年38岁。[1] 与邱仁山同时遇害者还有庄民、熟番等10多

---

① 刘正一：《邱仁山列传》，《六堆风云》，2001年第87期，第23页。

人。邱仁山在朱一贵事件平定后立军功，累受守备衔，他是义军首领，又有官衔，遇害后引起清廷重视。雍正七年（1729），闽浙总督高其卓命台湾总兵王郡前往剿伐，调游击、同知率兵及壮番共五百多名，又派诸罗县令刘良璧领兵围堵后山拦杀之，终于攻克山猪毛社。讨伐山猪毛社之役，可视为清廷对六堆客家的保护政策，以回报六堆客庄义军对朱一贵事件平定之功。①

邱仁山死后，由邱永镐四子邱智山继任管事，引山猪毛溪、番仔寮溪、巴六溪，兴筑自大坑阙至德协庄之德协圳。乾隆四年（1739），邱智山因佃户农田缺水，漏夜往大坑阙巡视水路，在黑暗中，适傀偏番"出草"②，亦遭番杀害，得年三十五岁。③ 据民间传说，邱智山当年与原住民约定每次巡圳路时，头上戴顶竹笠、身上背一个小麻袋做记号，原住民看了就不杀他。一天忘了背麻袋上山，就被"出草"的原住民杀掉了。④ 邱家昆仲遇害，正凸显出客民在界外番地开凿水圳行动，侵犯到原住民的生活领域，也反映出雍正年间汉番冲突的频繁与严重性。

邱家家族成员及庄民相继遇害，邱氏后裔多次和官府交涉，山猪毛营都司、凤山知县和南路参将都在协调之列。邱忠山在其管事任内，甚至曾出面控告南路营参将索浑，索浑又控告知县王瑛曾、台湾巡道与台湾知府，各据案情。在官府能否核给器械以便入山修圳的事由上，也是经管事一再陈情，官方准给鸟枪后，佃农才敢赴山脚筑圳。⑤ 客民必须携带武器冒险入山脚筑圳，显见以稻米文化为主的前堆，由于对水源依赖之深，也透露出土地可能已达到某种程度的饱和。

灌溉水源充足，有助于农地水田化的加速。随着耕垦面积的扩大，对水的需求就越迫切。德协、长兴两庄的水权最初采三七分，即长兴庄是以出资者邱永镐家族为中心，故分得七分，并分流凌洛河（今麟洛河）；德协庄分得三分，流于番仔寮。后不敷使用，乾隆二十四年（1759），水归德协庄田头，分流直通长兴等庄。由于灌溉埤圳逐渐完善，使长兴庄成为高度水田化地区（见表2）。

在埤圳水权分配上，德协圳最初由邱家独资，水权亦归邱家所有，但从1902年签订《公共埤圳规约》，邱氏成员占60%，相较于其前独资经

---

① 刘正一：《邱仁山列传》，《六堆风云》，2001年第87期，第23-24页。

② "出草"是台湾少数民族猎人头（猎首）的别称，即将敌人头颅割下来的行为。这种习俗广泛存在于南岛民族中。

③ 刘正一：《邱智山列传》，《六堆风云》，2001年第88期，第30页。

④ 侯宗信：《长治人》，屏东：屏东县乡土人文关怀协会，2003年，第11页。

⑤ 刘正一：《邱忠山列传》，《六堆风云》，2001年第87期，第39-40页。

营，权力已局部释放。① 随着环境变迁，埤圳经营与使用产生转移，私有设施逐渐转为公共设施。

表 2　日据初期长兴庄地目种类比例

地区	田	旱	建	原	坟	祠	池	杂	总计
长兴大字	73.92	18.56	5.97	0.39	1.09	0	0.06	0	100
德协大字	48.16	30.96	5.05	3.95	11.72	0.16	0	0	100
番仔寮大字	0	90.79	2.33	4.50	2.24	0.03	0.01	0.10	100
麟洛大字	60.66	24.68	6.30	3.61	4.70	0.03	0.02	0	100
占总面积比例	50.13	36.68	5.19	2.98	4.93	0.05	0.03	0.02	100

数据来源：施添福总编纂：《台湾地名辞书卷四：屏东县》，南投：台湾省文献委员会，2006 年，第 357 页。

（4）管事角色重要性。

邱永镐自原乡招来的垦民，陆续建立香杨、火烧、潭头、仑上等聚落。这些客庄内部，以邱永镐家族为核心，通过血缘、地缘及租佃关系相互整合。

六堆客家多以尝会介入土地买卖，业户权日益式微，佃户对田业逐渐握有实权，使得客家各类尝会组织跃居小租户角色，田业多属各类公业团体组织所有，少有豪族大户。② 然六堆各堆分处于不同环境，开拓先后、聚落形成也有其差异性，被誉为"六堆第一旧家族"的上前堆邱永镐家族，在长兴庄开拓之始，皆由管事经管大小事，大至租税或开埤作圳、防御工事、水源分配，小至偷鸡摸狗，俱属管事之职权，尝会的管理也是。故管事不仅是垦民认同的领导者，也是官府默许的地方事务代理人。佃农通过管事仲裁并排解纠纷，管事以业、佃双方的信赖为基础，为双方与官府提供服务，从而稳定了垦区。③ 此外，官方在地方事务的治理上，愈发显露出疲软的窘境，管事也形同掌握了行政权。前人曾以"税捐处兼乡

---

① 施添福总编纂：《台湾地名辞书卷四：屏东县》，南投：台湾省文献委员会，2006 年，第356 页。

② 林正慧：《六堆客家与清代屏东平原》，台北：远流出版事业股份有限公司，2008 年，第294 页。

③ 利天龙：《屏东平原客属聚落的发展：以长兴火烧庄为例》，见《重修屏东县志》，屏东：屏东县政府，2014 年，第130 页。

长"来形容管事的职权。① 管事进一步晋升为统治阶级，客家争取举人名额成功，使客家人得以在台应考，并享有一定的保障名额，促使客庄文风大振，各类血缘或地缘组织购置田产，鼓励子弟上进，邱家有多名子弟得科举功名。邱永镐家族作为地方领袖，无论在战功还是在前堆界域内攸关民生用水的水利设施上，皆不遗余力，在社会上仲裁纠纷、建立族人共识，其积累的深厚人脉、声望与拓殖势力，使其在前堆，甚至六堆拥有难以动摇的地位。

咸丰、同治之际，闽粤械斗事件层出不穷，然福客双方的领导阶层的交流不曾断绝。长兴邱家和海丰郑家维持着一定的往来，海丰等庄甚至成为六堆的附堆，维持着彼此互利的契约关系。进入日据时期，长兴邱家在地方社会中仍旧具有举足轻重的地位。1920 年，行政区划改变，长兴庄被编入高雄州屏东郡管辖，此行政区不仅包含了原有的客家聚落群，同时也纳入了周边的福佬聚落，形成一个客家与福佬士绅共治的区域，邱家的影响力也明显进入屏东市传统的福佬地域。

战后长兴庄改为长兴乡。1946 年 5 月行政区调整，改隶屏东市。为冀求"长治久安"之义，同时改名为长治区，所辖有长兴、德协、番子寮、麟洛四大段。1950 年 10 月改为屏东县管辖，改称为"长治乡"。现分为长兴、德协、繁华三大段，共计 16 村为长治乡辖区。②

---

① 钟壬寿：《六堆客家乡土志》，屏东：常青出版社，1973 年，第 275 页。
② 长治乡公所，http：//www.pthg.gov.tw/TownCgt/CP.aspx？s＝1834&cp＝1&n＝12414，检索日期：2012 年 11 月 2 日。

表3　长治乡各村沿革表①

清代		日据时代							现代	
凤山县（光绪十八年：1892）		阿猴厅阿里港支厅（日本明治三十四年：1901）		阿猴厅阿里港支厅（日本明治三十七年：1904）			高雄州屏东郡长兴庄（日本大正九年后：1920后）		屏东县长治乡（2000）	
里名	庄名	里名	庄名	里名	庄名	小地名	大字	小地名	村名	小地名
港	火烧庄	港	火烧庄	港	长兴庄	长兴（火烧庄）	长兴	永兴	长兴村	长兴（火烧庄）
										老屋背
										糖廍
	老潭头庄		老潭头庄			老潭头		老潭头	潭头村	老潭头（老庄头）
										老潭头（庄尾）
			香杨脚庄			香杨脚		香杨脚	香杨村	香杨脚（香橼脚）
	香杨脚庄									伯公尾
										上寮
								上溪埔寮（上河灞寮）	进兴村	废庄
								下溪埔寮		下寮（下河寮坝）
			新潭头庄			新潭头		长兴	新潭村	新潭头
西	新潭头庄		三座屋庄			三座屋		三座屋		三座屋（三块厝）
			单座屋庄			单座屋		单座屋		单座屋（单庄仔、钓鹿仔）
	德协庄	西	竹叶庄	西	德协庄	德协	德协	德协	德成村 / 德协村	德协（竹叶、竹叶林）
	份仔庄		份仔庄			份仔		份仔	复兴村	份子（景兴庄）
			山猪毛庄			荆桐脚		复兴	复兴村	荆桐脚（新围庄、新维庄）
										河坝地（新兴）
中	仓上庄	中	仓上庄	中		仓上		仓上	仓上村	仓上（仓仔顶）
			下屋庄			下屋		下厝	德荣村	下厝（下屋）
			烟墩脚庄			烟墩脚		烟墩脚		烟墩脚（老庄、金隆恩）
			芎蕉脚庄			芎蕉脚		废庄		
						溪埔寮		和尚寮	德和村	和尚寮
								废庄		
									繁华村	头前溪
里	番仔寮庄	里	番仔寮庄	里	番仔寮庄	番仔寮	番子寮	番子寮	繁昌村	番子寮（番仔寮、凤雅庄）
			番仔寮庄						繁隆村	
									荣华村	忠孝新村
										仁爱新村（忠贞村）
										和平新村

资料来源：施添福总编纂：《台湾地名辞书卷四：屏东县》，南投：台湾省文献委员会，2006年，第361页。

---

① 该表为笔者重制。

（二）下前堆的开拓

下前堆相当于今麟洛乡范围，麟洛乡现辖下有 7 个村，由北到南分别为新田、麟顶、麟蹄、麟趾、田中、田心及田道。"麟洛"的地名经过演变，从清代的"璘珞""凌洛"，到日据时期的"麟洛"，以及地方人士所称的"玲珞""邻落"等。①

1. 麟洛徐氏开庄

下前堆入垦时间依记载为康熙四十五年（1706），广东嘉应州镇平县人徐俊良先贤与柯、翁两姓者东渡来台，巡游于现在屏东县管辖地内山脚地方至麟洛地带。当时此地为平埔族所有的半开垦地，称为阿猴社。与平埔番协议收买该地方后，即回原乡招邀移民 100 余人，同年再度渡台，集结成村落。② 徐氏所开拓的土地原为平埔族的生活领域。

上述以徐俊良为麟洛开庄之祖，亦为坊间一般著作之论。但宋义达《麟洛采访册》对麟洛开庄始于徐俊良之说，提出反驳看法，认为下前堆首垦者并非徐俊良，而是时间更晚一些的徐俊良之子徐兰桂。宋义达以麟洛诸姓世代尺来标示未知年代的异姓世代尺，推估康熙元年（1662）郑成功卒逝当年，徐俊良尚未出生，不可能是郑成功的管粮官，且以尚存的徐兰桂衣冠冢之墓刻书写："台湾开基祖考功加都阃府谥忍慎英睦兰桂徐公"及多数徐姓祖公牌皆自徐兰桂起刻，又据当地叶、邱、徐、宋四姓谱牒排列考证，认为麟洛庄开发传说与郑成功管粮部将徐俊良有关的说法纯属神话，而徐兰桂入垦麟洛庄的时间与麟洛的开庄当在十八世纪二十年代。③ 不论何说较合理，麟洛开庄从徐氏开始，殆无疑问。

2. 河川变迁与聚落开拓

徐俊良之子徐兰桂携二子及其他同姓血缘、地缘的亲族来台，在麟洛地区进行拓垦事业，逐渐发展成以徐姓公馆为中心的聚落。至于徐氏始垦之地，《麟洛采访册》与乡公所编《麟洛乡简介》皆说始垦地在今麟洛分驻所，认为是从今日麟洛分驻所向东、东南、东北方向发展，这暗示徐姓与叶姓先祖是从西片河（隘寮溪古河道）而来。麟洛乡内的麟洛庄、上竹架、径仔等三庄，拓垦时间较早；田心庄、下竹架与老田尾三庄，开发时间相近，而这三庄先祖皆溯东片河而来，较西片河庄头开发晚。故麟洛开

① 洪瑞福编：《麟洛乡采风录》，屏东：麟洛乡公所，2005 年，第 21－22 页。
② 温兰英：《六堆地名故事》，见曾彩金总编纂：《六堆客家社会文化发展与变迁之研究——历史源流篇》，屏东：财团法人六堆文化教育基金会，2001 年，第 205 页。
③ 宋义达：《麟洛采访册》（增补），作者自印，2010 年，第 21、21.02、21.14－15 页。

庄次序与乾隆舆图隘寮溪主河道经过麟洛庄与归来庄之间是吻合的。① 此外，从麟洛庄与径仔庄有东、西、南、北栅门（伯公）之设置来看，符合入垦初期与异族争夺垦居地的时空环境，1749 年之后成立的庄头就没有设立 4 个栅门的必要，但随着耕地往庄外拓展，就以伯公（土地公、福德祠）标示领域范围，因此伯公首由庄头、庄尾伯公到路头、路尾伯公再到圳头、圳尾伯公，伯公之设置标记着村落拓展的轨迹。②

麟洛乡的郑成功庙（当地称开台圣王庙、郑王公庙）是居民精神信仰的中心。传说徐氏在麟洛定居后，将郑成功神位与福德正神放在一起供奉，后迁至上天灯。据现仅存的一座在 1995 年所立灯杆座的基碑记记载：

先代移民遍地荆榛，一片荒芜，实难觅栖宿之地，乃立天灯台，分为上天灯、下天灯，各竖立竹竿台，日间升"郑"字黄旗，黄昏时分，升起灯火，以为黑夜迷途或归宿者寻觅方向之指标。上天灯代表麟洛庄头，即今之麟顶、麟蹄两村。下天灯，代表庄尾，即今之麟趾村。

从上述可知，夜间高挂灯火，乃为村民照明，遂以灯为聚落命名。又从地缘性组织天灯会③知悉，建天灯尊神坛于庄首北栅，还另有保卫乡民之意，乃因"东边沿山庄少，常有生番之患；生番犹虎也"④。地方将邻近的原住民比喻为猛虎，又相传天灯尊神能御虎患。上天灯为庄头地名，即今之麟顶、麟蹄两村；下天灯为庄尾，即今之麟趾村，交代了过去庄落的位置。至于有关入垦先民在天灯柱"日间升'郑'字黄旗"的说法，不符历史事实，应属无稽之谈。⑤

3. 其他拓垦家族

下前堆的开拓者除徐氏之外，田中村还有上竹架的刘姓、叶姓和陈姓，下竹架以谢姓为主。下竹架谢姓来台祖为第十三世祖谢九礼，来自广东梅县的白渡镇苏姑井，约为清朝时期（1706—1803），来台时定居于竹

---

① 宋义达：《麟洛采访册》（增补），作者自印，2010 年，第 21 页。

② 麟洛乡公所：http://www.pthg.gov.tw/townllt/CP.aspx? s = 8724&cp = 1&n = 16556，检索日期：2012 年 11 月 2 日。

③ 临时台湾旧惯调查会辑：《台湾私法人事编（上）》，台北：台湾银行经济研究室，1961年，第 266 – 267 页。另咸丰二年（1852）捐修（内埔）天后宫芳名碑记捐题名单中，凌洛（麟洛）庄有"十五天灯典"及"天灯典"二会，见黄典权编：《台湾南部碑文集成》，台北：台湾银行经济研究室，1961 年，第 295 – 395 页。

④ 临时台湾旧惯调查会辑：《台湾私法人事编（上）》，台北：台湾银行经济研究室，1961年，第 266 – 267 页。

⑤ 宋义达：《麟洛采访册》（增补），作者自印，2010 年，第 27.307 页。

架下，于今延和街永春巷谢氏老伙房，随着人口增加而建造大伙房，因此整个下永竹架春巷、长春巷、延和街都是谢姓人家的聚落范围。① 谢家宗祠墙上还悬挂着谢九礼后代各房扫墓轮值表。

田心村以陈姓为最大姓氏，依族谱记载，由来自嘉应州镇平县福岭的十八世先祖陈芳兰在台开基，以中正路为区隔，西边为陈姓，东边为曾姓居多，② 陈姓伙房结构保留了传统聚落的防御性功能，出入聚落巷道弯曲，每间屋舍几乎都朝向聚落中央道路，屋后则面临外围较宽广的道路。

而新田村的老田尾徐家，为祖籍广东黄田头的来台祖徐宏敏于乾隆五十三年（1788）拓垦而成。徐宏敏生三子，各自在老田尾开垦，耕耘成一片良田。麟洛庄头（麟顶村）郑成功庙旁的徐屋伙房为其分支，而徐怀礼一脉后代，出现了闻人徐傍兴。③

位于麟洛乡南端的田道村，有径仔和新屋家两聚落，是全麟洛乡开发最晚的村落，其来台祖都源自冯法游后裔，是明显的单姓聚落，现村民仍以冯姓为多数。冯氏十一世于乾隆十八年（1753）在径仔开基，到十四世裔曾孙迁居于新径仔（新屋家）。④ 冯家四大伙房中，以新屋家伙房规模最大也最完整，采双堂号"凌云堂"与"官宝堂"，与径仔冯家的"始平堂"区隔。径仔冯家是知名的大家族，其中在日据时期曾任长兴庄庄长的冯安德，也是事业有成的富商，在地方上具有相当大的影响力。⑤ 冯安德致富后买了不少土地，从径仔搬到麟趾，创建了德源堂伙房。

日据时期，麟顶与麟蹄二村旧称庄头又称上天灯，编为第1保。麟趾村旧称庄尾又称下天灯，日据时代编为第2保。其他新田村（包括新庄仔、新围庄、潭底、老田尾）日据时代编为第3保。田中村则分为上竹架和下竹架，日据时代编为第4保。田道村旧称径仔，和田心村编为第5保。老一辈的乡民又把新田、麟顶、麟蹄、麟趾称为上四庄，上竹架、下竹架、田心、田道称为下四庄。

麟洛和长治的开台先祖虽同属于嘉应州移民，但在前堆的开拓及六堆防御组织上，却分属于不同系统，到日据时期，麟洛属于长兴庄管辖下的大字，战后居民洽公需至长治乡公所，颇感不便，加以麟洛紧邻省道及铁

---

① 笔者访问谢家伙房管理人谢修源先生内容（访问日期：2013年3月25日）。
② 洪瑞福编：《麟洛乡采风录》，屏东：麟洛乡公所，2005年，第153页。
③ 李孟哲编：《前堆伙房檐头下》，台北：客家委员会，2012年，第85页。
④ 洪瑞福编：《麟洛乡采风录》，屏东：麟洛乡公所，2005年，第162页。
⑤ 邱金才：《冯安德翁传》，见钟壬寿：《六堆客家乡土志》，屏东：常青出版社，1973年，第244页。

路线，工商业发达，居民拟争取独立，[1] 故于 1951 年 4 月 25 日从长治乡分离出来，独立为麟洛乡。[2] 麟洛乡各村沿革如下：

表4　麟洛乡各村沿革表

清代		日据时代							现代	
凤山县（光绪十八年：1892）		阿猴厅阿里港支厅（日本明治三十四年：1901）		阿猴厅阿里港支厅（日本明治三十七年：1904）			高雄州屏东郡长兴庄（日本大正九年：1920后）		屏东县长治乡（2000）	
里名	街庄名	里名	街庄名	里名	街庄名	小地名	大字	小地名	村名	小地名
港	麟洛庄	港	头庄	港	麟洛庄	麟洛		麟洛	麟蹄村	庄头（上天灯）
			东栅庄							麟洛（遴路、玲落、零落、邻落、麟落、麟乐）
			麟洛庄						麟顶村	
									麟趾村	庄尾（下天灯）
										公馆
西	田心庄	西	田心庄	西		田心		田心	田心村	田心
									田道村	径仔
中	径仔庄	中	径仔庄	中		径仔	麟洛	径仔	田中村	新径仔（新屋家、庄敬巷）
	竹架庄		顶竹架庄			上竹架		上竹架		下竹架
			下竹架庄			下竹架		下竹架		
里		里	老田尾庄	里		老田尾		老田尾	新田村	老田尾
			麟洛新村			新庄仔		新庄		新庄
			潭底新围庄			潭底新围		新围		新围
										潭底
			邱家庄			废庄				

资料来源：施添福总编纂：《台湾地名辞书卷四：屏东县》，南投：台湾省文献委员会，2006 年，第 389 页。

（三）屏东市田寮的开拓

田寮现为屏东市辖属，目前行政区划分为丰田里、丰源里、丰荣里及大连里，隔着杀蛇溪与长治乡为邻。许多文献、研究显示，屏东市过去是以福佬人为主的移民所开发，其邻近地区为客家人所拓垦。虽然屏东市以

---

[1]　钟肇文：《麟洛为什么能独立》，《六堆风云》，1999 年第 79 期，第 30 页。

[2]　麟洛乡公所，http：//www. pthg. gov. tw/TownLlt/CP. aspx？s = 1381&cp = 1&n = 11342，检索日期：2012 年 11 月 2 日。

福佬人占多数，但屏东市境内并非全是福佬聚落，位于东区的田寮即是客家聚落。

1. 长治开发的延续

田寮客家聚落在六堆聚落之中属前堆的范围，但地名一直处于模糊不明状态。田寮在清末到日据初期皆属归来庄范围，到 1920 年才出现上田寮与下田寮之名，属归来。①

但在光绪六年（1880）与日据初期的六堆组织规模中，田寮聚落并未出现，这与一般认知中上前堆应包含田寮聚落的概念不同。会产生如此差异的原因，与六堆各堆区分的疆界主要为河流或非客籍聚落有关。依研究显示，原为闽籍聚落的西势、八寿坰、四十分（今竹田乡）、牛埔（今美浓镇）等庄，在客家强势入居后，亦先后属于六堆之辖属，因此，屏东平原客家聚落中，各堆所属聚落可能因河流的改道、异籍聚落的迁移，或行政区划的变化等因素而有所改变。② 可知堆属聚落是变动而不固定的，而田寮可视为是闽客族群消长的舞台。

据《屏东市采风录》记载：田寮是在 1895 年长兴火烧庄之役后才被开垦。③ 而日本昭和年间的前堆才出现"田寮庄"名（见表5）；在此之前，田寮在清代是否有成聚落，无法得知。据研究，田寮聚落的范围在 1901 年应属于麟洛区辖域范围内。④ 田寮庄后来被纳入屏东市，改为"旭町"及"清水町"后，历经光复后迄今多次的行政区变动，均属于屏东市的范围。

笔者则认为，整个前堆地域并非只指单一行政区域，而是相当于今日多个行政区的联合体；田寮这个旧聚落虽因行政区划改变而有不同辖属，但无论从客家开拓势力之延伸或不同族群的互动关系上，都是一个重要的观察区域，在前堆具有相当的重要性。

---

① 施添福总编纂：《台湾地名辞书卷四：屏东县》，南投：台湾省文献委员会，2006 年，第 79 页。

② 林正慧：《六堆客家与清代屏东平原》，台北：远流出版事业股份有限公司，2008 年，第 177－178 页。

③ 屏东市公所编：《屏东市采风录》，屏东：屏东市公所，2001 年，第 37 页。

④ 林佳缔：《客家聚落发展历程比较研究：以长治乡潭头与屏东市田寮为例》，高雄师范大学硕士学位论文，2012 年。

表 5　日本昭和年间的前堆聚落

前堆区域	范围	庄数
上前堆	竹叶林庄、仑上庄、火烧庄、新潭头庄、溪埔庄、新威庄、老潭头庄、田寮庄、三座屋庄、香杨脚庄、下厝庄	11
下前堆	麟洛庄、上竹架庄、下竹架庄、老田尾庄、径仔庄、田心庄	6

资料来源：松崎仁三郎：《鸣呼忠义亭》（中译本），屏东：屏东县六堆文化研究学会，2011 年，第 22 页。

2. 邱氏兄弟开庄

（1）上田寮。

田寮为今日丰田里之旧称，以丰田里为核心，向外扩充到丰荣、丰源里。丰田里原居民多为从火烧庄移居至此的客家人，当时仅在田中搭寮而居，故名田寮，其中以民学路、广东路为界，以北称"上田寮"。①

田寮的发展和清代进入长治乡开发的客家人有血缘与地缘关系。1895年火烧庄战役之后，邱凤扬长子邱元奎、次子邱元寿来到距火烧庄南方 1 公里处开庄落户，垦滥地成良田。② 兄弟分建两伙房合院，南北相邻。邱元寿、邱求顺父子在上田寮兴建的宅第，经几次修建为一座二堂二横的客家伙房式合院"河南堂忠实第"（现为屏东县乡土艺术馆），是田寮古老的建筑。宅第早年遍作稻田和芋田，皆说明了产业环境与邱家的关系。③ 邱家落户后，于南方设置庄头墓区，水井两口，与长兴、阿猴有交通往来。约于此时期前后迁居于此的朱姓人家，落户于元寿宅第前，④ 故邱家与朱家是最早出现的田寮住民。

从 1895 年火烧庄之役，可以看出田寮的地理位置十分重要。当时以现在的邱家祖堂为指挥中心所组成的防御组织阵势中，田寮前方就设有代表作战碉堡的土牛堆，意味着当敌人来临时，这里是处于第一线防守的位置，说明其在战争形势中的重要性。田寮自邱氏兄弟开庄以来，其位置就

---

① 施添福总纂：《台湾地名辞书卷四：屏东县》，南投：台湾省文献委员会，2006 年，第88 页。

② 刘正一：《屏市田寮庄开基祖：邱元奎邱元寿昆仲列传》，《六堆风云》，2001 年第 87 期，第 11 – 12 页。

③ 刘良佑、徐启智：《屏东县乡土艺术馆研究规划报告》，屏东：屏东县立文化中心，1994年，第 104 页。

④ 曾纯纯：《"客"隐于市：屏东市的客家移民与社会》，台北："行政院"客家委员会，2007 年，第 27 页。

在当时阿猴街城与长兴之间往来的通道中，也是福佬人与客家人交流的第一线。这样的位置恰好立足于早期客家人、福佬人、原住各民族进出频繁的路线中，也是客家六堆的前堆防御阵地与生存空间的重要组成部分。①

田寮除了邱家与相邻的朱家为最早的住民外，陆续有许多从其他地方迁徙过来的移居者：六堆人士接踵而来，麟洛徐家有 3 户，还有零星散布的余家、新北势钟家、长治张家、竹田利家等，后来新竹、苗栗的客家人也搬迁到田寮附近居住。有关朱家，仅知道来自于内埔，目前仅剩 2 户，②目前并没有与该家族相关的详细研究。

（2）下田寮。

下田寮是在广东路以西、民学路以南的聚落，在丰荣里、丰源里一带，发展较上田寮稍晚。丰荣里在日据时期设有移民村，以种植烟草维生，后移民村迁至九如乡，亦有部分客家人定居于此。③

由于田寮与客家族群的主要分布乡镇的地理位置相近，使田寮容易成为客家族群移居屏东市的第一选择，目前屏东市是客家人口最多的地区。④战后，田寮因纳入屏东市及市地重划的因素，吸引了许多外地人口移入，目前田寮聚落已不是以客家族群为主的聚落。

（四）附堆的开发

朱一贵事件之后，下淡水地区客家形成乡团组织，而这成为该地客家人自我认同的象征，至乾隆末期，更发展成客家聚落自治的形态。随着客家拓垦事业的扩大，遂发展出附堆组织。学界对于附堆的研究甚少。对于附堆的形成，林正慧研究指出：由于渡台耕垦的移民源源而来，在原本客家聚落发展饱和后，有部分客家移民被迫与闽人同庄居住，其所居聚落并不属于六堆编制内，但因同乡之谊，遇事必须相互帮助，故发展到后期，乃有附堆组织的产生。⑤ 附堆最初属于六堆战斗防御组织，随着组织的扩大，因空间不足，就与闽人混居，因此，也增加了这些区域的复杂性。

---

① 林佳缔：《客家聚落发展历程比较研究：以长治乡潭头与屏东市田寮为例》，高雄师范大学硕士学位论文，2012 年。

② 曾纯纯：《"客"隐于市：屏东市的客家移民与社会》，台北："行政院"客家委员会，2007 年，第 27 页。

③ 施添福总编纂：《台湾地名辞书卷四：屏东县》，南投：台湾省文献委员会，2006 年，第 88 - 89 页。

④ 曾纯纯：《"客"隐于市：屏东市的客家移民与社会》，台北："行政院"客家委员会，2007 年，第 27 页。

⑤ 林正慧：《六堆客家与清代屏东平原》，台北：远流出版事业股份有限公司，2008 年，第 178 页。

《台湾总督府公文类纂》显示，六堆中右堆、前堆、先锋堆各有附堆，前堆的附堆有海丰庄、茄苳仔（见表6）。

表6　六堆之附堆

堆名	附堆	庄数
右堆	楠仔仙、莿桐坑、莿仔寮、月眉、判产厝、崁顶、新庄、大埔、九块厝、大路关、上武洛、下武洛、盐树	13
前堆	海丰、茄苳仔	2
先锋堆	潮州、八老爷、力社、加左、苦瓜寮、林后、四块厝	7

资料来源：

（1）《附堆二关スル件》，见台湾总督府"临时台湾土地调查局"：《台湾总督府公文类纂》，编号9785。

（2）《凤山县管内政治一斑》，南投："国史馆"台湾文献馆，1897年。

从字面上看，"附堆"是依附于六堆的村落。至于附堆形成于何时，史籍未见明确记载。由上表看，附堆村落有的是距六堆核心区较远的客家村落，有的是闽南、平埔族聚居的村庄，也有的是潮州人集中的村庄，往往因与邻近客家村关系紧密，从而纳入联盟的保护范围。而附堆与六堆之间有哪些权利和义务关系？据研究，六堆出堆时，附堆客家居民需依各庄大小及人口数多寡，决定领旗额数，帮派堆费、堆米，负担部分出堆时所需的食料及其他费用，六堆则派出庄丁保护其庄里。① 前堆的附堆海丰、茄苳仔与前堆在军事上的互动关系、权利义务为何？这个问题值得进一步探究。

1. 海丰庄的开拓

海丰庄属于今屏东市北区三山里、海丰里、信和里的范围。海丰聚落最早的发迹点是三山里三邻，即三山国王庙后。② 海丰地名源自于粤东，高屏地区如田寮乡的海丰仑、大寮乡的潮州寮、冈山镇的程香（乡）、美浓镇的吉洋（揭阳）、长治乡的揭阳仑上、里港乡的潮洋（阳）厝、屏东

---

① 林正慧：《六堆客家与清代屏东平原》，台北：远流出版事业股份有限公司，2008年，第179页。

② 施添福总纂：《台湾地名辞书卷四：屏东县》，南投：台湾省文献委员会，2006年，第74－75页。

市的海丰、新埤乡的海丰寮、潮州镇的潮州等也是同样以粤东的地名来命名。① 这些地名背后的族群，是否都与粤东的潮汕移民有关呢？

据笔者访谈海丰郑氏家人，发现郑和记派下宗祠两侧墙上挂有栋对，而栋对上的对联及祖先牌位刻着来自"荣阳"（应是"荥阳"之误），《海丰山三国王庙记》记载开台祖郑妈球在乾隆十六年（1751）自广东潮州府揭西县霖田祖庙，携带二王金身到海丰，后刻神像，建庙供奉。又据《凤山县采访册》记载，海丰三山国王庙至同治四年才由郑元奎募建。② 郑妈球来自潮州府，但郑家后代表示其祭祀仪式与客家人相同，族人素来讲闽南语，其位于高雄县大树区的祖坟墓碑上则刻有"龙溪"二字，一直以福佬人自居。③ 而郑氏家族中收藏着一份同治四年（1865）的文书，书中记载，祖先是从台南盐水迁徙来到海丰庄，其女性祖先"二高主妈"卒于雍正三年（1725），葬在盐水港圳，④ 故海丰庄是否最早为郑氏开庄，并不可考。

有一些学者对过去草率将台湾汉人区分为闽、粤的两类族群，其中被归纳属于"粤人"中的某些群体身份提出质疑，而有了新的研究。据陈丽华的研究发现，清代以省籍区分人群，台湾汉人被分为闽、粤两大类，只要来自广东省，不论是说福佬话还是客家话的族群，一概被称为"粤人"，故而清代属于潮州、惠州府管辖的广东省潮州市、揭阳市与汕头市的说福佬话群体，往往隐而不彰，甚至被认为"消失"了。海丰郑家极可能就是属于这类群体，⑤ 这些来自广东潮汕的福佬人为了争取生存空间，与闽南说福佬话相近的群体结盟，进而产生了"闽人"的身份认同。

海丰郑家从过去到现在，在地方上一直展现丰厚的经济实力。利天龙从前堆非战时的农村社会生活着手，爬梳古文书⑥并从中发现，清代海丰一带的土地交易契约明显集中在海丰庄公业"郑丰记"，从乾隆三十五年（1770）起至咸丰二年（1852）之间有频繁且大规模的土地交易记录。笔者从《台湾公私藏古文书》中亦发现"郑和记"从邻近客庄拓展的土地也

---

① 吴中杰：《堆外粤人：六堆周围地区清代广东移民属性初探》，见《客家研究高级研修班研习手册》，新竹：台湾交通大学国际客家研究中心，2008 年，第 78 页。http：//hkc. nctu. edu. tw/4rivers/news/doc/200807_ 2. pdf，检索日期：2013 年 7 月 18 日。

② 卢尔德嘉：《凤山县采访册》，台北：台湾银行经济研究室，1958 年，第 178 页。

③ 访问郑龙雄、郑昭阳昆仲内容，两人皆郑和记派下（访问日期：2013 年 10 月 3 日）。

④ 郑龙雄父亲郑清濂收藏多年。记载女性祖先二高主妈卒于雍正三年，葬在盐水港圳，内容为郑元奎将盐水港新街屋舍赎回交与族亲管理之立契。

⑤ 陈丽华：《消失的族群南台湾屏东地区广东福佬人的身份与认同》，《台湾史研究》，2013 年第 20 卷第 1 期，第 169 页。

⑥ 王世庆编：《台湾公私藏古文书》（复印件），其中前堆多在第五辑与第六辑。

不少。海丰郑家在清代,光是"郑丰记"在前堆所取得的土地面积就超过31甲,若加上"郑和记"等4处公业,可以想见前堆地区所流失的客属土地势必更可观。① 冲积平原是台湾南部主要蔗作地带,闽人在得水较难、排水良好的沙土兼青埔地,延续西临高雄平原的植蔗传统,广开蔗园,植蔗榨糖。② 位居冲积平原带的海丰庄,对以种稻生产为主的前堆而言,是种蔗制糖的相对富裕地域。清代海丰庄有武平糖廊、新庄仔廊,邻近崇兰庄有崇兰廊。③ 郑家以其可观的制糖规模与产量,得以迅速积累财富。

附堆组织的产生,意味着六堆界域与社会空间的范围扩大,也显示各堆边缘的闽粤族群关系产生了变化。附堆与前堆的社会网络关系如何在清代闽粤对立的状态下而产生联结甚至合作关系?以下将从族群关系与宗教信仰分述之。

(1)郑氏家族与闽粤关系。

下淡水溪的闽粤关系自康熙年间以后逐渐紧张,闽粤聚落及闽粤交界的地区常有分籍械斗发生,同治以降,甚至演变到因细故即发生全庄械斗杀戮之情形。④ 闽人在客家人环伺环境中生存,若想安业生息,势必设法与之修好。而这些被国家草率分类归纳为"闽人",来自广东的福佬话族群,他们运用自己暧昧的身份争取生存空间。

海丰郑家是大业户,且郑氏田产多处于闽粤交界,贡生郑元奎常遭和兴客庄恶民以收军营费为名,霸收大小租谷,郑氏向凤山知县连次呈控十多次,仍未获得实际解决。⑤ 郑家在确保租谷完收、庄佃无扰的情况下,在地方上积极经营人脉,并屡次捐输六堆,以争取客家六堆的认同。郑元奎于咸丰十年(1860)为"重修忠义亭"捐缘,获六堆总理给予令旗以为凭据,并立碑告诫"连乡人等,几有事务,不得挟伊祖业生端滋事,如有不肖者敢行滋事,附近头人务必出为理斥"。后其又于同治十二年(1873)竹田西势村六堆忠义亭重修题银捐献,碑记内容如下:

① 利天龙:《屏东县前堆地域的社会空间结构与变迁》,台湾师范大学硕士学位论文,2007年。

② 施添福:《国家与地域社会:以清代台湾屏东平原为例》,见詹素娟、潘英海主编:《平埔族群与台湾历史文化论文集》,台北:"中央研究院"台湾史研究所筹备处,2001年,第69页。

③ 施添福:《国家与地域社会:以清代台湾屏东平原为例》,见詹素娟、潘英海主编:《平埔族群与台湾历史文化论文集》,台北:"中央研究院"台湾史研究所筹备处,2001年,第72页。

④ 林正慧:《六堆客家与清代屏东平原》,台北:远流出版事业股份有限公司,2008年,第281页。

⑤ 郑元奎案,见王世庆编:《台湾公私藏古文书》(复印件),第六辑,编号415,416,417,419,420,422,432。

海丰庄贡生郑元奎题银120元。嗣于癸酉年竣工庆成，郑赞禄复捐银60元。2次共题银180大元。乐善助捐，诚为可慕！倘有地方扰乱，设堆防堵，只照粤规均派，不得另行私索；即平时有藉端滋事者，亦宜出为排解，不得视为秦越。合立石碑为据。

六堆副总理林容照、邱鹏云、钟月祥，先锋堆总理林祥光、左（堆总理）张金鳌、右（堆总理）刘奇才、中（堆总理）钟春发、李桂林、前（堆总理）邱绍华、陈必廷，后（堆总理）郭孝先、钟里海。

同治十二年十二月，众绅士等立①

郑元奎、郑赞禄捐献"2次共题银180大元"，显见与前堆比邻的附堆海丰庄郑家捐题助修六堆精神中心忠义亭，受到六堆副总理及各堆总理的认同，且联名立碑。有研究认为，此种捐题，其实是具有"契约"意义的。② 立碑允诺"倘有地方扰乱，设堆防堵，只照粤规均派，不得另行私索；即平时有藉端滋事者，亦宜出为排解，不得视为秦越"。言明在六堆"出堆"时，有堆费米粮需求，郑家"照粤规均派"，换言之，六堆领导阶级已将附堆的海丰庄视为粤境，属于六堆的一分子，有义务摊缴堆费、负担堆务。光绪六年（1880），郑赞禄重修屏东书院，膏火租600余石。③ 一方面显见附堆的望族身处闽粤混居的环境中，这些被视为或自我认同为"闽人"的广东潮州福佬人，极力运用其士绅网络与客庄民众交好；另一方面，可视为同时以"粤人"的身份，获取同一省籍族群某种程度的认同。

在宗教信仰方面，郑家也表现出对地方公益事业的热衷。光绪二十年（1894）忠义亭重修，郑家以郑焕文之名也有捐题，光绪二十七年（1901）经管郑家祭祀公业的代表人物郑焕文，购买竹架下某田地，作为麟洛庄郑国圣王庙的永久香油资业，内容如下：

立诚心乐施田字人，海丰庄郑焕文，本年明买有叶达金竹架下河底洋田壹处，田价银陆拾圆。其田界址，田分钱粮，悉载在老契内分明。兹因麟洛庄郑国圣王庙，缺少香油之资，所以诚心欢喜，愿将此田乐施于郑国圣王庙，永远为香油之资业。恐口无凭，立诚心乐施田字壹纸，明买契壹纸，丈单壹纸，上年老契壹纸，共肆纸，付执为照。

① 黄典权编：《台湾南部碑文集成》，台北：台湾银行经济研究室，1966年，第705页。
② 林正慧：《六堆客家与清代屏东平原》，台北：远流出版事业股份有限公司，2008年，第282页。
③ 卢尔德嘉：《凤山县采访册》，台北：台湾银行经济研究室，1958年，第125页。

即日批明：此田系郑焕文乐施于麟洛庄郑国圣王庙，永远为香油之资业，后人不得典卖，众人不得典买。即日将此田交于郑国圣王庙经理人林天送掌管，收租纳课，为永远香油之业。立批。

光绪二十七年六月日立诚心乐施田字人郑焕文①

附堆地方领袖士绅从乾隆年间起，经由亲属关系、商业关系，逐步取得前堆客家大小租权，又以农村借贷，取得不少土地，使附近聚落地权不断流失。我们也看到在流血冲突不断的闽客械斗中，前堆客家聚落以外的地方士绅极力与客民修好的意图，并积极参与地方公共事务，建立起闽粤联庄、联盟互助的合作关系，促使前堆界域得以扩充。

（2）海丰三山国王庙：福、客共同信仰。

作为文化符码的三山国王信仰，过去一直被当作是客家聚落的指标。② 邱彦贵早在 1992 年，就曾经检视粤东一带的地方志，发现当闽粤居民大量移入台湾时，文献中有记载的粤东三山国王庙分布于下列各地：①潮州府所属各县；②嘉应州本州及州属兴宁县；③惠州府陆丰县。其中除了嘉应本州和所属兴宁县以及潮州府属的丰顺、大埔两县是纯粹客县之外，其余的潮州府各县和惠州府之陆丰县，皆属潮汕语系福佬人居住的地域。③ 邱彦贵同时在台湾田野调查发现，在桃竹苗主要客家地区，三山国王未成为奉祀主神，或未见有三山国王庙。④ 亦即在广东原乡或在台湾新故乡，三山国王和客家人两者之间实际上并没有完全绝对的相关性。"粤东的三山国王不是客家专属的信仰"，反而出现在福佬人分布区较多，这个概念在近来年轻一辈的台湾史学家之间几乎可说已经是共识。⑤ 潮汕福佬人以其"暧昧身份"，常与语言相近的闽南移民结成联盟，而与语言不通的客家人对立，但面对客家人强势的六堆军事联盟的压力，"粤人"的身份也成为他们拉近与六堆关系的标签。⑥ 前述郑元奎与和兴庄粤人李恶狗关系恶劣，缠讼多年，使得郑家改变策略，通过捐献的方式，取得六堆联盟的保护；而崇兰萧家也欲借助六堆联

---

① 台湾省文献委员会：《台湾私法债权编》，南投：台湾省文献委员会，1994 年，第 82 页。
② 陈运栋：《客家人》，台北：联亚出版社，1978 年，第 379 页。
③ 邱彦贵：《三山国王是台湾客属的特有信仰：粤东移民原居地文献考察检讨》，《台湾史田野研究通讯》，1992 年第 23 期，第 66－70 页。
④ 邱彦贵：《台湾客属三山国王信仰渊源新论》，见张珣、江灿腾合编：《台湾本土宗教研究的新视野和新思维》，台北：南天书局，2003 年。
⑤ 李国铭：《三山国王与瓯骆人（上）》，http：//blog. sina. com. tw/8205/article. php? pbgid = 8205&entryid =3108，检索日期：2013 年 7 月 10 日。
⑥ 陈丽华：《消失的族群南台湾屏东地区广东福佬人的身份与认同》，《台湾史研究》，2013 年第 20 卷第 1 期，第 169 页。

盟的威势，保护自己人身安全，更进一步保障自己在海丰庄的财产。① 以上显示出这些来自广东省的福佬话群体在地方秩序失序和六堆联盟军事力量强大的背景下，自愿或被迫拉近与六堆联盟的关系。②

从屏东地区两间三山国王庙神祇的娶妻传说，也可看出福客联盟关系。屏东县潮州镇四春里三山国王庙，其中一王娶先锋堆万峦客家话地区女子为妻，九如三山国王庙的二王娶了麟洛客家女子为妻。每逢两乡神明庆典，都会相互"斗热闹"，礼尚往来赞助。此现象显示，从清代中叶，福客族群便通过"神人联姻"，建立起庄与庄之间的结盟关系。老一辈有传说，海丰三山国王庙与九如三山国王庙为神像起刻年代先后，引起"本尊"与"分身"的争执在先，后又传因九如二王"神人联姻"娶了麟洛客妻，引起两庙兄弟阋墙，导致九如乩童、海丰国王各自负伤的说法，至今仍存心结。③ 陈丽华认为，福佬族群通过三山国王信仰与客家群体建立联盟关系（潮州与万峦、九如与麟洛），同时可能意味着与另一盟友关系的断裂（海丰与九如）。屏东平原境内有多达10座的三山国王庙，早期历史绝大多数与广东潮州、揭阳及汕尾等地的福佬话群体有关，在清中叶后，六堆客家话群体村落才逐渐兴建三山国王庙，且后来居上。这或可说明三山国王信仰与客家话群体关系远不如广东福佬语群密切，甚或三山国王信仰本是广东福佬语群结合客家话群的信仰。④ 而以闽人身份被认同的郑家数代成员，长期积极参与三山国王庙务，进而主导庙权，似乎可以为这段历史留下痕迹。

现屏东市《海丰三山国王庙沿革概述》记载，乾隆十六年（1751）由郑氏开基祖郑妈球，自广东潮州"明贶庙"恭迎二王金身来台，定居海丰后再雕塑大座金身捐建奉祀，⑤ 同治四年（1865）由岁贡生郑元奎募建。⑥ 1923年三山国王庙增建工程，信徒踊跃捐献，除庄内捐款兴修之外，还有邻近聚落共襄盛举，依藏于该庙文物馆的《海丰三山国王庙记》木匾中捐款者计有：长兴、仑上、下屋仔、竹叶、三座屋、老潭头、份子、圳寮（上前堆），麟洛、竹架下（下前堆）等属于前堆的聚落，连距离较远的内

① 《中军示》，王世庆编：《台湾公私藏古文书》（复印件），第六辑，编号001。

② 陈丽华：《消失的族群南台湾屏东地区广东福佬人的身份与认同》，《台湾史研究》，2013年第20卷第1期，第174–175页。

③ 笔者访谈海丰国王庙主委郑龙雄、游姓副主委、郑昭阳等人内容（访问日期：2012年10月30日）。

④ 施添福注意到其中不少三山国王庙分布在福佬地区，而非六堆客家地区，因此怀疑与广东福佬文化有关。

⑤ 《海丰三山国王庙沿革概述》，作者自印，无页码。

⑥ 卢尔德嘉：《凤山县采访册》，台北：台湾银行经济研究室，1958年，第178页。

埔、老东势（后堆），新北势、和顺林、头仑（中堆），大路关、高树下、埔姜寮（右堆），还有非六堆范围但属于港西里的大埔、里港、屏东、番仔寮、万丹等聚落，甚至远及今高雄市旗后、喜树仔、头份等聚落（见表7），亦有民众捐献，其中以邻近的前堆地区聚落捐款金额为最多。显见清末日据初期，以海丰郑氏家族为首的三山国王庙在地方人际网络经营之深厚，其信仰圈已扩及前堆多数村庄。

表7　1923年海丰庄山三国王庙捐题聚落

地区	捐款聚落	庄数
上前堆	长兴、仓上、下屋仔、竹叶、三座屋、老潭头、份子、圳寮	8
下前堆	麟洛、竹架下	2
后堆	内埔、老东势	2
中堆	新北势、和顺林、头仑	3
右堆	大路关、高树下、埔姜寮	3
港西里境内	大埔、里港、屏东、番仔寮、万丹等	—
其他	旗后、喜树仔、头份等	4

资料来源：笔者整理自《海丰三山国王庙记》。

每逢农历春节，前堆宗教节庆常吸引许多人参与，为屏东地方盛事。大年初二，九如王爷奶奶回麟洛娘家，随后绕境南北各村落、元宵节巡男孙灯等，两村结为秦晋之好的历史传奇和温馨色彩，迄今不衰。在海丰地区，每年元宵节夜晚，海丰三山国王庙举行闹元宵与"迎男孙灯"，信众随着神明、阵头，绕境于各大小庄落，彻夜行脚至天明，福佬、客家信众皆热烈参与，添丁家族提供饮食、把注物资，行之久远的传统民俗盛会，依稀可见到昔日福佬、客家话群结盟联庄的延续色彩。

下屋仔庄[1]的林清良家族（祖籍福建汀州府），是另一种典型。林氏在许多土地买卖交易中，担任中介，多次在前堆邱家、赖家与海丰郑家等几个大家族间扮演活络穿梭的角色，其服务范围及于阿猴街、长兴庄、仓上庄、香杨脚庄与海丰庄境。[2] 有关下淡水地区汉人的族群关系，如前述几

---

[1] 台湾光复后下屋与烟墩下、苎蕉脚合成一村，命名德荣村。

[2] 利天龙：《屏东县前堆地域的社会空间结构与变迁》，台湾师范大学硕士学位论文，2007年。

位研究者已提出修正：不能以单纯的"非闽即粤"的二分法来概括，与其说是依祖籍地分类，毋宁说是依语言分类。① 则上述海丰郑家、下屋林家由最初迁徙到当地，其后代一面开疆辟土，一面以省籍"粤人"身份进而被视为粤境，或一面在语言上与"附闽"的非客家庄民建立人际网络，运用其暧昧的族群属性及能讲福、客双语的优势，可能是获得不同族群认同的因素之一。

2. 盐埔的开拓

茄苳仔在《台湾总督府公文类纂》是归属于前堆的附堆村落，今盐埔乡洛阳村即日据时期前堆附堆茄苳仔的范围。旧名又称茄苳庄，在清末至1901 年属港西中里；1904 年盐埔由阿猴厅阿里港支厅管辖，其辖区包括盐埔、隘寮、彭厝、新围等庄，茄苳仔属彭厝庄境内；1920 年，盐埔有盐埔、彭厝、新围三个大字，茄苳仔属于彭厝大字范围；1946 年，属高雄县屏东区盐埔乡辖区；1950 年改隶屏东县，乡境范围确立。现盐埔乡境有 12村，② 茄苳仔属洛阳村境内。

在 1895 年火烧庄战役之后，大部分义军纷纷返回家乡，也有一部分客民在曾阿宏的带领下，到九如乡圳寮、溪底及附近的盐埔乡七份子避难落脚，并开垦这一带的荒地，为这一带的首度拓荒者。盐埔七份子一带的土地原为里港蓝家所有，六堆义民在七份子落脚后，向蓝家承租拓垦土地，后来返回故居携家带眷来此定居。③ 故盐埔的开拓发展和清代进入长治乡开发的客家人有血缘与地缘关系。

另外，日据时期从盐埔庄汉人祖籍看，漳、泉府移民各占 20%，另有龙岩州、永春州、福州府、兴化府的居民，乡贯复杂。这与原始大租形态有关，大部分地区原属于番大租，不同乡贯的闽籍移民一批批进入该地，向平埔族承租土地，进而取得土地所有权。④ 显示该区是呈现闽、客混居的聚落。

茄苳仔的开拓，未见详细记载，其位置紧邻长治乡，应是长治乡发展饱和后，部分客家人向边缘移动，与闽人同庄混居的结果。

---

① 林正慧：《六堆客家与清代屏东平原》，台北：远流出版事业股份有限公司，2008 年，第284 页。

② 盐埔乡 12 村为：盐北村、盐中村、盐南村、振兴村、久爱村、彭厝村、永隆村、洛阳村、仕绒村、新围村、新二村、高朗村。盐埔乡公所网页：http://www.pthg.gov.tw/TownYto/CP.aspx？s=2701&cp=1&n=13143，检索日期：2013 年 7 月 17 日。

③ 钟肇文：《台湾南部客家移民史》，梁慧芳自印，2009 年，第 42 页。

④ 施添福总纂：《台湾地名辞书卷四：屏东县》，南投：台湾省文献委员会，2006 年，第327 页。

3. 垦殖事业与社会组织

客家先民自康熙末年进入前堆地区，最初采用短暂式的移垦模式，后来逐渐有尝会介入垦殖事业。有的在原乡已有祭祀公业组织，派下族人渡台垦殖，随着拓垦事业的逐渐稳定与人口的繁衍，乃成立在台的祭祀组织及神明会。据统计，各类神佛会多组织在日据之前，当时全台财产最多的神明会，均位于下淡水地区客家聚落，尝会组织盛行地区亦在客家移垦范围。① 尝会的出现，即表示拓垦事业已进入组织化时期。陈秋坤在屏东平原的研究也指出，当地土地产权从原先的不在地闽南籍地主所拥有，逐渐移转到客家尝会，而且这些宗族合股组成的"尝会"，所拥有的土地在地方社会中往往占有相当高的比例。② 许多田块的田主经常都是尝会组织成员。客庄所见田地买卖契约，常见借银人、银主、土地业主身份重叠。祀典尝会派下成员经常交叉换股，乃至家族兄弟拥有数个公会组织会员资格。③

台湾早期拓垦时期或因面临自然灾害或因族群生存面临威胁，有许多互助组织产生。各类公业团体组织，可分为阄分字祭祀公业、合约字祭祀公业及各类神明团体。阄分字祭祀公业（血尝食），是基于血缘关系形成的，各族分房时另留一部分产业，以供养赡或蒸尝；合约字祭祀公业（会份尝）及各类神明团体，则是以个人或团体通过入股的方式形成。据庄英章研究，这种派下人的权利、义务关系采用"照股份"方式，已超出严格的宗族组织之"照房份"原则，由于特别强调经济利益，派下人会份可以转让买卖，但不可让渡给异姓。两者都具有共同投资、相互扶持的目的，只不过采取手段不同而已。合约字以共同祭祀祖先为手段，而神明会以祭拜共同信仰神明为手段。④

前堆的尝会组织名称大概只能从碑碣捐题去寻找些许零星的记载，尝簿更是难以寻觅。据利天龙对长治邱家尝会的"始纳裤子弟尝"研究分析，在初垦时闽主粤佃的经营模式下，时间约在十八世纪中叶以后，在家族人口数

---

① 林正慧：《六堆客家与清代屏东平原》，台北：远流出版事业股份有限公司，2008 年，第126 页。

② 陈秋坤：《清代客家产权交易与财富累积过程：以屏东平原为例，1800—1900》，客委会奖助客家学术研究，2003 年。

③ 陈秋坤：《帝国边区的客家聚落：以清代屏东平原为中心（1700—1890）》，《台湾史研究》，2009 年第16 卷第1 期，第12 页。

④ 庄英章：《唐山到台湾：一个客家宗族移民的研究》，见中国海洋发展史论文集编辑委员会：《中国海洋发展史论文集：第一辑》，台北："中央研究院"三民主义研究所，1984 年，第323 –324 页。

增加、积累相当程度的经济资本的优势下，由管事家族成员号召族人共同集资，以认股方式设立，是属于合约字祭祀公业。该组织曾经历多次股份转移，因分家转移股份情形常见，但未转移于异姓之手。组织成员必要时有"割会"或顶让、抹除情形，如修坟、丧葬需费大笔资金时，由于尝会具有明显共利团体性质，族人资金借贷行为频繁，故订定许多规范，透过集体威权予以约束，也鼓励读书人参加祭祖而予以额外奖励。① 尝会也以小租户介入买卖，向上需缴纳大租；向下召佃征收瞨税。② 如此经营形态，促使聚落周边田产公共化，维持着尝会组织运作与祭祀祖先香火永续不断。

神明会组织有因同乡、同姓、同一行业、同一村庄、结拜金兰或纯粹认同某一特定神明所结合的人士，故其名通常称为"会""社""堂"，亦有称"尝""季""盟""阁""亭""祠""祀典"者，③ 该组织之成员，通常被称为会员或信徒，以集资购置财产，用其收益，如不动产之租谷、租金等，办理该神明会祭典活动；唯显现在神明会不动产上之土地登记名义，有神明名义、会社名义或其他名义，如"天上圣母""福德爷""关帝爷会"等。

前堆的神会组织也是在开垦事业稳定之后，集体出资组成。前堆民间信仰神祇以伯公和妈祖为主，从相关碑碣捐题中归纳，有福德（祀典）会、妈祖会、三山国王会、天灯典、花灯会、孔圣会等，④ 或相近的名称，不一而足，就数量上显然比尝会多，会员多不同姓氏。神明会组织的功能与尝会类似，除去祭祀的目的之外，也扮演一般银主取息生利的角色，购置田业作为公益或从中孳息取利，再以租息作为祭祀费用，也有小额借贷，在急难时发挥互相救助的功能。

从因敬拜祖先而获得祖先余荫，到以宗法制度所发展出来对家族子孙成员照顾的形态，或基于祭祀同一神祇，或基于各种多元的目的所组成的神明会，形成早期台湾社会一股家族、团体团结的力量，不仅是土地买卖，也是积极参与社会事务的要角。这些地方血缘性或地缘性组织，到了日据时期，殖民当局完成土地调查后，地权出现危机，组织逐渐衰颓，加以经济变动、内部管理不善等因素而纷纷解散，现仍存在的不多。

---

① 利天龙：《屏东县前堆地域的社会空间结构与变迁》，2007 年，第 126－140 页。
② 台湾银行经济研究室编：《台湾私法物权编（中）》，南投：台湾省文献委员会，1994 年，第 879 页。
③ "内政部"民政司，http://www.moi.gov.tw/dca/02sacrifices_001.aspx，检索日期：2013年8月1日。
④ 《捐修天后宫芳名碑记》《重修忠义亭碑》，见黄典权编：《台湾南部碑文集成》，台北：台湾银行经济研究室，1966 年，第 295－300 页。

三、前堆的联庄防御与收编

(一) 前堆与六堆联庄防御

前堆境内的上前堆与下前堆，长治与麟洛同属于前堆，但前堆又分为以长兴火烧庄为中心的上前堆，和以麟洛为中心的下前堆。由不同姓氏的客家族群，依时间先后，在不同空间，胼手胝足进行移垦事业。而在面临社会动乱之际，客家移民基于现实环境之需要，透过社会运作而形成联庄防御系统，共同捍卫乡土。

1. 朱一贵事件时的联庄合作

康熙六十年（1721）朱一贵事件时，下淡水溪客庄于四月下旬，遣艾凤礼、涂华瑄等前往府城请兵来援，但因府城于五月初一被朱一贵与杜君英攻陷，在求援未成的情形下，下淡水客民以李直三为首，于五月初十集结当地 13 大庄、64 小庄，共 12 000 名客家民众，在万丹拜叩天地，立大清旗号，设堆御堵。① 事平后，官府对客庄防御举动，认为实属"奋勇杀贼，保固地方"，因此封赏有加。

当时下淡水溪客民组织部署，分设 7 营（见表 8），每营设统领 1 ~ 2 人，尚有刘怀道等率乡社番民固守 8 社官仓。

表 8 康熙六十年（1721）朱一贵事件下淡水流域客家兵力部署情形

编制	防守区域	统领	兵力配属
中营	万丹	魏以槐、梁元章	1 300 余
前营	水流冲	古兰伯、邱若瞻	6 100 余
后营	搭楼	钟沐纯	1 500 余
左营	小赤山	侯欲达、涂定恩	1 500 余
右营	新园	陈展裕、钟贵和	3 200 余
先锋营	阿猴	刘庚甫	1 200 余

---

① 觉罗满保：《题义民效力议叙疏》，见王瑛曾：《重修凤山县志》，南投：台湾省文献委员会，1993 年，第 343 页。

（续上表）

编制	防守区域	统领	兵力配属
巡查营	巴六河	艾凤礼、朱元位	1 700 余
—	八社官仓	刘怀道、赖君奏、何廷	不详
			总计 16 500① 余

资料来源：王瑛曾：《重修凤山县志》，南投：台湾省文献委员会，1993 年，第 343 页。

朱一贵事件是六堆阵营组织所参加的第一次战役，由表 8 得知，前营的主要领导者是古兰伯和邱若瞻，驻军防御范围在水流冲，兵力配属高达 6 100 余人，高出其他 5 营人数数倍以上，何以兵力部署差距如此悬殊？这个问题有待进一步研究。

前营两位统领古兰伯和邱若瞻是何许人也？依据现有的极其有限的资料略知，古兰伯是上前堆人，于康熙四十年（1701）随邱永镐一同渡台，最初落脚于烟墩脚庄；邱若瞻即邱若洪，为下前堆人，于康熙四十五年（1706）前后由广东蕉岭县文福乡白泥湖榕树下出发渡台，最初落脚在四间屋庄。② 据长治乡德协国王宫庙志记载：古兰伯曾扶请三山国王金身赴台，并创建国王庙。邱若瞻因身高体壮，富胆略而人缘好，被推举为前营副统领。③ 邱若瞻任前堆副领之前，先受侯观德派遣，与艾凤礼等统领率众剿平笃家贼人。④ 邱若瞻出兵时，率四座屋、七座屋、老田尾、潭底新围、老潭头、新潭头、仑上七庄共 1 300 多人参战。⑤ 可见朱一贵事件期间，前营统领率领上、下前堆两地客家庄民并肩作战，建立起合作联庄防御系统，并与其他 6 营所建立的组织基础，延续到后来六堆的大小战役中。

2. 吴福生事件时的联庄合作

雍正十年（1732）发生吴福生事件，港东、港西里客庄民众在保卫乡里、固守无虞下，亦派兵出庄，协助官府平乱，在侯心富率领下分别派兵驻守，其兵力部署如下表：

---

① 表格统计与史料记载有出入，可能缘自原文献本身的不准确，在此存疑。

② 邱金才：《邱金才回忆录》，见曾秀气编：《人格垂范：邱金才先生逝世周年纪念集》，作者自印，2006 年，第 1 页。

③ 利天龙：《屏东县前堆地域的社会空间结构与变迁》，台湾师范大学硕士学位论文，2008 年，第 53 页。

④ 王瑛曾：《重修凤山县志》，南投：台湾省文献委员会，1993 年，第 344 页。

⑤ 刘正一：《邱若瞻、邱立攀列传》，《六堆风云》，2001 年第 85 期，第 11 - 12 页。

表9 雍正十年（1732）吴福生事件时下淡水流域客家兵力部署

防守区域	领导人	防守区域
上淡水	钟南魁、陈石豪、陈石扬、钟泰英	2 000 余
万丹街、放索社、加藤社	林宣拔、何绍纪、张日纯、曾启越	4 000 余
下淡水、龙肚崎	李炳凤、涂廷琛、李绍珀	2 000 余
冷水坑、搭楼社	林有仁、郑元雯	800 余
笃佳、武洛、罗汉门	刘伯成、钟琼祥、林石德	1 000 余
巴六焦、阿猴社	邱永镐、黄登伯、谢必凤、邱廷伟	1 000 余
三叉河、乌树港、力力社、新园汛	林永清、叶春林	3 000 余
		总计13 000 余

资料来源：王瑛曾：《重修凤山县志》，南投：台湾省文献委员会，1993 年，第257 页。

由表8、表9可知，康熙、雍正期间客家民间战斗组织，尚未出现以"堆制"为名的阵营。当时的7 营未必能与今日的聚落分布相对应，可能只是一种临时性的军事动员，并不固定。

吴福生事件发生时，前堆的兵力部署以邱永镐、黄登伯、谢必凤、邱廷伟等为主要领袖，率领客民约1 000 余人，防守巴六焦、阿猴社一带。吴福生事件平定后，朝廷予以参战义民优叙。据乾隆五年（1740）及六年给札功加义民名单中，邱永镐、邱信山、邱廷伟（义山）父子3 人并列，下前堆的邱若瞻之子邱立攀亦在功加之列。① 足见前堆领袖在六堆出堆时，各自有足够的人际网络动员群众，上、下前堆也应达到了某种程度的合作关系。

3. 林爽文事件时的联庄合作

十八世纪下半叶，上、下前堆逐渐拓垦成规模大小不等的村落，对外，村落外围以自然或人为建立起的基本防御性功能设施，作为抵御敌人入侵的防线；在堆军内部实际运作上，也有防御基本单位，黄衮《邀功纪略》记载：

忽然堆房火起。黄子厉声曰：此必有细作内应，可速擒之。登拿到细

① 王瑛曾：《重修凤山县志》，南投：台湾省文献委员会，1993 年，第258－259 页。

作五人。第所筑堆房，俱系茅竹，一见烈火，不可扑灭。贼人见我堆房火起，盆肆猖獗，幸复堆兵到，合力杀退，我们亦无损失。①

"堆房"可能是堆军集合据点或基本单位，遂成为敌军火攻目标。在遭逢危急时，前堆亦请求其他各堆出兵救助：

前堆凌落等庄俱有贼人攻打，左堆潮州等庄亦有贼人攻打，约贼六万有余，请发兵救援。即调义勇二千，分救各堆。②

六堆分派各堆巡查搭营，有 5 个据点：新园、万丹、阿猴、地瓜寮与阿里港。这种布阵是为了防守下淡水河，前堆堆军巡查范围以阿猴、火烧庄为主要据点：

六根则到新园搭营，矣万蛮及潮州庄等处为巡查，大湖庄则万丹搭营，矣新北势老北势等处为巡查，麟洛则向阿猴搭营，以火烧庄竹叶林等处为巡查。③

在高层领导阶级的组织中，六堆领袖中邱永镐之孙邱俊万（邱秀）担任前堆总理，④ 与其他堆领袖：后堆总理钟凌江，中堆总理邱卓瑞，左堆总理张铎，右堆总理林楫芳，前敌堆总理钟天峻等共同管理。

从朱一贵事件以后，六堆客庄由临时性组织到以语言为界定范围的自治组织，与官府合作，成为清代屏东平原平定社会乱事的主力；上下前堆由各自拓垦的不同组织、不同宗族族群，通过集体军事行动，相互依存互助，逐渐形成一个联庄社会，使地域内部成为一个紧密缠绕的命运共同体。

（二）对日抗战期间前堆的动员

1894 年甲午战争清廷战败，1895 年 4 月签订《马关条约》，台湾被割

---

① 曾彩金总编纂：《六堆客家社会文化发展与变迁之研究：历史源流篇》，屏东：财团法人六堆文化教育基金会，2001 年，第 97 页。
② 曾彩金总编纂：《六堆客家社会文化发展与变迁之研究：历史源流篇》，屏东：财团法人六堆文化教育基金会，2001 年，第 97 页。
③ 曾彩金总编纂：《六堆客家社会文化发展与变迁之研究：历史源流篇》，屏东：财团法人六堆文化教育基金会，2001 年，第 95 页。
④ 曾彩金总编纂：《六堆客家社会文化发展与变迁之研究：历史源流篇》，屏东：财团法人六堆文化教育基金会，2001 年，第 96 页。

让给日本。日本政府派海军大将桦山资纪为台湾总督兼海陆军司令官，全权处理接收台湾之事宜。但接管之初，台民激愤，各地反抗军蜂起。巡抚唐景崧在士绅的支持下成立"台湾民主国"。5月29日，日军自澳底登陆，基隆、台北相继失守。唐景崧、丘逢甲先后内渡，仅刘永福在台南独撑大局。台中、彰化沦陷后，北部义军统领徐骧南下进入粤庄招募生力军，得730余人。10月起，日军大举进攻，统领徐骧战死，六堆义军败走下淡水溪，730余人阵亡逾半，仅余270余人。① 为防日军来犯，清廷在东港、枋寮间守备，清军与日军的战斗，几乎不堪一击。副将吴光忠遂率领残余的200名官兵离开东港，准备投靠六堆。因清军的怯懦与不守纪律，六堆客家并未给予其厚遇，结果只好投降。②

六堆堆军为抵御日军，贡生邱赞臣召集六堆士绅于内埔天后宫，集议选出六堆第9任大总理及各堆总理、副理，并呈报刘永福，约期赴阵，乃率壮丁1 000余人前赴凤山，遇下淡水溪洪流爆发，迁延失期，不得已退守各庄。大总理李向荣和副总理萧光明2人，感于责任重大，遂引咎告退。③ 经士绅集议改选，前堆总理邱凤扬，继任为六堆大总理，所遗职务改由下前堆徐庆昌担任，上前堆管事家族的邱维藩则出任参谋一职。

1. 火烧庄战役

火烧庄名来源有3种说法，一说是在清代时先民到此地开垦大都是男丁，早上出门时常忘记熄灭炉火，导致居住的草寮不时被烧毁，故名之；二说是清代发生火灾，全庄几乎付之一炬，邻庄人称之"火烧庄"；第三种说法是因"火烧庄之役"——光绪二十一年（1895）台湾割让给日本后，六堆义勇军不愿投降，起而抗日，日军以炮击、放火烧民家，几乎将整个村庄烧成灰烬而得名。④ 其中"火烧庄之役"的说法，流传最普遍且最为人所深信。但事实上，火烧庄之名早在清代中叶就已出现。屏东市孔子庙《光绪三年租条碑记》，即有"道光拾贰年，买过郑家水田壹宗，大小供贰份，在火烧庄三块厝，价银肆佰员，带纳业主大租粟叁拾玖石陆斗庄栳"的记载，另一屏东市慈凤宫内的立于清代道光五年（1825）的《龙溪天上圣母》碑文："我龙邑蒙麻无既，前经设立祀租田，址在火烧庄口；

---

① 郭维雄：《1895年乙未之役六堆各庄义军抗日史事日志》，见曾彩金总编纂：《六堆客家社会文化发展与变迁之研究：历史源流篇》，屏东：财团法人六堆文化教育基金会，2001年，第141页。

② 许佩贤译：《攻台战纪》，台北：远流出版事业股份有限公司，1995年，第405页。

③ 钟壬寿：《六堆客家乡土志》，屏东：常青出版社，1973年，第102－103页。

④ 邱满英：《屏东县长治乡旧名与火烧庄之役》，《台湾文献别册》，2010年第32期，第14－15页。

因有水灾之患，遂致荒芜。"这是目前所知关于"火烧庄"名字由来最早的文献记载，至少在道光五年火烧庄就已存在，也显现出连妈祖庙也难逃水灾肆虐而导致荒芜之境遇。

有关"火烧庄之役"留下的文献记载很少，几乎是由当地人士口耳相传，或私人记载，除了现有的长治火烧庄纪念公园对这场战役有相关描述外，只有邱福盛所写的《六堆同胞孤军抗日血泪史》，透过长辈的回忆片段，得知当时的概况，但难免掺杂民族情感因素，与史实有出入。

1895年火烧庄之役当时情势，是在台南府城被日军占领后，日本当局认为已无大型抵抗，宣布全岛底定，遂命近卫师团撤退回国。当时台湾已是无政府状态，六堆中的左堆和右堆也都失守，屏东市（阿猴城）亦落入日本人的掌控中。据《攻台战纪》记载全岛大致底定后日军的守备情形："军司令官于10月26日大肚溪以南的兵站线及地方警备，并派出步兵一大队经海路到恒春守备。守备区分为彰化、台南、凤山、恒春等地区。"①

日军由枋寮的番仔仑登陆，打到下埔头（今赖家村），发现茄苳脚有敌军埋伏在村庄，于是在茄苳脚的步月楼展开激烈交战，称为"步月楼之役"，根据《攻台战纪》《攻台见闻》所记载，该战役仅费两个半小时就迅速结束。茄苳脚步月楼之役后，义军从北栅门逃往现在的长治地区，发生了最后一场抗日战役——火烧庄之役。有关火烧庄之役发生的前后日期，乡公所设立的"乃木师团登陆纪念碑"记录是11月12日，但依《攻台战纪》日本官方记载是1895年农历十月初九至十月初十（"国历"11月25日—11月26日），后者比较可信：

> 当时火烧庄有贼徒啸集，因此阿猴街侦察队于廿五下午向火烧庄进行威力侦察，确认该地贼徒有顽强抵抗的倾向，于日暮返回。山口少将乃自廿六日正午起全面攻击火烧庄的贼徒，于下午一点半将之击退，并加以追击，烧毁附近各聚落，傍晚返回阿猴庄。②

由上述可知，日军对火烧庄的反抗镇压，只花了一个下午就解除，似乎没费什么太大的力气。就当时人力和物力而言，六堆义军与日军相差悬殊。据《火烧庄纪念碑文》记载：日军有1万人，义军有3千人。但乃木希典所率领的第2师团人数约有1万人，在台南府城被攻陷之后，近卫师团撤出台湾，守备工作就由第2师团全权负责，而镇压火烧庄的军队只是

---

① 许佩贤译：《攻台战纪》，台北：远流出版事业股份有限公司，1995年，第356页。

② 许佩贤译：《攻台战纪》，台北：远流出版事业股份有限公司，1995年，第360页。

由凤山守备队中调出来的队伍，其人数不可能超过1万人。① 在《六堆同胞孤军抗日血泪史》中记载义军英勇反击日军，战况激烈，然而根据《鸣呼忠义亭》记载，火烧庄之役中，堆军死亡人数多达百余人，而日军仅仅只死亡3人。② 而《攻台战纪》中如上述引文，对火烧庄之役的描述轻轻一笔带过，在《攻台见闻》中也找不到关于火烧庄之役的记载，若火烧庄之役是场"激战"，何以日军相关记载如此轻描淡写甚至阙如？

由上述文献可推知，火烧庄之役是日台领军在全岛底定后对残余反抗势力的清乡行动，属地方型的抵抗，与大规模主动抵抗日军的行动不同。在双方战力悬殊之下，当时的六堆义民几乎无条件可资对抗，但他们并没有放弃，持续进行为保卫家园而战，火烧庄之役是六堆义民们用自己的生命所贯彻的精神，这种精神正是客家人"硬颈"的本色，也是造成日后一般人普遍对此役产生"悲壮"意象而感动民心的原因吧。

参与火烧庄战役的堆军来自四方，内埔、新北势、二仑、尾仑、头仑、万峦、新东势、麟洛等庄皆有义勇牺牲。③ 该战役确切死亡人数不详，《火烧庄纪念碑志》仅列出有姓名及佚名者，共有邱元添（邱凤扬之子）等21名。罹难者尸首埋葬于长治德协营盘埔、长兴等地。④

为纪念乡民参加此役之惨烈事迹，在长兴乡天后宫后的杀蛇溪畔，建"六堆客家联军抗日纪念公园"，设立抗日纪念碑及烈士祠，纪念碑上由前"监察院"院长于右任题字："气宇河山壮，名争日月光，煌煌民族史，照耀火烧庄"，为后人追思缅怀。

2. 堆军的动员

六堆在抗日战役及后续的清乡行动中，折损许多生命，堆军在战时可动员的人数有多少呢？据《台湾总督府公文类纂》统计，日本明治三十年（1897）前后，六堆人口数约7 612户，42 886人（见表10）。其中以右堆人数最多，有1 807户，10 486人，而前堆是其中人数最少的地区，有1 329户，5 633人。值得注意的是附堆组织的人口分配，前堆附堆海丰与茄苳仔共计有266户，1 249人。若将附堆海丰与茄苳仔合计的户口266户，1 249人也一并列入计算，则前堆本区域加上附堆的人口规模可达6 882人。

---

① 施百俊：《跨时代的故事：六堆百年达人》，屏东：屏东教育大学，2012年，第305页。

② 松崎仁三郎：《鸣呼忠义亭》（中译本），屏东：屏东县六堆文化研究学会，2011年，第98页。

③ 刘正一总编：《长治乡志》，屏东：长治乡公所，1990年，第29页。

④ 笔者访问长兴村耆老邱美城先生内容（访问日期：2012年9月23日）。

表 10　日据初期六堆人口数

堆名	区域	户	人口数
前堆	港西中里	1 329	5 633
前堆附堆（海丰与茄苳仔）	港西中里	266	1 249
中堆	港西下里	1 151	7 176
后堆	港西下里	1 044	6 544
左堆	港东中里	1 349	7 067
右堆	港西上里	1 807	10 486
右堆附堆	港西上里	910	4 328
先锋堆	港东上里	932	5 980
先锋堆附堆	港东上里	994	4 438
总计		9 782	52 901

　　资料来源：台湾总督府"临时台湾土地调查局"；《台湾总督府公文类纂》，编号 9785。

四、堆制的收编与闽粤界线的消弭

　　火烧庄战役失败后，地方失序，匪乱蜂起，六堆联军领袖根据当时情势分成两派，有主张归顺者，为邱凤扬、林建琼等多数人；有主战者，为邱凤祥、钟春发。邱凤扬率众到南征支队投降归顺，之后各庄陆续归顺。[①] 1897 年先后设置地方行政组织章程，凤山县设立支厅，在街庄设立"总理"，在村庄设立"管区"，以管理辖区内分散各处的村庄。在六堆地区成立第 22—25 管区，并任命精英家族代表担任区长。在警察制度主导下，六堆组织被收编为地方组织，原有的团结内部功能急速退化。六堆庄民不愿缴纳管事费与堆费，致使组织无法维持正常运作，传统权威与功能跟着式微，[②] 但具有关键影响力的应是《六堆规章》的签订。1897 年阿里港警察分署署长通告六堆组织负责人，在总理邱凤扬及副总理林建琼见证下，各区长与各堆总理共同签署新六堆规章，正式将六堆组织归纳为警察制度的管辖范围。规章详列庄民权利义务，要求配合当局保卫村庄，并协助日本警察打击"贼匪"。[③] 从表 11 中可见：在日本警察监督之下的前堆组织中，

---

　　① 萧英伸译：《日军阿猴纪行》，《屏东文献》，2003 年第 8 期，第 116 – 121 页。

　　② 陈秋坤：《殖民地政府的警察制度和六堆组织的收编》，见曾彩金总编纂：《六堆客家社会文化发展与变迁之研究：历史源流篇》，屏东：财团法人六堆文化教育基金会，2001 年，第 147 页。

　　③ 陈秋坤：《殖民地政府的警察制度和六堆组织的收编》，见曾彩金总编纂：《六堆客家社会文化发展与变迁之研究：历史源流篇》，屏东：财团法人六堆文化教育基金会，2001 年，第 147 页。

已将附堆的海丰、茄苳仔排除在堆外，原因并不清楚，但似乎显示出六堆组织已快速崩解。

表11 日本警察监督下的前堆组织

地区	区域领袖	庄名	庄长	庄内各族长
上前堆	总理邱凤祥 副理邱兆贵	火烧	邱兰香	邱焕章、邱老四
		仑上	高新发	邱阿八
		德协	吴德麟	黄万二
		香员脚	刘万四	邱阿友
		份仔	黄三镯	邱阿鼎
		三座屋	邱阿古	邱阿矗
		新潭头	邱兆兴	邱阿新
		老潭头	邱阿庚	邱宝润
		新围庄	黄阿雹	黄添香
下前堆	总理冯国华 副理徐怀文	麟洛	徐荫棠	林天送、徐庆昌、邱怀义、郭妹三、邱学澜
		上竹架	徐大三	赖达金、刘英辉
		田心	陈桂六	曾作霖
		新竹架	谢新德	陈昌添
		径仔	冯国华	—
		老田尾	徐怀文	—
		新围	邱阿福	—
		新庄仔	徐生那	—

资料来源：《北林嘱托外一名六堆地方民情视察复命ノ件（原台南县）》，见台湾总督府："临时台湾土地调查局"；《台湾总督府公文类纂》，编号9774。

日据时期殖民当局，以强势的国家力量主导，先是收编六堆组织借以安定地方，继而调整行政区域，打破原本封闭的粤境。在新的行政区域内，闽粤族群不论被动或主动，彼此进行合作与交流，几乎成为必然的趋势，聚落的组成也产生了新的质变。

五、近代前堆新移民

（一）前堆境内的岛内新移民

从闽粤沿线迁移台湾的客家移民，在经过长期筚路蓝缕的拓垦后，逐渐稳定安居。但随着政权的更迭、社会的变迁，迫使部分客家人再次在岛内进行人口迁移活动，从南台湾到东台湾都可看到客家族群再次迁移的踪迹。改善经济生活，是迁徙到他乡的客家移民在新环境里奋斗的主要目标。一方面在适应新环境的过程中，形成与建立共同的历史经验及分享奋斗的成就，是客家移民身份认同的重要意义；另一方面，与不同族群的互动，促使前堆社会文化产生了变化。

1. 日据时期南迁的北客

台湾岛内再次或多次迁徙活动，系在"推力"与"拉力"的交互作用之下形成的，从日据时期中部关刀山大地震、到"八七"水灾及蒋经国推动"十大建设"期间，有好几波从桃竹苗、中部到南台湾的移民潮，有因受到日本殖民当局招募南下拓垦建设的，也有少数自行或聚集亲友前来的。这些二次移民或多次移民的客家人（见表12），经过不断的冲突、磨合和调适，已逐渐融入了当地社会，他乡已变成故乡。

表12　台湾北部客家迁移六堆地区简表

迁居乡镇	分布地方	人口数目	迁居原因
美浓区（高雄市）	日据时期三五公司南隆农场——吉洋、六寮	5 000 余人	1908 年兴建龟山堤防，荖浓溪畔一千多公顷河川新生地招垦移居
杉林区（高雄市）	区内各处山上。樟脑采罄后迁居山下垦田或做生意	3 000 人，占全区人口之1/3	日据时期采樟焗脑南迁
	旗山溪东面之杉林农场、月眉农场		日据时期种植甘蔗南迁
六龟区（高雄市）	区内各处山上。樟脑采罄后迁居山下垦田或做生意	4 000 人，占全区人口之1/4	日据时期采樟焗脑南迁

（续上表）

迁居乡镇	分布地方	人口数目	迁居原因
甲仙区（高雄市）	区内各处山上。樟脑采罄后迁居山下垦田或做生意	2 200人，占全区人口之1/4	日据时期采樟焗脑南迁
	油矿巷		1917年开采油矿南迁
高树乡（屏东县）	新丰村尾寮、凹湖、中兴、大山寮	约1 000人，占全乡人口之1/2	1927年日本东亚兴业招垦新丰荒地
长治乡（屏东县）	进兴村下寮庄	1 000人	1924年盐埔堤防兴建后开垦河川新生地
麟洛乡（屏东县）	田心、田道、田中村	40余户400余人	1919年兴建铁路屏东支线完成后迁居
	新田村三墩竹庄		1924年盐埔堤防兴建后开垦河川新生地
内埔乡（屏东县）	新东势一带（台北庄）		1919年兴建铁路屏东支线完成后迁居
	竹围、丰田、东势郊区	50余户500余人	1924年昌基堤防兴建后开垦河川新生地
竹田乡（屏东县）	大湖村北势庄	80余户800余人	1919年兴建铁路屏东支线完成后迁居
万峦乡（屏东县）	散居三沟水、四沟水、五沟水等村	60余户600余人	日据时期租地或购地迁居
佳冬乡（屏东县）	昌隆、石光见		1919年兴建铁路屏东支线完成后迁居
潮州镇（屏东县）	光春里、三共里	约5 000人	1919年兴建铁路屏东支线完成后迁居
新埤乡（屏东县）	新竹寮	30余户300余人	日据时期租地或购地迁居

资料来源：

（1）钟肇文：《台湾北部客家人移民六堆地区概况》，第99-100页。

（2）《北部地区客家人迁徙南台湾学术研讨会论文集》，台北："行政院"客家委员会，2005年。

六堆区域中较具规模的北客移民聚落，有沿着隘寮溪畔的麟洛、长治下寮、内埔东势村田心沟、竹山沟台北庄等。前堆境内的北部客家人移民，主要分布在长治乡下寮庄及麟洛乡田心、田道、田中村、新田村三墩竹庄等地。

（1）长治乡下寮庄南迁的北客。

下寮是长治乡进兴村内较晚开发的区域。长治乡境内原有隘寮溪流经，日据时期兴建堤防使溪流改道后，原来的河床和洪水泛滥弥漫处，经过泥沙淤积变成大小砾石遍布、多石少土的河坝地。在北客到河坝寮内的下寮开垦之前，这里是人烟稀少的荒地，除了部分私有地外，就是属于台糖公司名下的蔗园和国有河川新生地。

北客进入下寮开发的历史滥觞，由下寮福德祠的"本庄开基福德正神由来"为依据：

> 于民前由邱接郎①前来本地拓荒时立石为福德正神朝拜，至民国12年间由涂火生先生于原位兴建为维兴庄福德祠，于"民国49年"9月第2次重建落成。②

依据《头份镇志》记载，涂火生原是苗栗头份人，于1912年移居屏东市经营米行生意，曾出任"维兴合资会社"常务。③ 涂火生到下寮购地招募北客乡民开垦，人称呼其为"头家"；从下寮的旧地名"火生寮"和"维兴庄"，可知下寮的开发和人口聚集自此开始。④ 北客人口以下寮福德祠附近为据点，沿着下寮巷聚集发展，再向外扩散。

居住在下寮的北客多是来自山多田少的新竹、苗栗两县，这两个县境内，可耕地面积先天不足，平原面积狭小且多分布在沿海地带或是河川冲积处。随着人口不断地繁衍增长，耕地面积和稻米产量并未相应增加，土地负载量超过负荷，形成人口压力，必须另寻生存空间。从推拉力理论看，由于北客在北部受到生活环境压迫的推力，为求生计被迫出走南下谋生，而下寮地区不少土地因为缺少人力开垦而荒置，在这拉力下，被视为没有耕种价值的河坝地，在这群北客新移民胼手胝足的拓垦下，建立起新

---

① 邱接郎即邱兆瑶，又名邱维藩，属邱智山一房，参考《邱永镐派下族谱》，第32页。

② 笔者抄录自《下寮福德祠沿革》。

③ 陈运栋编：《头份镇志》，苗栗：头份镇公所，1980年，第299页。

④ 赖郁如：《客家族群的再次迁移与内在关系：以屏东县长治乡为例》，高雄师范大学硕士学位论文，2010年。

的根基。温绍炳从土地资源观点分析："在台湾六堆平原区域的客家人开辟 300 年来，由于土地资源还足以供应生活所需，因而少有迁徙出去，反而有北部客家人迁入这个区域。"① 正足以说明南北两地客家因自然环境差异而造成的人口移动，不论是受官方政策影响或个人家族、亲友网络因素，一波波南迁的北客，都逐渐促使南部客家在文化上产生了质变。

新移民要将先天不良的河坝地整理成可耕地，须经过许多任务工序。先将大小石头筛选过，再以泥土铺覆其上，泥土层须培养到一定的厚实程度才能耕作。灌溉用水最初靠雨水，后逐渐建造圳沟引水或抽取地下水灌溉。河坝地改造后变成耕地，以种植稻作为主，兼种甘蔗为副业。1949 年后，政府实施"三七五减租"和"耕者有其田"政策，北客移民以缴租、购地方式，陆续将土地所有权移转到自己手上。台糖公司欲收回土地种植甘蔗，造成土地纠纷，北客遂共同联合起来与之对抗，后来改为契作关系。②

（2）麟洛乡南迁的北客。

1908 年，从打狗到基隆的纵贯铁路开通，而稍早的 1907 年纵贯线有一条凤山支线，由凤山跨越下淡水溪接到屏东，再延伸经潮州到溪洲（今南州），将南部平原盛产的砂糖运至打狗港出口至日本等地。1919 年兴建潮州铁路，从北部桃竹苗地区招募一批客家人南下施工。铁路完竣之后部分施工工人发现麟洛乡西部的田心村、田道村、田中村，气候适宜，地势平坦，水源丰富，便置地落户定居。

前述由于隘寮溪经常泛滥，造成下游人民生命财产的损失。1935 年昌基堤防竣工后，将隘寮溪改道，由山地门起，流贯今长治乡、内埔乡、麟洛乡、竹田乡、万丹乡，向西流注入高屏溪，但隘寮溪自改道后，原隘寮溪就变成河坝地（溪埔地），广大的溪埔地因被大雨冲刷后，散布大量的土石沙砾，无法吸引当地人耕作，原落脚于麟洛的北部客家人，返回故乡桃竹苗招募亲友前来，在麟洛乡东方的隘寮溪河床大部分新生的河坝地上，开辟了新田村三墩竹一带，③ 将石砾地开辟成良田。

2. 前堆境内的战后新移民

今新田村"麟洛国中"后，有一处隘寮溪营区，原本是溪埔地砂石场工寮，1942 年曾被日本人征收改建为俘虏营——"台湾俘虏收容所第三分

① 温绍炳：《由土地资源观点比较客家人的迁徙现象》，发表于"北部地区客家人迁徙南台湾学术研讨会"，2005 年。
② 林秀昭：《台湾北客南迁研究》，台北：文津出版社，2009 年。
③ 钟肇文：《台湾南部客家移民史》，梁慧芳自印，2009 年，第 36 页。

所"。第二次世界大战期间，日本将在南洋所俘获的盟军战俘，大部分送至此俘虏营收容，再转送至台湾各地之俘虏营劳动。① 战后，国民党派广东省客籍梁玉琢率军驻防屏东，麟洛隘寮营区是驻防地之一，梁玉琢麾下士兵多数是原籍梅县的客家子弟。该部队后奉派赴中国大陆东北作战，有部分士兵辗转回台湾，亦在麟洛落脚定居。另胡琏将军所率领的 118 师，曾在金门古宁头之役获战功，后调遣到屏东驻防，亦在隘寮营区。② 适婚年龄的士兵与麟洛当地女子结婚定居下来的，不在少数，成为以客家族群居多的麟洛乡的新住民。

3. 移民生活延续、适应与文化融合

北客移民在适应新天地的生活过程中，经过不断的冲突、磨合和调适，已逐渐融入了当地社会，但并不表示他们已完全丧失其原乡特色，在某些部分如饮食和居屋形式上，仍可发现延续着其原有的生活习惯与特色。长治乡下寮居民继续保留着原居地的居住习惯，最初建造简易的"穿凿屋"③，即在竹编墙面上糊上黏土，屋顶则以就地取材的甘蔗叶覆盖。当经济改善时，即拆除旧屋，兴建泥墙瓦砖的伙房。同样是客家伙房，北部客家移民与前堆在地客家伙房有些许差异，六堆伙房屋是"外走廊"，房间各自分隔，只以门外走廊相联系，喜用竹帘屏遮；北客伙房屋则是由"内走廊"贯穿所有房间。④ 这种内走廊制的伙房屋，居住在房子里面的人不需要走到外面即可通往另一房间，避免日晒雨淋的不便，增加了和家人、亲属接触的机会，但不容易保护个人隐私。外廊式动线⑤较保有隐私，伙房外有的有突起之化胎⑥。不过因时代变迁，老伙房经过改建修葺，北客与在地客之住屋形式，已不太容易区分。堂号也在地化，"堂"字多在中间。

在信仰上，初来的北客将义民信仰分香到南部，但时日一久，融入当地生活后，呈现在地化，跟着祭拜伯公，或转移至竹田忠义祠，也有少数维持令旗祭拜方式。新竹都城隍信仰也南传，据屏东都城隍爷庙志记载：1945 年光复之后，新竹和苗栗的地方人士在屏东经商定居，因此于每年的妈祖圣诞前回新竹迎请都城隍爷、竹南迎请妈祖、苗栗迎请玄天上帝与中

---

① 笔者访谈日据时期战俘营监视员杨登清内容（访问日期：2012 年 10 月 3 日）。
② 钟肇文：《台湾南部客家移民史》，梁慧芳自印，2009 年，第 36 页。
③ 闽南人称"竹篙厝"。
④ 邱彦贵、吴中杰：《台湾客家地图》，台北：猫头鹰出版社，2004 年，第 117 页。
⑤ 动线：建筑与室内设计的用语之一。意指人在室内室外移动的点，连合起来就成为动线。
⑥ 化胎：粤东传统客家建筑中，在正堂后面有一个隆起的类似龟背形的土包，当地称"化胎"。这是客家传统建筑的一个重要特点。关于"化胎"的来历，目前学术界仍然众说纷纭。

坛元帅回屏东，于慈凤宫前设置临时坛，以方便来自竹、苗地区的移民信众膜拜，后因迎请城隍至屏东有诸多不便，但仍不减信众膜拜城隍爷的热忱，为让屏东人免了舟车劳顿，在屏东拜城隍，信众发起雕塑城隍之庙宇供奉，名为屏南都城隍爷庙。

即便如此，在屏东市周围的北客移民却另外设立了具有原地籍意味的"屏东新竹团"慈天宫，以为区隔。主祀由竹南分香而来的妈祖，旁祀来自新竹城隍本尊软身城隍，信众多为北部客家人，长治、麟洛两乡信众不少，也有闽人加入信众行列。

在饮食上，食物的味道，是对故乡的一种深刻难忘的情感烙印。长期处于不安、艰困的物质生活环境，容易形成口味偏咸的饮食习惯。油、咸、香是一般人对客家饮食的印象，而北客重咸的程度似乎比南部在地客更甚，为延长保存期限和减少米饭的消耗，腌制食物的制作，成为北客的饮食特色之一，在南部客庄落地生根的北客，仍保有这项传统，但因健康意识抬头，重咸口味已逐渐减褪。至于在祭祖方面，据笔者初步调查，南迁的北客返回北部原籍地祭祖的情形少见，父母过世后通常就地埋葬于南部，这与社会变迁和家族制度的崩解有关。

前堆因不同时期的移民分批移入，使语言逐渐多元化，南迁的北客与在地南客原本多数讲四县客家话，南北语音差异不大，不致构成沟通问题，说海陆腔客家话和大埔腔的，久而久之也改变成当地口音，后来又有部分来自外省的南腔北调。语言随着时间推移而逐渐在地化，族群界线越来越模糊而逐渐融合，南北客家腔调的差异逐渐缩小，加上若下一代与非客家人联婚或因离乡到外地就业等因素，少说客家话，甚至不会说客家话，将造成语言流失的危机。田野调查时若未进一步探查，很难从其生活或言语中知道他是北客。

（二）海外新移民——印度尼西亚客侨

1950—1960 年，有一批海外客家人因侨居地政治情势改变，在台湾当局的安排下撤侨来台，分别居住于南、北两客庄。此外，在一波波全球化风潮方兴未艾之际，人与人、国与国之间的距离显著缩短，来自海外的客家移民和外籍婚姻移民加入，使原本已具有浓厚移民气息的台湾社会，增加更多元的族群色彩。

1. 长治乡印度尼西亚客侨

自 1945 年印度尼西亚独立以来，印度尼西亚社会持续的政治和经济动乱以及大规模的排华运动，使得华人的生命安全遭受重大的威胁。台湾当局在 1960 年通过"侨委会"安排，帮助大批华人赴台定居，当时采用分散安置，分别安置在桃园县龙潭乡与屏东县长治乡等客庄，其中一批人便定居在长治乡，当地称为"印度尼西亚客侨"。在此之前已经有少数印度尼西亚客侨自行迁徙到这里，据统计，前后大约共有 56 户，约有 267 名印度尼西亚客家华侨迁至长治乡各村，分布在德荣村、仑上村和新潭村（见表 13）。这些印度尼西亚客侨原居于雅加达或苏门答腊，其先祖来自中国大陆广东大埔，讲大埔腔客家话。

表 13　长治乡印度尼西亚客侨来台时间与分布概况

村落/时间	1958 年	1959 年	1960 年	总计
德荣村	3 户	3 户	11 户	17 户
仑上村	0 户	0 户	6 户	6 户
新潭村	1 户	1 户	24 户	26 户

数据来源：刘振台：《一个消失中的田野：长治乡印度尼西亚客侨的族群构成》，云林科技大学硕士学位论文，2005 年。

从上表可知，1960 年是印度尼西亚客侨来台人数最多的年份，正好反映出 1960 年印度尼西亚大规模排华运动达到高峰的背景。当年中国大陆政府与台湾当局安排救援接济行动，有一部分印侨因经济考虑而选择返回中国大陆。[1]

选择到台湾的印度尼西亚客侨，除了经济考虑外，还有一个关键原因，就是政治立场的选择。在终于能结束离散命运之时，他们受到许多现实问题的左右，台湾在政经的发展上符合印度尼西亚客侨的期望，移民台湾成了一种选择身份或认同。[2] 而认同是可以重叠的，客家人的身份，让他们选择在客家人居多的长治乡居住，除了可以省去语言适应的问题，生活习惯相同，会产生以当地的客家群体作为自我身份认同的安定感与安全感。[3] 另外，温暖的气候与印度尼西亚相似，也使长治客庄加入了新的海外移民。

[1]　邱正欧：《苏加诺时代印度尼西亚排华史实》，台北："中央研究院"近代史研究所，1995 年，第 54 – 55 页。
[2]　赖郁如：《客家族群的再次迁移与内在关系：以屏东县长治乡为例》，高雄师范大学硕士学位论文，2010 年。
[3]　刘振台：《一个消失中的田野：长治乡印度尼西亚客侨的族群构成》，云林科技大学硕士学位论文，2005 年。

较早抵达的客侨，通过亲友或自行选择而前往不同的村庄居住；晚期的客侨，则通过亲友网络及政府安置来选择居住地，这也形成了长治的印度尼西亚客侨散居在4个村落（新潭村又分为单庄仔及三座屋两处）的情形。① 但因印度尼西亚客侨刚移入长治时，由于当地开发得早，土地已饱和，能自由选择的住所和土地的空间很少，只能购买零星土地或是房舍，因此条件限制，导致只能2~3户比邻而居，集居的情形少。客侨住屋分布，最初是以德荣村为主，后逐渐向附近的仑上村及新潭村扩散，最后是新潭村的印度尼西亚客侨人数较多。②

2. 生活延续、适应与文化融合

长治乡的印度尼西亚客家华侨在日常生活中，表现出许多不同于台湾本地族群的文化特色，因他们和长治乡的六堆客家住民虽拥有相似的祖籍文化，却又有不同的移动与定居的生活经验与文化转变。

（1）商业经营。

由于东南亚靠海的地理环境和历史发展的特殊性，印度尼西亚客侨在侨居地几乎都是从事商业活动，如开设大型的批发杂货商店、百货业。自从迁移进入以农业为主的长治客庄后，他们尝试从事农业活动，但农耕经验不足，入不敷出，常需要在印度尼西亚的亲人提供支助，或将从印度尼西亚带回的舶来品出售，就当时台湾农村的生活水平而言，低于他们在印度尼西亚的生活水平，相较之下，他们从印度尼西亚带回来的生活用品也成了一般民众眼中的高档货。③

印度尼西亚客侨逐渐熟悉当地的生活形态，开始重操商业经营，而饮食是最容易进入商业活动的媒介。印度尼西亚客侨制作和贩卖印度尼西亚风味的食物中，被成功推广出去的应属"千层糕"（娘惹糕之改良）。④ 许多游客到万峦吃猪脚时都会顺便品尝软甜的千层糕，误以为是万峦特色小吃，但是其实这些千层糕是出自长治印度尼西亚客侨之手。

印度尼西亚客侨调整部分食物原料，以符合在地客的口味，固然基于生意考虑，但也意味着另一层文化意涵：同属客属，因历史变迁，迁徙路

---

① 刘振台：《一个消失中的田野：长治乡印度尼西亚客侨的族群构成》，云林科技大学硕士学位论文，2005年。

② 赖郁如：《客家族群的再次迁移与内在关系：以屏东县长治乡为例》，高雄师范大学硕士学位论文，2010年。

③ 赖郁如：《客家族群的再次迁移与内在关系：以屏东县长治乡为例》，高雄师范大学硕士学位论文，2010年。

④ 赖郁如：《客家族群的再次迁移与内在关系：以屏东县长治乡为例》，高雄师范大学硕士学位论文，2010年。

线不同，又因缘际会在台湾相遇，晚来的客侨，通过食物将在地客联结起来。

文化融合或文化多元现象，悄然呈现在现代前堆的内涵中，为其注入新的活力。但随着第一代印度尼西亚客侨的年纪老去或消逝，第二代印度尼西亚客侨转往公教职、工商业发展，或再度离家到外地发展，致使人力资源出现断层，加上新式便利商店普及、居民购物习惯改变等多种因素，使得印度尼西亚客侨杂货店难以生存。

（2）祭祖仪式。

印度尼西亚客家华人因深受印度尼西亚社会动乱与排华事件之苦，文化的象征往往都是隐藏起来的。李允斐的调查研究显示，长治乡的印度尼西亚的客家华人族群便靠着祖先祭祀的仪式、组织和社会功能来凝聚在外地松散的族群。祖先的祭祀仪式只有在清明与年节时才举行。有的移民家户会祭祀祖先遗像或祭祀神祖牌位，或同时祭祀遗像与牌位。遗像悬挂在墙上，而神祖牌位平时则收藏起来；每逢清明与春节祭祖之时，才重新取出并设置香案祭拜。① 但从第二代开始，丧葬仪式采用南部客家习俗，祭祖也转变成以祭扫父母墓地取代祭拜家乡祖先，以遥祭方式祭拜印度尼西亚去世的长辈。② 从中可显见印度尼西亚客侨随着居住时间的久远，下一代逐渐在地化，融入当地生活。

（3）宗教信仰。

初到长治的第一代印度尼西亚客侨，因人生地不熟，面对陌生环境产生恐惧，心灵上更需要宗教的慰藉，加以经济能力不足，华侨家户往往为了能领到教会赠送的奶粉、奶油、面粉等援助品，而纷纷加入长治圣明道堂，成为天主教信徒，第二代也因父母的关系，从小加入教会并且接受洗礼，成为天主教徒。

3. 华侨屋

前述因排华事件的印度尼西亚华侨迁移至台湾后，以分散安置的方式在各地形成小群体聚居，而北部龙潭的印度尼西亚客侨情形是如何呢？据研究，在当时迁移入龙潭的印度尼西亚客侨约有 50~60 户，目前仍居住在龙潭乡九龙村及上华村内的各有 10 余户。③ 龙潭乡的印度尼西亚客侨主要

---

① 李允斐：《移动与定居的经验：长治乡印度尼西亚客家移民的生活形态与社会结构》，台北："行政院"客家委员会，2005 年，第 37 页。

② 李允斐：《移动与定居的经验：长治乡印度尼西亚客家移民的生活形态与社会结构》，台北："行政院"客家委员会，2005 年，第 39 页。

③ 叶欣玫：《蛰伏于历史的记忆：龙潭乡内的印度尼西亚客侨》，高雄师范大学硕士学位论文，2010 年。

以四县客家话为主要沟通语言，祖籍多为广东梅县、蕉岭或大埔。

到龙潭乡的印度尼西亚客侨呈现聚居的情形，九龙村的主要集中在五福街上，而上华村的主要沿着中正路上华段两旁分布居住，目前仍居住于该地的户数不多。

就住屋方面，长治乡的印度尼西亚客侨向当地人购买三合院或是自行兴建住屋，他们自行兴建的南洋风格住屋被当地人称为"华侨屋"。被称华侨屋，主要是他们将在印度尼西亚原居地的住屋样式绘成蓝图，部分客侨便依蓝图建屋。① 移植到长治的华侨屋样式，依稀可看得出带有在印度尼西亚时的荷兰风格，有异于当地传统的红瓦伙房建筑。外观造型为长方体的平房住屋，前方有庭院，建筑周围种植高大椰子树或是料理用的香料植物，这是逐渐消失的华侨屋中让人稍可辨识的异国情调，但户数不多，有的因搬离而住屋倾圮毁坏。

华侨屋内部陈设也与在地客庄不同，在华侨屋正厅会看到家族长辈或父母亲的照片或遗照，照片依照辈分顺序排列，有的会设置香案供奉照片。特殊的祖先祭祀空间更取代客庄伙房固定的宗祠空间，产生空间与仪式的文化转变。②

而印度尼西亚客侨在长治特殊的住屋形态，对于龙潭乡内的印度尼西亚客侨来说并不存在，他们多以向当地居民承租房屋为主，部分客侨则利用当局所拨的补助津贴及银行借贷的优惠自行建屋。在经济能力较为宽裕的时候，也开始自行建屋，但并非以华侨屋为建筑雏形，而是以当时较盛行的平房为主；而在初至龙潭便自行购地建屋的客侨以当时的砖瓦房为主，就算有改建过，也是以后来盛行的平房为主。③ 因此，目前的龙潭乡是并没有所谓的华侨屋建筑的。

---

① 刘振台：《一个消失中的田野：长治乡印度尼西亚客侨的族群构成》，云林科技大学硕士学位论文，2005 年，第 51 – 53 页。

② 李允斐：《移动与定居的经验：长治乡印度尼西亚客家移民的生活形态与社会结构》，台北："行政院"客家委员会，2005 年，第 44 页。

③ 叶欣玫：《蛰伏于历史的记忆：龙潭乡内的印度尼西亚客侨》，高雄师范大学硕士学位论文，2010 年，第 64 页。

表 14　长治乡和龙潭乡印度尼西亚客侨住屋分布及住屋形式比较

乡名	长治乡	龙潭乡
居住分布形态	散居	聚居
住屋形式	部分带有南洋风格（印度尼西亚荷兰式）	与当地客家人相似

资料来源：叶欣玟：《蛰伏于历史的记忆：龙潭乡内的印度尼西亚客侨》，高雄师范大学硕士学位论文，2010 年。

这些"似曾相识"的海外移入客侨与当地客家居民的互动如何，据现有的研究得知，德荣村当地客家人对印度尼西亚移民的印象是：他们行事低调，不太会主动向他人提起自己过去的特殊经验，也不常出门与在地客家人闲聊。他们不会特别对婚嫁的对象采取沉默态度，不会去设定嫁娶对象需同样是华侨身份的限制，或者一定是客家人，婚嫁对象会从各种不同的社交场合认识。[①] 到台湾超过半世纪之久，对这些经历离难之苦的印度尼西亚客侨，"家"，不再是遥远的原乡，而是后天辛苦奋斗所建立的家园，在台湾土地生活的情感比原乡或印度尼西亚家乡的回忆更具有实质意义。

至于近几年来流行的婚姻移民女性——印度尼西亚客籍配偶加入台湾社会，其对前堆客家社会造成什么影响，由于目前相关研究阙如，有待进一步探讨。

结语

依据搜整的资料，初步归纳前堆聚落特色如下：

（一）前堆特有的水文化

在自然环境方面，如山猪般窜动的隘寮溪牵动了前堆境内聚落的发展，在隘寮溪冲积扇涌泉带，地下水源丰富，先民以在原乡的经验，在新天地开埤作圳，灌溉成良田，建立家业；同时亦饱受隘寮溪水患之苦，生命财产受威胁，文献记载史不绝书，故客庄居民基于取水并护水，联庄携手共筑圳道、同修堤防，订定契约，共享水权，共尽义务，是早期前堆移民在与大自然搏斗之时无法避免的经济活动与历史共业。在人文环境方面，引隘寮溪水源的大小圳道不只是村落防御系统，更是生民依赖的维生

---

① 邱玉珠：《屏东县长治乡德荣村之拓垦家族与聚落发展之研究》，高雄师范大学硕士学位论文，2011 年。

系统，村民多在水圳旁设伯公镇守水源，大小伯公祠成为村民心灵寄托、年中作福、完福仪式的神圣空间。此外，水也创造出跨越时空的神人联姻传说，谱出一段浪漫的乡野传奇。而远离政经中心的前堆，沿袭自科举时代观念，将文字神圣化、仪式化，形成敬字风俗，加以宗教果报观念的功利性回馈，强化了敬字善行的功效。另外，将焚烧字纸后的灰烬放流溪水中，透过水与火的结合而达到民俗净化心理；再则以塔在风水上的象征，在聚落河川易泛滥处建塔形敬字亭以补风水之不足，对来往的居民也达到稳定人心的作用。故前堆以水为起始，衍生一套常民社会生活的物质与精神层面文化，复以文字为媒介，以塔形敬字亭为承载，融入风水、果报循环之说，而形塑成一种特有的水文化。

（二）前堆福、客族群合作关系密切

过去因国家政策以省籍来区分族群，造成台湾汉人"非闽即粤"的笼统分类，但省籍的闽、粤不等于语言的福客，粤籍潮汕福佬人以其"暧昧身份"，常与语言相近的闽南移民结成联盟，而与语言不通的客家人对立，但在面对客家人强势的六堆军事联盟的压力，"粤人"的身份也成为他们拉近与六堆关系的标签，从古文书契及寺庙捐题，都显示出语言上"附闽"的附堆大业主在面临一连串福客冲突的紧张局势时，企图争取六堆领袖的认同，而六堆领导阶层也善意回应，准其摊派堆费而视同粤境；福客结盟联庄，在宗教信仰上，也出现同样的情形，作为文化符码的三山国王信仰，民间津津乐道的跨庄神人联姻传说（九如与麟洛、潮州与万峦），意味着福佬族群透过三山国王信仰与客家群体建立联盟关系，同时可能象征着与另一盟友关系的断裂（海丰与九如）。长久以来被误认为是客家专属标志的三山国王信仰，早期历史大多与潮汕福佬人有关，后来演变成福、客的共同信仰。再从神人联姻传说衍生出来的民俗庆典——王爷奶奶回娘家与海丰三山国王迎男孙灯，可视为过去福客联庄历史的延续。

（三）上下前堆聚落发展同中有异

从文献资料上看，前堆聚落包括今长治乡与麟洛乡范围，两乡素来被视为兄弟之邦，然从其早期开拓历程看，两乡却分属于不同的拓垦集团。上前堆以长治、长兴、火烧庄为核心，下前堆以麟洛为核心，逐步拓展。就人群组成因素来看，也分别由不同姓氏族群于不同时间所开拓，上前堆以邱姓为主，下前堆以徐姓为主，直至现在，两乡还维持着邱、徐两姓居多的血缘性人口组成。前堆参与的六堆战役中，也呈现原本分属不同领导阶级系统的联庄结合。日据时期麟洛庄是隶属于长兴庄管辖的大字，但行政力量似乎未能使两乡密切统合，1951 年，麟洛从长兴分离出来独立且升格成一乡，或出自如此的历史因缘。

（四）民俗祭仪的封闭与开放性

六堆客庄年中重要祭仪的“作福还福”模式，在现今已简化，形成单一作福或还福的形态，且有趋近集中整合的态势。一般民众多会选择离住家较近的伯公祠为信仰中心。若逢定期或较大规模的祭典，如作福、还福等春祈秋报活动、土地公诞辰等，聚落民众聚集于村落中的大型村庙，并将村落中所有伯公（或香火）请至村庙中，各个伯公皆代表着各个聚落的祭祀范围。前堆长治乡各村多在村中主庙玄天上帝庙办理，麟洛乡则是在郑成功庙举行祈福活动。前堆在还福时皆有行“渡孤”仪式，尚保有官方古制三献礼“瘞毛血”仪式，并附祭祀疏文，此为前堆地区少见的古风。

前堆客家聚落民俗祭仪有其封闭性与开放性特色。从请伯公到祈福活动中，可以看出前堆庙宇间存在着阶层性，亦即虽是以伯公为主要对象的祈福活动，却是由阶级更高一层的角头庙或村庙来主导，其范围不脱本乡，属于封闭性质。神人联婚的王爷奶奶回娘家活动则跨越庄境，两乡长久以来结秦晋之好，庆典时礼尚往来。海丰的三山国王庙，经由信仰力量结合民俗、节庆，表达出传统客庄对男丁劳动力的需求遗绪，以鲜明的闹元宵“迎男孙灯”节庆，形成超越六堆，甚至扩及屏东地区以外的大规模庆典，在前堆甚至六堆中都显出其独特性。此外，传统节庆的男孙灯活动赋予两性平等教育，庙宇与学校结合推行“双丁（灯）节”，寓意人才教育与家庭教育对培养现代公民素质扎下基础，吾人在现代前堆文化中看到创新的契机。

（五）伙房数量仍多

走入客家聚落，居民生活的舞台就是伙房，伙房是家族的基本单位、宗族制度的核心。随着大环境的变迁，新式建筑不断入侵，前堆地区的伙房和许多地方一样，无法避免走向衰败之路，以目前来看，前堆现存的伙房还保留相当数量。就材质而言，穿凿屋、土角屋，这种因早期经济条件不佳，就地取材的简陋建材，现在已非常少见，砖造瓦厝是现在尚保存传统色彩的伙房，虽然识别度高，但内部格局建材多采用现代化材质，钢筋混凝土加砖造建材是目前最主要的形式，在低矮的传统红砖瓦房旁，赫见一栋巨大的钢筋大楼拔地而起，上面书写着金光闪闪的堂号，时代赋予祖堂新面貌，似乎也即将成为不可违逆的趋势。不同阶段的材质使用，改变了伙房的外貌，也改变了聚落的风貌。

在伙房普遍式微的情况下，所幸前堆伙房的营造者身影仍存，对伙房的营造技术与其中涵盖的传统文化内涵，有的还应用在实际施造或存在记忆中，我们才得以从其口述中体悟文化遗产之珍贵。

许多家族因后代子孙分散各地，唯有家族祭祖时才会返家，越来越多人为了免于奔波，遂各自设立神祖牌位在自家厅下祭祀，形成小单位祭祀的情形，所幸尚未见到因分家而硬生生将祖堂拆解成两半的情形，这是前堆地区家族制度式微的危机。

然而，作为聚落的开发初探，笔者认为仍有许多值得再探究之处，如古书为前堆地区开发研究提供了很好的史料与分析，但目前古书大都为海丰郑家所收藏，其他如邱家、徐家、谢家等对前堆聚落的开发有重大贡献的家族的文书却付之阙如，其是不曾存在还是已流失各地，希望有更多的学者、专家能投入此研究。笔者希望通过此抛砖引玉之作吸引更多的投入，使未来对前堆的开发能有更清楚的理解。

清代六堆武力布防策略的地理基础

吴进喜

前言

康熙三十年（1691）前后，福佬和客家先后入垦屏东平原，分占东西垦地，各自发展。福佬居民居住在平原西部，沿下淡水溪左岸分布，大多有眷，村落分散，不少位于平埔人村社的周围。客家人大多单身，无室无家，在下淡水溪与中央山脉之间聚居成庄，村落相连，且邻近山地原住民（旧称傀儡生番）出没的地区。对日益增加且关系复杂的闽粤移民，虽然未见地方官有任何具体措施，① 但早期移民忙于垦耕，闽粤民之间倒也能维持和睦相处的态势，未见有任何重大纷争的记录。

康熙六十年（1721）四月，在南路发生朱一贵竖旗抗清事件。在民变的过程中，同时也引发屏东平原福佬和客家两大族群，首次大规模的械斗相残事件。《重修凤山县志》卷十一"杂志灾祥（附兵燹）"条记载：

> 自五月中贼党暨分，闽、粤屡相并杀；闽恒散处、粤悉萃居，势常不敌。南路赖君奏等所纠大庄十三、小庄六十四，并称客庄，肆毒闽人；而永定、武平、上杭各县人复与粤合，诸漳、泉人多举家被杀、被辱者。六

---

① 雍正初台湾知府沈起元论治台至要之事时说："康熙六十年以前，官斯土者，只为贪黩纵侈之资，未能经理地方之实，是以赋役不均、疆域未正、城栅未立，汉番之处置无法，上下苟安。"参见沈起元：《条陈台湾事宜状》，见《清经世文编选录》，台北：台湾银行经济研究室，1966年，第4–5页。

月十三日，漳、泉纠党数千，陆续分渡溶水，抵新园、小赤山、万丹、滥滥等庄，图灭客庄；王师已入安平，尚不知也。连日互斗，各有胜负。十九日，客庄齐竖"大清"旗，漳、泉贼党不斗自溃，迭遭截杀；群至淡水溪，溪阔水深，溺死无算，积尸填港。①

为保卫家园而拒附乱党的粤东平远、程乡、镇平等县的客家移民，联合同属客家的福建省永定、武平、上杭各县籍移民与福佬人对抗，乃组织民团，依河为险，连营固守。于是分布在下淡水地区的客庄，包括十三大庄、六十四小庄，聚众一万二千多人，固守于下淡水溪的沿岸。②

此后，高屏地区的客家民团逐渐演变为"六堆"组织，并成为下淡水溪流域客家聚落的代名词。堆制的形成原因主要是基于生存危机感的自保自卫行为，六堆之出堆皆以"义民"之名协助平乱，朱一贵案之后，吴福生之役、林爽文之役、蔡牵之役、张丙之役、陈辨之役、戴潮春之役等，客民皆有所行动，可谓无役不与。六堆原系临时的自卫组织，本属体制外的团体，然而朱一贵之役后，整个组织不但没有解散，反而益趋强固，而且几乎是每役皆捷，其原因除了客庄的同籍意识与内聚团结性格，使六堆转化为地方的自治组织，该组织杰出的武力布防策略，显然也是六堆能在一次次的闽客对抗中胜出的重要原因。因此本章拟以清代六堆的重要战役为对象，从地理环境的角度入手，探讨该组织攻无不克的武力布防策略。

一、六堆的组织与空间分布

根据日本明治三十八年（1905）邱炳华《台南粤庄义民创始六堆及设立章程》（手抄本）记载：

康熙六十年（1721），匪首朱一贵等，揭竿倡乱之时，全台之地，为贼所有。我等南路粤人无几，……故李直三公传集粤庄绅者，商议将粤庄分设六营，联络守坚。拟以田赋出兵，助官灭贼。众议已定，爰是李直三及侯观德等，即将粤庄划定六区，名称六营。曰前营、曰后营、曰左营、曰右营、曰中营、曰先锋营。另设中军营，以为统帅六营之军务。……每营义勇之多寡，均按田甲派定。其各营之义勇粮饷，归其各营田甲自办。……及太平无事之日，俱各散回归田，议定规约，永远遵行。"其文加注：

---

① 王瑛曾：《重修凤山县志》，南投：台湾省文献委员会，1993年，第276页。
② 六堆民团最初分为七营，参见觉罗满保：《题义民效力议叙疏》，见王瑛曾：《重修凤山县志》，南投：台湾省文献委员会，1993年，第344页。

"后将营改称为堆，以别官营之目"。①

雍正十年（1732），闽浙总督德沛也在《题议叙义民疏》的奏疏中，指出粤潮客民设营保固家园的缘由：

> 窃惟台湾一郡，为闽省海疆重地。番黎杂集，奸良不一。惟粤潮客民往台耕读，急公好义。前于康熙六十年朱一贵窃发案内，据义民李直三等倡首起义，一万余人设营保固，随时底定。②

由此可知屏东平原粤东客庄的堆制，早在康雍时期就已逐渐形成。

然而，"堆制"初设之时原本以"营"为名，原分为七营，后改设为六营并渐成定制。后来为了与官营区别，才改名为六堆。乾隆五十一年（1786）底，因林爽文、庄大田抗官势力声势浩大，且欲攻击粤庄，"爰是粤庄，适接宪礼求援，速即会齐六堆绅耆，商酌出堆，赴援台郡……十二月十九日，依照旧例设立六堆……众推举曾中立为六堆正总理"③。这是"六堆"之名首见于文献之中。然而文中既言："依照旧例设立六堆"，故推测在林爽文案之前就已有"六堆"之名。

因为六堆并非正式的政府组织，故其组成方式经常变动，并无定制。然而每次组成的变动幅度都不大，可谓变中有常。大体上六堆是以朱一贵之役时的部署为基本组织形态，将屏东平原各客庄依地势编为六组，各堆推举总理一人，副理一至二人，另派正副旗首各一人，正副先锋各一人，负责通信联络的长干一人，督粮一人。再经由六堆总理、副理会议推出大总理一人，大总理再提名副总理一至二人，指挥使一人，文案、督粮、长干各若干，以协助大总理。每堆派壮丁三百人，分为六旗，每旗五十人，六堆合计三十六旗，一千八百人为常备兵员。此外，为使后勤支持无虞，粮饷由堆民共同负担，大租户出二份，小租户出五份，佃户出三份。④

至于各堆所辖范围，可能受到天然界限的改变，闽客族群势力的消长，或行政区划的变化等因素的影响，随着时间的演进而有所增减改变。

---

① 宋九云：《台南东粤义民志》，转引自刘正一：《台湾南部六堆客家发展史》，见徐正光、彭钦清、罗肇锦主编：《客家文化研讨会论文集》，台北："行政院"文化建设委员会，1994年，第442－443页。

② 王瑛曾：《重修凤山县志》，南投：台湾省文献委员会，1993年，第346页。

③ 王瑛曾：《重修凤山县志》，南投：台湾省文献委员会，1993年，第346页。

④ 台南县志编纂委员：《台南县志》，台北：成文出版社，1899年，第23－24页；另见松崎仁三郎：《呜呼忠义亭》，高雄：盛文社，1935年，第4页。

二、六堆民团参与大型征战时的兵力部署

(一)朱一贵事件

康熙六十年(1721)四月间,朱一贵与杜君英分别竖旗倡乱后,下淡水客庄不愿附和入伙,乃以李直三为首,"纠集十三大庄、六十四小庄,合镇平、程乡、平远、永定、武平、大埔、上杭各县之人,共一万二千余名于万丹社,拜叩天地竖旗,立'大清'旗号",在剿平笃家(在今里港乡土库村)及姜园(今佳冬乡羌园村)的贼人之后,"遂分设七营,排列淡水河岸,连营固守"①。当时分设的各营之统领、兵力、兵源及防守地点如表1所示。

表1 朱一贵事件时六堆民团的兵力部署

单位	统领	兵源	兵力	防守地点
右营	陈展裕、钟贵和	武洛	3 200 余人	新园地方
前营	古兰伯、邱若瞻	长治	6 100 余人	水流冲
后营	钟沐纯	内埔	1 500 余人	搭楼地方
中营	赖以槐、梁元章	竹田	1 300 余人	万丹地方
先锋营	刘庚甫	万峦	1 200 余人	阿猴地方
左营	侯欲达、涂定恩	佳冬新埤	1 500 余人	小赤山地方
巡查营	艾凤礼、朱元位	各地壮丁	1 700 余人	巴六河地方
—	刘怀道、赖君奏、何廷	乡社番民	—	看守粮仓
总计			16 500 余人②	

资料来源:

(1)觉罗满保:《题义民效力议叙疏》,见王瑛曾:《重修凤山县志》,南投:台湾省文献委员会,1993 年,第 344 页。

(2)钟壬寿:《六堆客家乡土志》,屏东:常青出版社,1973 年,第 84 - 85 页。

下淡水客庄在组成民团连营固守下淡水溪沿岸后,不仅将倡乱势力阻

---

① 觉罗满保:《题义民效力议叙疏》,见王瑛曾:《重修凤山县志》,南投:台湾省文献委员会,1993 年,第 344 页。关于客庄竖立大清旗号的时间石万寿有不同的看法,由于不在本章讨论的要旨之内,故此处直接引用觉罗满保奏疏所记载的一手史料。

② 表格统计数据与史料记载有出入,可能缘自原文献本身的不准确,在此存疑。

绝在大溪以西，圆满达成保卫乡里的目的，而且在六月十二日至十九日之间，与朱一贵部下陈福寿所率领的两万多人隔河对战，更创下辉煌战绩，共杀敌数千人，并夺得大铳四门，砂炮四门，及许多伪札、伪印、旗号、军器等，而民团方面则仅死伤一百一十二名。①

（二）吴福生事件

雍正十年（1732）三月二十八日，台湾南路发生吴福生竖旗抗官事件。下淡水客庄随即以侯心富为首，"纠同港东、西二里义民万余人，分驻防守八社仓廒"②。其分设的各队伍之统领、兵力及防守地点如表2所示。

表2　吴福生事件时六堆民团的兵力布署

统领	兵力	防守地点
刘伯成、钟琼祥、林石德	1 000 余人	笃佳、武洛、罗汉门
林有仁、郑元雯	800 余人	冷水坑、搭楼社
邱永浩、黄登伯、谢必凤、邱廷伟	1 000 余人	巴六焦、阿猴社
钟南魁、陈石豪、陈石扬、钟泰英	2 000 余人	上淡水
李炳凤、涂廷琛、李绍珀	2 000 余人	下淡水、龙肚岖
林永清、叶春林	3 000 余人	三叉河、乌树港、力力社、新园汛
林宣拔、何绍季、张日纯、曾启越	4 000 余人	万丹街、放索社、茄藤社
	总计约 13 800 人	

资料来源：

（1）王瑛曾：《重修凤山县志》，南投：台湾省文献委员会，1993年，第257页。

（2）钟壬寿：《六堆客家乡土志》，屏东：常青出版社，1973年，第91页。

在吴福生事件中，下淡水客庄民团仍然以固守下淡水河左岸作为军事部署的基调，由于吴福生所率领之众不如朱案众多，故并无攻打客庄之事，反而是民团主动出击，如四月三日吴福生率众焚抢万丹巡检署时，下淡水客民即协助官兵将之逐入内山。③ 而台湾总兵王郡南下剿吴福生时，侯心富亦率九百余勇士出庄应援。④ 随后配合官兵围剿起事的福佬人达十

① 王瑛曾：《重修凤山县志》，南投：台湾省文献委员会，1993年，第256页。

② 王瑛曾：《重修凤山县志》，南投：台湾省文献委员会，1993年，第257页。

③《福建厦门水师提督许良彬奏为奏明再拨官兵过台事》，见《宫中档雍正朝奏折》（第十九辑），台北：台湾故宫博物院，1979年，第626页。

④ 王瑛曾：《重修凤山县志》，南投：台湾省文献委员会，1993年，第346页。

余次之多①，将起事分子打得各自逃生。② 在整起事件中，官兵与下淡水客民合作共杀起事分子五六十人，带伤三四十人，生擒八人，相对地却没有任何客庄民众被害的记录。③

（三）林爽文事件

乾隆五十一年（1786）十一月二十七日（丁酉）发生的林爽文事件，是清朝台湾民变中历时最长，也是规模最大的一次，也是六堆民团设堆堵御并协助官兵打仗相关史料最为丰富的事件。

根据当时在台参与设堆的黄衮、廖芳于乾隆五十七年（1792）的回忆，当事件初起时，起事者即派人赴凤山县粤庄"大张招乱之辞"，然而粤庄并未受其裹胁，随即于十二月十九日设堆堵御，除议定"出堆章程"以分派各堆总理及各庄任务之外，也拟定初期的攻守目标。由于阿里港与阿猴、万丹等处皆有起事者聚集，且地理位置接近六堆，对六堆的安全构成重大威胁，因此成为首役的攻打目标。

二十一日，据探马飞报："阿里港贼首陈式，约聚贼一万有余；阿猴贼首张基光，约聚贼一万五千有余，另手下有子弟兵八百名，号无敌岳兵；万丹贼首洪赛，约聚贼三万，自称能将三万兵，绰号'洪三万'。贼巢前后皆布满旗帜，深沟高垒，十分险恶；离我粤境不过十里，刻下连破三县，深为得意，现统众攻府，俟府城破后，再攻粤庄"等语。

鹤峰曰："贼人统众攻府，明欺我粤庄尚未出堆，实不介意。贼巢连络数处，俱在长河以前，实为心腹之患，可出其不意，攻其无备也。"即商黄、廖诸人，拨兵进剿：一拨中军总队刘福生，带义勇一千，攻万丹之前。于二十三日辰刻，在径子□诱贼出战，要连输两阵，听西北边角声轰起，俟左堆兵到，可回身合攻；一拨左堆总队陈幸，带义勇五百，攻万丹之后。此处是贼囤粮之所，的于二十三日寅刻起程；偃旗息角，伏于泉厝。俟贼离巢时，大张旗角，放火烧其粮草。得胜后，可到中军，另行调拨；一拨前堆总队吴真，带义勇一千，进攻阿猴。的于二十三日巳刻，偃旗息角，伏于仑仔上，看万丹火起，并力杀出。得胜后不必回堆，即由武

---

① 黄衮、廖芳：《邀功纪略》（手抄本），1792 年，第 1 页。

② 《吴福生等供词》，见《台案汇录己集》，台北：台湾银行经济研究室，1964 年，第 43 - 45 页。

③ 《署福州将军印务海关监督郎中准泰奏为奏明事》，见《宫中档雍正朝奏折》（第十九辑），台北：台湾故宫博物院，1979 年，第 687 页。

络往助右堆兵进剿阿里港一拨后堆总队钟朝江，带义勇一千，攻打阿里港之后。的于二十三日辰刻起程，伏于武络庄，听候前堆人马。看阿里港火起，合前堆人马从西北杀往东北，赶贼渡河，即便抽兵，不可穷追；一拨右堆总队郑福，带义勇一千，攻阿里港之前。的于二十三日寅刻起程，带五十名火箭手，先伏于笃家庄，施放火箭。看后堆兵到，可上下合攻；一拨中堆总理曾东四，带义勇五百名往来救应，倘有紧急，即飞报中军；一拨各堆庄壮丁。的于二十三日寅刻，各守堆房，不得擅离。

分调已毕。是日巳刻，探马飞报，刘福生进攻万丹，诱贼至打茅仑，尚未对敌。右（左？）堆陈幸看贼远离，破栅先进，杀死守栅贼匪百余人，放火烧其粮草，贼心慌溃，抽兵回救，左有刘福生，右有陈幸，合兵掩杀，计获贼首七百余颗，所有贼巢粮草，俱烧净尽。又报吴直进攻阿猴，该处贼匪因万丹告急，拔营往救，乘其空虚，一鼓而据。又报郑福进攻阿里港，与贼战至巳刻，不分胜负。忽东南火起，贼人急退。有钟朝江倡率义勇，捣其巢穴，贼人不敢回营，欲渡河逃命。途遇吴真，掩杀一阵，计获贼首一千有余，赴河溺死者不计其数。是日全军无误。炕尽贼巢，百里通红。①

当时分设的各堆之总理，以及出堆首役之兵力及攻打地点如表3所示。

表3　林爽文事件时六堆总理及首役的兵力部署

单位	总理	首役带兵者	兵力	攻打地点
六堆（中军主令）	曾中立	刘福生	1 000人	万丹之前
右堆	林楫芳	郑福	1 000人	阿里港之前
前堆	邱俊万	吴真	1 000人	阿猴
后堆	钟凌江	钟朝江	1 000人	阿里港之后
中堆	邱卓瑞	曾东四	500人	往来救应
前敌堆	钟天峻	—		
左堆	张铎	陈幸	500人	万丹之后

（1）另有中军参谋：黄衮、廖芳、刘绳祖。
（2）资料来源：黄衮、廖芳：《邀功纪略》（手抄本），1792年，第5-6页。

在首役大捷，六堆客庄有把握保守家园之后，六堆民团开始将义勇拉出堆外，或救护战败逃散、孤立无援的官兵部队，或应援协助官方教府复

① 黄衮、廖芳：《邀功纪略》（手抄本），1792年，第7-8页。

县，或配合官军清剿起事者藏匿处所，或援助邻近遭到战乱波及的无辜民众。而在所有的出堆行动中，六堆民团皆自备粮饷，甚至拿出六堆存粮接济逃散官兵以及难民。

乾隆五十二年（1787）二月间，南路营参将瑚图里领南路福宁兵六百赴下淡水，本欲与山猪毛都司邵振纲会合，往攻水底寮，却失陷在下淡水河岸的新园、九脚桶一带，进退失据。① 六堆民团得讯，即拨义兵一万前往救援，遂将瑚图里及所带官兵接回，安营于粤庄，② 会同都司邵振纲守御山猪毛汛达四个多月之久。其间起事势力曾多次攻打，皆为六堆民团协助官兵所捍退。③ 山猪毛驻军五百人以及瑚图里带领的八百名官兵受困下淡水期间，处于缺粮状态，全赖客庄供应，总计给过糯米二千余石。④

自乾隆五十二年六月以迄事件结束，六堆民团的主要军事行动，包括护送官兵返回府城，并于留驻府城期间，随军征剿台湾中路一带的起事分子⑤；参与收复东港以畅通米粮供给府城之通路，并办理将六堆各庄所生产的米谷由东港运往府城粜卖事宜⑥；协助官兵收复凤山县城⑦；参与廓清庄大田残余势力的水底寮与柴城战役等⑧。但皆与六堆堆内的武力布防策略关系不大，故本章不拟进行深入讨论。只有在乾隆五十二年七月三、四日间，因六堆副总理率千余民壮随瑚图里回府城，为庄大田部下侦知，故遣许光来等率众攻打六堆各庄。⑨ 由于六堆的基本战略是以保固家园为第一优先，故堆中仍有六千余名的兵力，足以将来犯之众杀退。

（四）蔡牵、吴淮泗扰乱事件

嘉庆十年（1805）十一月，蔡牵复起事于淡水，并遣其党羽与朱濆合力

---

① 《平台纪事本末》，台北：台湾银行经济研究室，1958年，第25－26页。
② 黄衮、廖芳：《邀功纪略》（手抄本），1792年，第15页。
③ 《钦定平定台湾纪略》，台北：台湾银行经济研究室，1961年，第426页。
④ 黄衮、廖芳：《邀功纪略》（手抄本），1792年，第15页。
⑤ 《钦定平定台湾纪略》，台北：台湾银行经济研究室，1961年，第426，484，505页；另见黄衮、廖芳：《邀功纪略》（手抄本），1792年，第16－18，20－24页。
⑥ 《钦定平定台湾纪略》，台北：台湾银行经济研究室，1961年，第661，670－674页；另见黄衮、廖芳：《邀功纪略》（手抄本），1792年，第25页。
⑦ 周玺：《彰化县志》，台北：台湾银行经济研究室，1962年，第214页。
⑧ 《钦定平定台湾纪略》，台北：台湾银行经济研究室，1961年，第872－874，878－883页；另见《平台纪事本末》，台北：台湾银行经济研究室，1958年，第65页；又见黄衮、廖芳：《邀功纪略》（手抄本），1792年，第27－28页。
⑨ 《钦定平定台湾纪略》，台北：台湾银行经济研究室，1961年，第505页；但据黄衮、廖芳的回忆，时间当在六月二十四日，见黄衮、廖芳：《邀功纪略》（手抄本），1792，第18－20页。

南扰凤山，南路土匪吴淮泗响应，遂攻破凤山县新县城，埤头被焚掠一空。①

吴淮泗扰乱凤山事起，六堆士绅依例集识，决定再组民团，以保卫乡土，进而协助政府平乱。乃援例推举武举人赖熊飞及六品职员钟麟江为六堆总理，秀才黄观光、刘及昌为副总理，每堆各自推举队长一名，义民三百名②集合于忠义亭，由总理赖熊飞、钟麟江亲自训练，准备粮食武器，以待机出动。③ 当时分设的各堆之总理、副理如表4所示。

凤山县城失守，同知钱澍、县令吴兆麟皆逃遁入六堆内埔庄。十一月二十九日，六堆乡勇欲护送二人，会同新到任之守备陈名声及官兵回埤头，在渡溪时遭到突击，不巧官兵后队的军药火桶邃发，全军乱成一团。县令吴兆麟被乱民截杀殉职于砖仔窑，同知钱澍"须眉尽燃，仅以身免"，与陈名声再度退回内埔庄。④

表4　蔡牵事件时六堆总理及副理

单位	总理	副理
右堆	监生林焕义	监生钟耀廷、谢耀宗
前堆	秀才邱天爵	功职邱丕承
后堆	钟泮东	邱顺义
中堆	监生李榜华	功职刘大岐
左堆	吴来芹	林凤英
巡查	秀才谢云炳	林华文

资料来源：钟壬寿：《六堆客家乡土志》，屏东：常青出版社，1973年，第97页。

翌年二月，六堆乡团再度协助官军反攻凤山县城，先于二月七日攻破盘踞于砖仔窑与九曲堂之间，下淡水河右岸坪仔头汛地的反民阵营。随后在十五日帮助官兵收复凤山县城。⑤

---

① 丁绍仪：《兵燹》，见《东瀛识略》，台北：台湾银行经济研究室，1957年，第90页。
② 松崎仁三郎：《呜呼忠义亭》，高雄：盛文社，1935年，第92页。但钟壬寿的记载为："六堆大总理赖熊飞（佳冬武举人），副大总理钟麟江（内埔人，前有战功赐六品职员），刘绳祖（内埔人），不久改组为六堆大总理钟麟江，副大总理黄观光（老东势秀才），刘及昌（内埔人）。"见钟壬寿：《六堆客家乡土志》，屏东：常青出版社，1973年，第97页。
③ 钟壬寿：《六堆客家乡土志》，屏东：常青出版社，1973年，第97页。
④ 谢金銮：《续修台湾县志》，台北：台湾银行经济研究室，1962年，第380–381页；另见钟壬寿：《六堆客家乡土志》，屏东：常青出版社，1973年，第97页。
⑤ 松崎仁三郎：《呜呼忠义亭》，高雄：盛文社，1935年，第92页；另见谢金銮：《续修台湾县志》，台北：台湾银行经济研究室，1962年，第38页；钟壬寿：《六堆客家乡土志》，屏东：常青出版社，1973年，第97–98页。

道光以后，台湾陆续又发生过张丙、许成事件①，林恭事件②，戴潮春事件③等大型民变，下淡水客庄也都因应民变而组成民团出堆，但这几次乱事均未波及六堆各庄，故缺乏相关史料可以讨论六堆的武力布防策略，因此不拟列入本章的讨论范围。

三、六堆军事布防策略分析

通过对前述清朝台湾四次大型的民变事件，六堆民团回应战乱所进行武力部署的分析，我们可发现其中存在几项基本的布局策略：

其一，先求固守家园，站稳脚步之后，行有余力，再图接济罹乱难民，救护失散官兵，最后才考虑出堆协助政府"复县救府"。下淡水客庄居民一向号称"义民"，虽有论者认为这是"以顺称义"，④ 然而身处乱世能不畏强暴，挺身而出合力保卫家园，并出而救护罹乱难民，应足以符合"义"字之意。⑤

为保卫家园，六堆客庄居民在朱一贵事件初起时，原本即派遣涂华煊、艾凤礼两人向府城求援，希望能派兵保护，但人未至而府城已陷，因此只得自力更生。⑥ 而在林爽文事件时，六堆设堆之初的布防，也明白显示其以护卫乡里为目标的策略，名为"平台南策略"，其策略曰：

> 台南以弥浓为始，枋蓼为终，弥浓则前有水，后有山可以保；枋蓼则聚贼之薮，而大昆麓、下埔头、六根等处地方，又八面受敌之地，似难设法堵御，其实不然，盖视其人运筹为何如耳。
>
> 夫六根连接下埔头及大昆麓，而承昌隆庄、上埔头者也。倘以大昆麓

---

① 周凯：《记台湾张丙之乱》，见《内自讼斋文选》，台北：台湾银行经济研究室，1960年，第37页；另见郑兰：《剿平许逆记事》，见卢尔德嘉：《凤山县采访册》，台北：台湾银行经济研究室，1960年，第428页。

② 唐埙：《郑邑侯克复凤山县碑记》，见卢尔德嘉：《凤山县采访册》，台北：台湾银行经济研究室，1960年，第413－416页。

③ 林豪：《南路防剿始末》，见《东瀛纪事》，台北：台湾银行经济研究室，1957年，第35页；另见松崎仁三郎：《鸣呼忠义亭》，高雄：盛文社，1935年，第124－125页。

④ 蔡采秀：《以顺称义：论客家族群从流民转变为义民的过程》，发表于"义民信仰与客家社会：两岸三地学术研讨会"，2001年。

⑤ 六堆庄众亦曾有借义民之名，出堆行扰害地方之实者，如道光十二年（1832）的张丙案中，内埔庄监生李受之行动，后来李受被捕拟凌迟，六堆与官方关系自此始生变化。详见林正慧：《清代客家人之拓垦屏东平原与六堆客庄之演变》，台湾大学硕士学位论文，1997年。

⑥ 王瑛曾：《义民》，见王瑛曾：《重修凤山县志》，南投：台湾省文献委员会，1993年，第256页。

等处为营，不惟战莫取胜，即守亦难称妥贴。须照依大势渐置一边不论，向下埔头上面牛埔间札营，以六根为家业，四面注池，不必攻打贼营。俟水底蒙贼起，出奇兵击之，无不胜也。一胜而不必穷追，即传信与港西里，带八哨人马，由山脚而攻其右营，使其不得从山而遁，令其绕海而逃。贼必由海唇一带，从林子边而败往埔头矣。我从其后而击之，虽未得戮其全军，当亦不敢向水底蒙而聚党滋事矣。此所以为港东里一带拒贼胜算也。

至于弥浓一处，接连竹头背、九芎林两庄，后有巍山高耸，前有湖水满江。台南一带，独此称为胜地，若无所患者也，而亦有不尽然者。盖水不作坦护，山不委守，则贼亦得肆志于蕃薯蒙，而动我军心矣。

然则何以御之，须拨一旗守蓝仔山路，更拨一旗守蕃薯蒙隘口，而札营于下庄仔河岸，则方城为城，汉水为池，贼虽猖獗，究无用武之地矣。此所以为港西一带拒贼之胜算也。

若夫胀肚，则有弥浓、龟仔头一路可通人马，余皆山径。贼虽袭取，可向龟仔头门首札营，而贼便不敢临界夹攻矣。其余乌鹿，则统塭树下、新庄仔、及大路关等处，共凑五旗壮丁，固守地方，勿与阿里港相扼。又宜外托和好之名，内听上下等庄音信，俟下面飞书前来，一并攻打，则阿里港克日可破矣。

而大湖庄、凌洛及西势一带，俱各备人马出营，详密巡查隘口，不可乱动。东西两里周密，然后选义番调度，又拣长干数人，陆续传报。谕弥浓把守番薯蒙，而攻打阿里港；胀肚、叭六、乌鹿，拨人守营，从阿里港打进，则首尾相应，而贼定走淡水河，而飞奔横山仔矣。而又不可空营穷追，致有袭取之虞。此又所以为两里中间拒贼胜算也。

至六根则用长干数人，报后营一路，带兵六哨，由山脚一路杀下，直抵枋蒙，则贼势孤，而必缘海而走琅峤。然后粤庄无内顾之忧，贼众成败亡之惨。

六堆总副理人等，遵照大清圣旨牌，出令调遣人马。六根则到新园札营，以新北市、老北市等处为巡查；凌洛则向阿猴札营，以火烧庄、竹叶林等处为巡查；弥浓则向蕃薯蒙札营，以竹头背等处为营查；大路关则向阿里港札营，以乌鹿、叭六等处为巡查。其如小庄，及中堆、后堆等两营，则往淡水河札营，亦照依中军调度，须与中营相为顾盼。斯运粮易，而攻取无难矣，诚如是也。①

---

① 黄衮、廖芳：《邀功纪略》（手抄本），1792年，第2－5页。

"平台南策略"中的攻防部署显示该策略也是全然以固守家园为目标。

其二，采取单边防守策略，即倾全力向西防守，东方则几近放空。下淡水客庄的分布是，东界全为大山，北方亦为山地，为中央山脉与玉山山脉会合的三角形收口，南方则以海岸为防线，三面皆可免受敌人侵扰，唯有西方面对福佬村落，所幸中间又有长河阻隔，只要将兵力布防于此，六堆即可安全无虞。所以六堆历次的乡土保卫战，大多发生在下淡水河岸，如朱一贵事件：当时，六堆义民与朱一贵部下陈福寿所率领的两万多人隔河对战，就在河边击败来犯者，陈福寿等人战败后沿溪逃窜，在无船可渡又无路可退的情况下，有数千人被杀或溺死，以至于"积尸填港，后至者践尸以渡，生还者数百人而已"①。表2所示吴福生事件时六堆各堆的防守地点，也大致是循着下淡水溪的左岸分布。而在林爽文事件及蔡牵事件中，六堆义民多次出堆救护瑚图里及钱澍、吴兆麟等官兵时，与起事分子也都是在河岸边接战，不允许让战乱波及六堆内部，故即使全台各地皆因战乱而致人去业荒，下淡水一带的客庄照样庐舍完整，田园中禾茂麦秀，一片青葱。

> 臣沿途查阅南路一带，地方辽阔，惟东港以南禾苗畅茂，粤庄亦皆栽插。其余因贼匪滋扰日久，农民失业，田亩多已荒芜。②
> 由嘉义县至南路，台湾县难民迁入府城者居多。府城以外村庄，竟属荡然。凤山城内与彰化相同，其村落亦多遭蹂躏，惟广东庄义民田园庐舍最称完善。③

而且这种情况不只出现在战乱时，即使在承平时期，六堆的领导者也仍然对下淡水溪防线保持警觉，不轻易让福佬人越雷池一步。在一段嘉庆二十年（1815）刻于内埔庄及老埤庄的碑文中，拥有六品职衔的内埔庄钟麟江之主张："以该处一经杨茂开垦，设有意外之事，粤人前无生路，后无退门，呈请□垦。"就可清楚显示客家居民此种居安思危的观念实已根深蒂固：

> 特调福建台湾府正堂，加五级、纪录十次，又一等军功，加□□□□□纪录二次汪，为晓谕永禁事。

---

① 王瑛曾：《重修凤山县志》，南投：台湾省文献委员会，1993年，第276页。
② 《钦定平定台湾纪略》，台北：台湾银行经济研究室，1961年，第906页。
③ 《钦定平定台湾纪略》，台北：台湾银行经济研究室，1961年，第916页。

照得凤属屯佃首伍和裕（即杨茂）具控粤庄职员钟麟江等"□垦古令埔，党众焚抢"及钟麟江等具诉"以该处一经杨茂开垦，设有意外之事，粤人前无生路，后无退门，呈请□垦"一案，经本府讯明：古令埔系无主荒地，虽不准闲人开垦，应听熟番自行垦耕，断令钟麟江将伍和裕所用工本减半缴还五百员，该处荒埔即归旧番耕种。详蒙臬道宪糜批："既据讯明古令埔系属无主荒地，断令钟麟江将伍和裕所用工本减半，捐缴番银五百员，给还伍和裕承领，地归该社熟番自行垦耕，洵为妥协。"现据五品职衔钟麟江、廪生黄观光、黄鉴川，职员李连程、谢储贤、赖启杰，武生李琼林，管事钟泮东等具呈：已遵断缴银具结，联名恳请示禁，将古令埔山脚一带不许围庄，只许社番自行栽种，闽、粤人等不得占垦，亦不许屯弁、通事、土目按地私抽等情，亦属杜绝争占之道。仰即查明给示，勒石永禁，仍将钟麟江所缴番银，给还伍和裕承领，并饬行凤山县勒石永禁外，合行晓谕。为此，示仰阖邑人等知悉：该处古令埔永禁开垦，准社番自行垦耕，不许军弁、通、土按地抽租，亦不许围庄，闽粤人等亦不得侵占滋事。如敢故违，定即拏究不贷。各宜凛遵，毋违！特示。

嘉庆二十年（1815）五月十二日给①

其三，为确保下淡水溪防线的安全与单纯，凡位于下淡水左岸有附从起事之福佬村落，在六堆设堆的初期阶段，就会遭到六堆以迅雷不及掩耳的手法讨平，以使六堆客庄无内顾之忧。如林爽文事件时设堆之初所拟就的"平台南策略"，就是以假托和好之名出其不备攻打阿里港为第一优先。②

至于远在东南，局促一隅的枋寮、水底寮一带，虽然也有附于起事者之众聚集，但以该地位置孤立，且离六堆村落尚远，对六堆不致构成直接的威胁。所以在六堆的武力布防策略上，是采取将其与主要起事势力隔绝的做法，不主动出击，先暂置于一旁不管，只密切监视其动向，待其有所动作再由海边与山边两路出击，不容其走山路往北与主要势力会合，才能一劳永逸地解决问题。

夫六根连接下埔头及大昆麓，而承昌隆庄、上埔头者也。倘以大昆麓等处为营，不惟战莫取胜，即守亦难称妥贴。须照依大势渐置一边不论，

---

① 《奉宪封禁古令埔碑》，见黄典权编：《台湾南部碑文集成》，台北：台湾银行经济研究室，1966年，第445–446页。

② 黄衮、廖芳：《邀功纪略》（手抄本），1792年，第4–5页。

向下埔头上面牛埔间扎营，以六根为家业，四面注池，不必攻打贼营。俟水底蔡贼起，出奇兵击之，无不胜也。一胜而不必穷追，即传信与港西里，带八哨人马，由山脚而攻其右营，使其不得从山而遁，令其绕海而逃。贼必由海唇一带，从林子边而败往埔头矣。我从其后而击之，虽未得戮其全军，当亦不敢向水底蔡而聚党滋事矣。①

四、六堆武力布防策略的地理基础

六堆的武力布防策略，固然是历代领导者相度屏东平原的山川形势所拟就的，以"依山阻河"的自然地理条件作为其军事布局的基础。然而深究之，在山川大势的表象之下，实际上还有更深层的人文地理要素，影响着其对军事布局的考虑。

屏东平原东以潮州断层与中央山脉相接，西以下淡水溪（今称高屏溪）及其支流楠梓仙溪为界，北方为玉山山脉的末端余脉所围绕，南临台湾海峡，东西宽约 20 公里，南北长约 60 公里，面积约 1 200 平方公里，是一个形势相当完整的自然地理区域。② 屏东平原山河的自然形势，为六堆居民在拟定"固守长河"的基本战略时，提供了一个合理的想象基础。

而大胆的单边防守策略，更是六堆能在历次的民变中，能够以寡击众且屡战屡胜的制胜关键。单边防守不但可将防线尽量缩短，而且可以有效地集中兵力，并缩短各堆之间兵力支持调度的距离，让六堆能将相对少量的兵力发挥最大的效率。但是让六堆居民能放心拟出单边防守策略的原因，并非单纯只是相度天然地理形势就能够想象出来的。单边防守策略成功的保证，是防线的后方必须全为同志，不允许出现任何敌对势力，构成安全上的威胁，而这就牵涉到屏东平原上面各个族群间彼此的关系，以及空间分布的状态。

屏东平原实际上是一个由发源于潮州断层以东中央山脉的众多河川，所共同冲积而成的联合冲积扇。在漫长的冲积过程中，冲积扇内部逐渐分化成几个在水源、排水和适耕程度等方面皆有明显差异的地带，由海向陆分别为低湿沼泽带、冲积平原带、扇端涌泉带和冲积扇带。③ 由于每一个

---

① 黄衮、廖芳：《邀功纪略》（手抄本），1792 年，第 3 页。
② 陈正祥：《台湾地志：中册》，台北：敷明产业地理研究所，1960 年，第 871 页。
③ 施添福：《国家与地域社会：以清代台湾屏东平原为例》，见詹素娟、潘英海主编：《平埔族群与台湾历史文化论文集》，台北："中央研究院"台湾史研究所筹备处，2001 年，第 36 - 40 页。

自然环境地带所提供的维生条件都不一样，所以这成为影响以擅长不同维生技术的族群在选择定居场所时的主要因素，从而决定了屏东平原族群空间分布的规律。

在康熙三十年（1691）汉人入垦以前，屏东平原只有分属凤山八社的平埔族人，在此地以耕种水稻维生，是全台湾唯一不以射猎打牲，专务种地耕田的原住民族。① 其原本的生活领域，集中在下淡水溪、东港溪以及林边溪的下游，即位于前述的冲积平原地带上。

汉人进入屏东平原以后，福佬人以其擅长种蔗制糖贩海兴利，在冲积平原地带，选择凤山八社所垦殖已成旱园之外的剩余土地，种植甘蔗。这些青埔虽然水源相对缺乏，已不适合种稻，但排水良好，且土壤条件为沙土相兼，相当适合甘蔗的种植。客家族群则相对务本，在原乡原本就以种植水稻维生，因此建立了一个个自给自足的半封闭性堡垒。来台以后延续原乡的维生方式，从事稻作，因而选择在福佬人种蔗地带以东，较靠近山地的扇端涌泉带居住，利用此地丰富的水源以及肥沃的土壤，发挥他们筑坝、截流、开圳、引水的特长，很快就将六堆开发成一片沃野。②

至于四个自然地理区中最为近山的冲积扇带，由于地处各个冲积扇的扇央到扇顶的部位，地下水面离地面最深，地面则野水横流，经常泛滥成灾，而且土层薄而硗瘠，加上砾石遍布，是一个非常不利于农耕的地区③。因此在乾隆末年以前，除了少数被官方派拨来此守隘的平埔族人之外，几乎没有以农维生的居民在此地生根落户，基本上是一个空无人烟的地方。

从六堆客庄的角度审视早期屏东平原的族群分布，才能找到形成单边防守策略的具体思维。对家园安全有潜在威胁的福佬人只分布在西边，东边则是没有人能够落脚居住的冲积扇，所以六堆以西边为前线，以东方为后方，北方为右堆，南方为左堆。以左右两堆为翼，放空后方，集中全力，专注向前，如满弓般的蓄势待发，无怪攻无不克，战无不胜。也只有从这个角度思考，才能明白嘉庆二十年（1815）时，当凤山八社平埔族人无力垦耕位于冲积扇带上古令埔的屯埔，而引福佬籍佃人进入六堆后方

① 施添福：《国家与地域社会：以清代台湾屏东平原为例》，见詹素娟、潘英海主编：《平埔族群与台湾历史文化论文集》，台北："中央研究院"台湾史研究所筹备处，2001年，第47-48页。

② 施添福：《国家与地域社会：以清代台湾屏东平原为例》，见詹素娟、潘英海主编：《平埔族群与台湾历史文化论文集》，台北："中央研究院"台湾史研究所筹备处，2001年，第66-81页。

③ 施添福：《国家与地域社会：以清代台湾屏东平原为例》，见詹素娟、潘英海主编：《平埔族群与台湾历史文化论文集》，台北："中央研究院"台湾史研究所筹备处，2001年，第38页。

时，在六堆社会内所造成的恐慌与担心程度。

然而所有精巧的战略，都必须要有充足的后勤支持为后盾，才足以遂行。在战乱时期，最重要的后勤支持莫过于粮秣的补给，而补给的作业还牵涉数量与效率两个层面，必须能在数量与时效上能够满足作战的需要才算成功。而六堆的生产体系与社会动员体系，在这两个层面上，都能充分支持战备的需要。

六堆民团参与军事行动时，一向自备充足的粮饷，甚至还有余力可以供应被起事者孤立的官兵，接济遭乱离散的百姓，甚至输出粮食到受战乱波及而物价高涨的府城、县城，以平抑物价。以林爽文事件期间所发生的情况为例，我们看到：

> 瑚将（即瑚图里）连上三次，为贼所阻隔，无奈，安营于粤庄。所带八百名官兵，及山猪毛官兵五百名。二处粮食糯米一十三石，计共四月余，给过米二千余石。①

> ……蒙将军飞折奏闻。旁奉朱批："已能捐助兵粮，又能奋勇杀贼，天下那有如此好百姓！"着常青格外奖赏，并将此谕宣读各义民知之，以示优渥等因。②

> 乾隆五十二年（1787）九月十二日，接粤庄总理曾来札，称："埤头、芊林内等处闽人为贼胁从者，皆苦于粮食，欲归附粤庄，反戈杀贼。察其来意，似无伪饰。"即协各庄总理于粤庄沿边，札盖草寮，安插闽人。当归义者，不下数十万，刻下粮食虽经粤庄分派，未免日久难继。因择其中殷实者，令其捐输，商副理陈云蔫、蓝卓桂等，渐向各庄借出，逐日发赈。俟平靖时，即向家户清欠。……数日间，长河一带，烟火万家，熙熙攘攘，又别有一番景象矣。③

> 常青奏言：……臣派令副将丁朝雄管带弁兵，……现在东港安抚百姓，并哨探近港均有贼匪纠集，该副将同游击倪宾等，于路口安营堵御。并会商粤庄义民总理曾中立等，仍晓谕各庄将米谷由港运赴郡城粜卖。现有载兵之船回郡，俱已装载米谷开行。臣查东港原系南路粮食赴郡之港口，今官兵已经到港剿捕，商贩米谷即由回空兵船装载来郡，郡城米价已平减。④

> 李侍尧奏言：府城南至凤山一带，贼伙渐散，各庄民俱起义效顺。

---

① 黄衮、廖芳：《邀功纪略》（手抄本），1792 年，第 15 页。
② 黄衮、廖芳：《邀功纪略》（手抄本），1792 年，第 21 页。
③ 黄衮、廖芳：《邀功纪略》（手抄本），1792 年，第 24 – 25 页。
④ 《钦定平定台湾纪略》，台北：台湾银行经济研究室，1961 年，第 670 – 672 页。

……是以将军常青派丁朝雄、倪宾等直取东港。……东港之米，有来至府城者，市价每石顿减七、八百文，是南路大势已足。①

六堆在战乱时期仍能提供大量的米粮，当然得归功于客家族群在屏东平原的扇端地带所建立的"务本"社会。虽然六堆居民在开垦的初期阶段，客家移民所采取的是一种季节性或周期性的移垦方式，即蓝鼎元所说："广东潮惠人民，在台种地佣工，谓之客子。所居庄曰客庄。人众不下数十万，皆无妻奴……往年渡禁稍宽，皆于岁终卖谷还粤，置产赡家，春初又复之台，岁以为常。"② 因此并没有作落户生根的打算，再加上移民普遍缺乏工本购置耕牛和各种农具，所以耕种方式较为粗放，水稻仍只采雨季耕种的一年一作方式，产量比较有限。但乾隆十二年（1747）前后，屏东平原的客家地域，双冬稻作开始日趋普遍，并被视为台湾引水灌溉得法的模范地区。乾隆十二年八月初二，福州将军奏称："伏查台湾形势，……每年惟四、五、六、七等月，阴雨连绵，无虞干旱；正、二、三及八、九、十、十一、十二等月晴霁为多，既得雨泽，往往不能沾透，沙土易干，稻粒未能饱满，收成常减。惟凤山县境内，港东、港西两处，引水得源，四时流注不竭，稻谷一年数获，民间十一月内接种田禾，名曰双冬稻，至次年三、四月收获，得谷较多。县境府治咸赖接济，是台湾稻田果皆引水得法，不独夏秋无庸虑旱，即冬时亦可种莳，似见在水泉之利应亟加讲求兴举也。"③

《重修凤山县志》云，在乾隆二十九年（1764）前后，"近年下淡水以南悉为潮州客庄，治埤蓄泄，灌溉耕耨，颇尽力作"；"南路下淡水有三冬稻，四月即收者，名为双冬；又为他邑所无也"；"自淡水溪以南，各客庄早稻所收，几不欷晚收矣"。④ 毫无疑问，到乾隆三十年（1765）后，屏东平原的客家地域已发展成台湾典型的双冬稻作区，而双冬稻作的巨大生产力，正是六堆客庄在战乱时期仍能提供大量米粮的第一重保证。

然而除了庞大的稻米产量之外，在战乱期间由民间征调米粮并非易事，毕竟在时局不稳的情况下，毋宁贮粮以自保是人之常情，所以在战乱时愿意将自己的存粮拿出来充作公用者，应该屈指可数。但长期存在于六

---

① 《钦定平定台湾纪略》，台北：台湾银行经济研究室，1961年，第673－674页。
② 蓝鼎元：《平台纪略》，台北：台湾银行经济研究室，1958年，第99页。
③ 国学文献馆编：《台湾研究资料汇编：第一辑》，台北：联经出版事业公司，1993年，第10080－10081页。
④ 王瑛曾：《重修凤山县志》，南投：台湾省文献委员会，1993年，第283－284页。

堆客庄乡民之间的"尝会""神明会"等组织，在这种时候，就能发挥其他社会组织所缺乏的迅速动员之功用。

早在康熙末年，客家在屏东平原的土地经营方式，就已经具有"公业化"的特色。虽然许多客家移民仍旧是福佬业户的垦佃，但他们在来台以前，先在原乡集资组成祭祀公业，并以公业的名义，在台或购置产业，或向业户给垦，而由公业承担大租，并以低廉的小租，租佃给派下人等耕种；若有剩余，则寄回原乡。如此，既保持跟原乡的密切联系，亦使渡台耕垦者拥有小康的生活。渡台垦殖有成的客家移民，亦在新乡组织祭祀公业、祖公会或神明会。祭祀公业和祖公会系以同宗或同姓为基础，共同出资置产而成的一般互助互利团体。钟壬寿的《六堆客家乡土志》对于六堆的"尝会"，有如此的描述：

来台移民则多组团而来，先于原乡由同族筹出一笔资金，表面上是祭祀公业，称为"某某公尝"，以祭祀其共同之上代先祖为目的，立有规约，事实上是等于现代的"土地利用合作社"。资金筹足后，即派人来台开垦或购置已垦成之田地，由派下子孙（社员）分耕，每年租谷收入，除供祭祀祖宗外，得依股份多少而分红。但多数都由"管理人"存积起来，供以后再买田；庄中自治自卫所需经费，亦由此支出，共同负担，不得乱用。除有同族祖先为名的祖尝以外，还有各姓人联合起来组织的神明会，如伯公会、妈祖会等，多是来台以后才组织的，亦有股份，类似土地利用合作社。来台后发了财的人拨出一部分财产创立的血食尝，亦一祭祀公业，但无股份，其权利义务以房派或子孙之男丁多寡来配分，除享祭该祖及宴请派下子孙之外，多不分红，亦有将其收入提出来作奖学金或作其他公益事业的，是另一种财团。

此种"公业化"的土地经营方式，通过利害与共的机制，将零散家户结合成一个紧密的团体。就是通过这种紧密的团体关系，六堆才能保证在战乱时期，仍能有效地动员堆中平时贮积的米粮，以应付战时的种种需求。

结语

六堆原系临时的自卫组织，本属体制外的团体，然而朱一贵之役后，整个组织不但没有解散，反而益趋强固，其原因除了客庄的同籍意识与内聚团结性格外，主要还是因为六堆已转化为地方的自治组织。该组织表现于有事之时，系协助官府平乱的乡团组织；平日无事，则是客家人在各堆各庄自组之自治组织与防御工事，并且借由土地租佃关系或尝会、神明会等组织，达成跨庄跨堆的联系与交流，以增强高屏地区六堆各庄的实质团结，也因此使得客家移民在高屏地区虽然人口较少，却能成为一个相对强势的族群。

六堆这个团结、内聚力强的地缘组织，由于社会结构相对稳定，因此历次民变皆明智地选择固守家园，不愿参与乱事。由于战略应用成功，使得六堆每次出堆皆能获得胜利，这些杰出的武力布局策略，包括：其一，先求固守家园，站稳脚步之后，行有余力，再图接济罹乱难民，救护失散官兵，最后才考虑出堆协助政府"复县救府"。其二，采取单边防守策略，即倾全力向西防守，东方则几近放空。其三，为确保下淡水溪防线的安全，凡位于下淡水左岸有附从起事之福佬村落，在六堆设堆的初期阶段，就会遭到六堆以迅雷不及掩耳的手法讨平，以使六堆客庄无内顾之忧。

在这些优秀的战略背后，事实上有着坚实的自然与人文地理环境基础。"依山阻河"的自然地理条件，提供拟定战略的合理想象基础；屏东平原内部的自然环境分区，所造成的族群依生活方式选择居住地点，是单边防守策略的形成背景；而客家族群在原乡就已养成的务本社会价值观，以及公业化的土地经营惯例，则让六堆拥有充裕的兵粮，以及迅速有效的社会动员能力。

台湾客家之家族发展史研究
——以桃园县中坜市张莨芝家族个案为例

陈建杰

前言

　　台湾作为一个移垦社会，在清代台湾之政府力量弱，民官力量强的历史背景之下，台湾各地移垦地方社会，家族的力量扮演着关键的角色。例如清代时期彰化地区的施世榜家族、台中地区的张达京家族、宜兰地区的吴沙家族；日据时期，基隆地区的颜云年家族、雾峰地区的林献堂家族、高雄地区的陈中和家族、板桥地区的林维源家族、鹿港地区的辜显荣家族。这些家族并没有被时间波浪所淹没，反而从地方社会跃上台湾政治与经济的舞台，展现其影响力。一个地域社会①的发展，往往关联着人物、时间、地理和物资等多面向因素的相互影响，而根植于特定地域社会的家族。其崛起和发展也离不开其特定的社会脉络，甚至是更广阔区域或国家的政经环境。从家族史的研究，可以发现一个家族的发展，和地域特殊之社会网络，甚至是国家的政经环境和时代氛围都有着高度的关联性。换言

---

　　① 关于"地域社会"一词，黄朝进在对家族和地域社会的讨论中，认为"地域社会"包含两个层次的意思：首先，它指向一个实体的地理范围；其次在分析意义上，它是指实体范围中运作的社会纽带。两者并不一定完全吻合，因为地理划分是静态固定的，而人的活动是变动的，但只要发生在具有共同纽带人群之间的活动，也可说是"地域社会"中的活动，简言之，"地域社会"中的地理范围只是一个活动基础，并由此延伸出各种人际互动和社会场域。黄朝进：《清代竹堑地区的家族与地区社会：以郑、林两家为中心》，台北："国史馆"，1995年，第4-5页。

之，家族变迁与外在环境是相互影响的。①

雍正十二年（1734）客籍广东省惠州府陆丰县人张莨芝渡海来台，从今日淡水登陆，乘船至大溪，然后徒步至崁仔脚（今桃园县中坜市内坜地区），与堂兄张用坤开垦埔园 160 余公顷之土地，之后，经张大兴、张茂翔、张德云三代之经营，土地面积扩至 300 余公顷，并且经商从事茶叶之买卖，逐渐成为台湾桃园县中坜市内坜地区的大家族。日据时期，地方施行保甲制度，以十户为一甲，十甲为一保，保设保正，其职多属有德望与贤达者。张在朋担任其职十余年，其后由 28 岁之三子张昌祥续任。"二战"后，张昌祥担任内定里、文化里里长，共十余届 50 余年之公职，兼任桃园县水利会代表与桃园县农会代表，荣获"内政部"颁给服务 30 年之三等"内政部"奖章与服务 40 年之二等"内政部"奖章。其长子张炎泉曾担任桃园县税捐处股长，张炎泉女婿张胜勋担任第 7 届中坜市市长，三子张海港续任文化里里长，幼子张运炳曾任中坜市第 6 届市民代表，又当选桃园县议会第 12、13、15、16、17 届共五届县议员。张昌祥之女婿刘永和曾担任桃园县工务局局长、主任秘书及桃园县副县长之职。此外，同宗族的张昌财担任第 9 届中坜市市长以及第 6、7 届"立法委员"。张兆路当选桃园县议会第 12、13 届县议员与第 5 届不分区"立委"。张莨芝家族在中坜 276 年来的经营，使之成为该地方社会中具有影响力的家族之一。

本章研究的重点为张莨芝家族在中坜市，尤其是在内坜地区，经历清领时期、日据时期、战后时期，乃至今日，在其所处地域社会，建立突出的政治、经济、社会之实力及地位，而张莨芝家族如何发展为具有影响力的地方派系，笔者认为主要由宗亲力量、地域关系及人际网络三种因素组成地方派系，又以宗亲力量为关键，笔者称之为"客家宗亲型地方派系"，另外，兼论所处之地域社会——"桃园县中坜市"发展之历史。笔者为 22 世张昌祥之外孙，本持着张莨芝家族家训"追源溯本、祖德长怀"之精神，并期以为祖留文，俾使下一代更清楚了解家族兴衰荣枯，为本章研究之目的。

一、开台祖张莨芝渡海来台

康熙二十二年（1683），清廷攻灭台湾的郑氏王国后，由于对郑氏王国的遗民仍存有戒心，乃颁布"台湾编查流寓六部处分则例"，规定台湾

---

① 简美玲：《知识、教育、人观及其变迁：两个北台湾客家家族史研究（1800—1950）》，见《台湾客家族群的聚落、历史与社会变迁（四溪计划）》，台北："行政院"客家委员会，2009年，第 899 页。

"流寓"之民，凡无妻室产业者，即逐回大陆；有妻室产业愿继续住在台湾者，申报台厦道稽查，仍报明督、抚存案。一时之间，使得台湾汉人的数量锐减。当时台湾北部名义上虽然划归诸罗县管辖，然事实上清廷在半线（今彰化县）以北并无设官治理，从半线至鸡笼（今基隆市）之间的土地，几乎都属荒地，或为原住民管理。① 复据康熙三十五年（1696）的《台湾府志》记载："半线以北，山愈深，土愈燥，烟瘴愈厉，人民鲜至。"②

康熙二十三年（1684），清廷一度考虑开放海禁，唯施琅认为若大开海禁，贫穷游手好闲之徒"恐至海外诱结党类，蓄毒酿祸"，而反对开放政策。并且，施琅对广东省潮、惠二州府的居民（大部分为客家人）颇有成见，认为两地向来为海盗之渊薮，又请清廷严禁潮、惠二州之民渡台。施琅的意见，都得到了朝廷的采纳，于是颁布了所谓的"渡台三禁"③：①欲渡船台湾者，先给原籍地方照单，经分巡台厦兵备道稽查，依台湾海防同知审验批准，潜渡者严处。②渡台者不准携带家眷，业经渡台者，亦不得招致。③粤地屡为海盗渊薮，以积习未脱，禁其民渡台。清廷的移民政策，虽然对来自大陆，尤其是以客家人占多数的广东惠、潮二府移民有诸多限制，但福建、广东二省移民即便不能合法，却仍不断冒死偷渡涌入台湾。目前，所能见到最早关于严禁惠、潮人民渡台之说法见于台湾首任巡台御史黄叔璥所著《台海使槎录》中，引《理台末议》之相关记载，提及因为施琅认为广东省惠、潮二府，"素为海盗渊薮"，故施琅之世，始终严禁粤民渡台，施琅死后，"渐弛其禁，惠、潮之民乃得越度"④。若上述说法成立，则粤人是否合法渡台，实系于施琅之手，无关政令。⑤

清政府规定的渡台正口在福建省厦门，因此客家移民若欲合法渡台，需先至厦门验照放洋，然客家原乡多僻处内陆之群山万壑中，与海岸有相当之距离，其如何自原籍地抵达厦门放洋，实需进一步了解。林正慧汇整史料，将客家渡台分为合法路线及偷渡路线，合法路线途径有二：一是沿韩江而下，在潮属澄海县附近各港湾搭船至厦门。二是沿清远河至漳州府境，再经由平河、漳州至厦门。⑥ 而偷渡路线主要有三：一是潮州府沿岸出海，客家原乡的汀州府、嘉应州、潮州府等地，循汀江（汀州府）、梅

---

① 柯培元：《噶玛兰志略》，台北：台湾银行经济研究室，1961年，第171页。

② 高拱干：《台湾府志》，台北：台湾银行经济研究室，1960年，第190页。

③ 林衡道主编：《台湾史》，台北：众文图书股份有限公司，1996年，第290页。

④ 黄叔璥：《台海使槎录》，台北：大通书局，1984年，第92页。

⑤ 黄叔璥：《台海使槎录》，台北：大通书局，1984年，第45页。

⑥ 黄叔璥：《台海使槎录》，台北：大通书局，1984年，第49页。

江（嘉应州）、韩江（潮州府），顺流而下，抵达潮属沿岸，对于当时汀、嘉、潮的客家人，应是最为省便之选择。二是厦门沿岸出海，与上述之官渡路线相同，客家人采此偷渡路径，可能是因为客头之引带，或因原欲请照渡台，然抵厦门后，因故无力为之时，乃就地偷渡至台。三是在福州府沿岸出海，此种偷渡路线，对于嘉、潮二属人民而言，不仅路途遥远，且风险与花费较前述两种路线较大，然而，为何会有粤省客家人放弃沿江而下，由潮州沿岸放洋出海，而循此路线，究其因，可能是包揽之客头为借机渔利，故安排较长远之路程，借之获取更大之利益。

张苠芝①于雍正十二年（1734）渡海来台，从淡水上岸。笔者认为其渡台路线应为偷渡之径，从陆丰县至乌坎、甲子、碣石、湖东、金厢等港口放洋至台，而其登陆之地在淡水，而非当时主要登陆之地台湾县、彰化县一带，② 笔者认为应该是受到夏季西南季风的影响，导致登陆地点为淡水厅（今日新北市淡水区）。当时的淡水河流域暨台北盆地，已经有汉人向官府请领垦照开垦土地，而土地开发时，往往由于土地面积广大，不是个人的财力所能负担，因此，便由几个人合资合股开垦。最著名的例子是康熙四十八年（1709）由五位泉州人陈宪伯、陈逢春、赖永和、陈天枢、戴天枢所组成的"陈赖章"垦号，其所垦地区，东起雷里、秀朗（今新北市中和区、永和区），西至八里坌（今新北市八里区）、干脰（今台北市关渡一带），南至兴直山脚（今新北市新店区），北至大浪泵（今台北市圆山一带），面积多达50余甲。③ 当时的汉人，以武力占领垦地，各庄、各堂多有领袖，并有国术馆，各守其土，且团结守本分，导致后期来台之客家人难以在台北立业，因此，张苠芝别无选择余地，唯有乘渡船直上大溪，徒步至淡水厅桃涧堡崁仔脚内坜庄（今桃园县中坜市内坜地区），依亲堂兄张用坤。

台湾日据时期调查反映，至清代末期，逐渐形成沿海汉族移民多半是泉州人，内陆平原的汉族移民多属漳州人，近内山之台地与丘陵的多为客

---

① 《张苠芝公派下族谱》记载生于雍正甲午岁年（1713）正月廿三日，卒于乾隆乙酉年（1765）四月一日，享年52岁。但是笔者考证1713年为康熙癸巳年（五十二年），而非雍正年间。

② 康熙六十年（1721），台湾发生朱一贵事件，事平之后，平定事件有功的驻台南澳总兵蓝廷珍之幕僚蓝鼎元，有鉴于诸罗县的范围辽阔，治理困难，乃上书建议诸罗县北部另立一县。1723年，巡台御史吴达礼、黄叔璥亦上奏设县。于是在该年，清廷画大甲溪以北之地设彰化县（县治设于半线，今彰化市）、淡水厅（厅治设于竹堑，今新竹市）。1727年，清廷以澎湖为台湾至大陆之间的要冲，乃以整个澎湖诸岛设为澎湖厅，使台湾行政制度成为一府四县二厅（一府：台湾府，四县：台湾县、凤山县、诸罗县、彰化县，二厅：淡水厅、澎湖厅）。

③ 李筱峰：《台湾史100件大事（上）》，台北：玉山社，1999年，第55-56页。

家移民。客家族群的分布，以日据时期之州厅而言为新竹州（今桃园、新竹、苗栗等县市）居第一位，占在台客属总人数之 60.26%，此种移民分布，历来学者有不同的解释。日据时期日本学者伊能嘉矩提出"先来后到说"，认为清代台湾汉人之所以依据祖籍居住在不同的地理空间，主要是因为各籍汉民来台时间有先后顺序的差别。泉州人先到台湾，得以优先占据滨海平原；漳州人来台稍迟，选择内陆平原；客家人来台最晚，只能到偏远的近山地区居住。① 其后沿用伊能嘉矩说法的学者有戴炎辉、陈正祥、陈绍馨等。

其后，尹章义提出"分类械斗说"，尹氏首先利用文献资料反驳"来台先后说"的主张，除了厘清清代台湾的汉人并没有哪一祖籍的人先来后到的现象外，同时也认为早期台湾的汉人是不分祖籍，杂居共处。人们依据祖籍各自居住，是后来受到台湾西部平原在十八世纪末至十九世纪中期，频繁且长期发生的分类械斗之影响所致。分类械斗迫使各籍汉人迁徙移动，最后导致各籍汉人分区居住。② 历史地理学者施添福在 1987 年提出"原乡生活说"，③ 施添福基本上同意"分类械斗说"的主张，除了认可汉人渡海来台并没有祖籍先后的差别外，更进一步从地理学的观点分析，台湾西部的滨海平原其实是少雨、多风、水尾及土壤贫瘠等不利于农业经营的地带，应该不是汉人会优先选择的居住环境。各籍汉人之所以居住在不同的地理空间，主要是因为他们在华南原乡的生活习惯所致，是他们自己选择的结果，而不是被动或被迫的迁徙。④ 对此，尹章义认为施添福"忽略了客家人东渡移民的动机，追求更佳的生活环境以及客家人曾经散布在台北平原上的史实，以及客家人仍居于台湾中南部水源区的事实"⑤。笔者无意也无法与前辈学者进行笔战，这里笔者以张芫芝家族为例，采取较折中的说法，认为不论闽、客，东渡台湾皆是为追求比原乡更好之生活，而张芫芝家族之原乡广东省陆丰县系属滨海县市，至台湾后却选择落脚以台地为主的中坜市，实属土地取得不易。

---

① 伊能嘉矩：《台湾文化志（下卷）》（中译本），南投：台湾省文献委员会，1991 年，第142 页。

② 尹章义：《台湾开发史研究》，台北：联经出版事业公司，1989 年，第 358 页。

③ 施添福：《清代在台汉人的祖籍分布与原乡生活方式》，南投：台湾省文献委员会，1999年，第 179 – 181 页。

④ 李文良：《清初台湾方志的"客家"书写与社会相》，《台大历史学报》，2003 年第 31 期，第 142 – 143 页。

⑤ 尹章义：《台湾客家史研究》，台北：台北市政府客家事务委员会，2003 年，第 42 页。

二、张茛芝入垦台湾桃园县中坜市

中坜市位于台湾桃园县中心地带，因其地处老街溪、新街溪由南向北纵贯所形成的河谷，乃称之为"坜"，所以旧名为"涧仔坜"；后来又因为此地位于旧时北部两大都市新竹（竹堑）和台北（新庄、艋钾等地）的中途，为两地中继休息站，所以又取其"中"字，乃改称"中坜"。从康熙年间至乾隆年间，汉人陆续开垦中坜一带，中坜逐渐成为农产品的集散地。清领时期中坜一带属台北府淡水县桃涧堡及新竹县竹北二堡之各一部分，日据时期则先后隶属于台北县中坜辨务署、桃园厅中坜支厅、新竹州中坜郡等管辖；战后中坜由于居台北要地，各式产业进驻汇集，人口不断成长，1967年升格为县辖市后，工商发展更为迅速，复以大学院校林立，交通网络便捷，今日已然成为台湾重要城市之一。①

在汉人进入之前，有很长的一段时间，中坜地区是原住民主要活动的区域，当时位居本区的原住民，是属平埔族中的凯达格兰族（Ketagalan）。凯达格兰族的分布地以台北、桃园地区为主，北起基隆市社寮岛（今基隆市和平岛），南至桃园境内。② 凯达格兰族又可分成两个社群，位于台北盆地内及周围，即为清代文献中提及的淡水二十四社；位于桃园地区的则属南崁四社③。到了康熙末年，桃园地区包括中坜已经有一些汉人入垦的记录。但汉人的势力仍难以跟当地原住民抗衡，因此，康熙五十年（1711）出版之《诸罗县志》对桃园地区的景象有如下的描述："竹堑过凤山崎，一望平芜；捷足者穷日之力，乃至南崁，时有野番出没，沿路无村落，行者亦鲜；孤客必倩熟番持弓为护而后行。"④ 易言之，在康熙末年，假使有汉人想要往北部，一旦从新竹过湖口一带以后，将会举目皆是荒凉景象，并且不时会有未归化清廷的原住民出没，独行者还必须仰赖较为汉化的原住民保护才能通过。

最晚到康熙末年（18世纪初）在中坜地区就已经有汉人入垦记录。这一时期，已知分别有广东嘉应州镇平籍的黄明觉、黄明发，广东潮州饶平籍的刘名珍，广东潮州饶平籍的刘中孚、刘颖德、刘大愿，广东惠州陆丰籍的梁文开、梁文举、梁文滔，广东惠州陆丰籍的叶奕明，福建漳州漳浦

---

① 谢瑞隆等撰：《中坜市发展史》，桃园：中坜市公所，2009年，第23页。

② 洪敏麟：《台湾省通志》，南投：台湾省文献委员会，1972年，第12页。

③ 南崁四社指的是南崁、坑仔、龟仑、霄里四社。潘英：《台湾平埔族史》，台北：南天书局，1996年，第212页。

④ "凤山崎"为今日台湾新竹县湖口乡凤山村一带，"南崁"则是今日台湾桃园县芦竹乡南崁地区。周钟瑄：《诸罗县志》，台北：台湾银行经济研究室，1960年，第22页。

籍的陈增耀等人来到中坜拓垦，另尚有漳州人吕夏珍开垦青埔地区。①

从上述可以看出，清代中坜最早一批康熙末年的开垦者，以来自广东的移民居多，且涵括嘉应、潮、惠三府。但必须说明的是，一般认为福佬人来自福建，客家人来自广东，但其实客家人的原乡不全然是在广东，像是福建的汀州府绝大多数为客家人，俗称"汀州客"或"闽西客"，漳州的诏安、平和、南靖等县，也有不少"漳州客"移民来台；而福佬人的原乡也不全然在福建，广东的潮州府亦有不少讲福佬话者移居来台。

易言之，移民者来自闽或粤的祖籍别，只能供作参考，不能完全用来判定福佬、客家之别。不过，上述广东籍移民大体皆来自客家或客家人占多数的县份，且包括四县、海陆、饶平、长乐（五华）、大埔五种腔调，因而可以说明中坜早期开垦的主力，应以客家人为主。另位于中坜北角的青埔地区则是漳州人较早入垦，也或可略见目前当地居民闽籍多于客籍之端倪。② 从移民者来台之后的移垦地来看，前述康熙年间入垦中坜的移民，大多是先在他处开垦之后，才又移垦到中坜，易言之，早期大部分入垦者，中坜非属其初垦地，这也是中坜早期拓垦的特色。

雍正年间，清廷在虎尾溪以北增设彰化县和淡水厅，反映了台湾北部人口增加的事实。此一时期，来中坜开垦者有增无减。雍正年间，中坜的开垦，从已知拓垦者的原乡来看，仍以广东籍移民居多，计有嘉应州梅县籍之刘开悼、嘉应州平远籍之刘京琏父子、嘉应州镇平籍之汤一炳、潮州惠来籍之黄凤祥、潮州饶平籍之吴雨吉等，这些皆属客家县份或客家人占多数的区域；福建籍移民则有三，分别是汀州永定籍的吴桁臣、漳州南靖的魏可俊、漳州诏安的吕贝生，其中汀州永定为闽西客家人的分布地，吴桁臣即属客家人。而漳州之南靖、诏安亦有为数颇多的客家人居住。③ 不过康、雍年间，中坜市仍是呈现点状的扩垦形态。④

至乾隆年间，汉人入垦中坜达到高峰期。此时的拓垦者，仍是以来自广东的移民居多，而粤籍移民当中，又以嘉应州籍（即"四县客"）人数最多，包括有镇平县籍之赖永馨、黄梅生三兄弟、郑建仪两兄弟、徐寿华、钟沐环两兄弟、巫玉洞两兄弟、黄元扬两兄弟；长乐县籍之黄成全、陈振韶等家族、古金英；梅县籍之何思宗、冯乃信、梁益永、余孙板、余

① 谢瑞隆等撰：《中坜市发展史》，桃园：中坜市公所，2009年，第81页。

② 游振明、吴文星：《当客家遇到福佬：中坜地区社会变迁研究（1684—1920）》，"国立中央大学"硕士学位论文，2001年。

③ 罗肇锦：《台湾客家族群史：语言篇》，南投：台湾省文献委员会，2000年，第1页。

④ 盛清沂：《新竹、桃园、苗栗三县地区开辟史（上）》，《台湾文献》，1980年第31卷第4期，第168页。

孙新之两兄弟、余文拔；平远县籍之陈玉珠、陈联三、余旭日等。其次是惠州府籍的，即所谓的"海陆客"，计有陆丰籍之杨尚连、彭廷球、范宏高父子、张庆凤、黎元姜、谢梅钦；海丰籍之黄成略。属潮州府籍之"饶平客""大埔客"人数也有不少，包括饶平县籍之张喻义父子、罗信概、黄信义、黄日敏、巫有大；大埔县籍之罗于明、蓝斯炽；惠来县籍之傅仙桂等等。福建籍移民，则以属"闽西客"的汀州府籍移民较多，包括永定县籍之谢昌壬、江淇焕、江秀连；武平县籍之魏文昌。福建籍移民除了汀州府籍的，其余属漳州府籍，计有南靖县籍之赖丁荣等三人；诏安县籍之朱应旺；漳浦县籍之蓝杰。上述漳州府籍移民虽属南靖、诏安、漳浦三县，实际上"漳州客"所占的比例不小，因而这些漳州移民属客家人的概率并不低。①

雍正十二年（1734），张莨芝与堂兄张用坤在崁仔脚内坜庄（今桃园县中坜市内坜地区）以石钉为准，开垦160余公顷之埔地，其后，张用坤割给张莨芝80余公顷田地（今中坜工业区统一面包、国瑞汽车、"内定国小"、内定里林厝等地），就此各立祖祠门户，自行开池造田，安居乐业。之后，经张大兴［生于乾隆八年（1743）］②、张茂翔［生于乾隆四十一年（1776）］、张德云［生于嘉庆四年（1799）］三代之经营，土地面积扩为300余公顷，并且经商从事茶叶之买卖，逐渐成为台湾桃园县中坜市内坜地区的大家族。

张茂翔为张莨芝之长孙，少年好学、通书达礼、才高八斗，为张莨芝家族抄录族谱始祖。道光七年（1827），为了饮水思源，慎终追远，他不计路途遥远险恶，返其原乡广东省陆丰县旱田祖厝祭祀祖先，并购置公田两处，交于张茂玉、张茂金兄弟两人承领掌管，供历年祖祠捻香、扫墓等支应运用。张茂翔并创置军田四坵，坐落水东蟹等处，第二斗四升种，每年纳租谷三硕一斗正，每年又备军米二斗二合四勺正，在黄塘老水东甲，须由张莨智之厝缴纳亲收，订定每年支费三百文，除祭祀费用外，剩多或少，并同亨文公祭墓，为恐无物，亦入兴文公，此裁则不敢紊废田租，另则为恐遗弃，祭祀及扫墓事宜之执行，倘日张维艺之后裔子孙，归返乡里，可将田租交还，一切不可有霸占之事，为恐空口无凭，特由乡里房亲耄耆张仲奇、张广厚、张舜旺、张舜忠四人共同见证，特立契纸存证，契纸纳入于族谱之内，内容详如下：

道光七年丁亥岁，十八世祖讳阿凤字茂翔公回唐拜祖，创置有田两处

① 洪敏麟：《台湾旧地名之沿革：第二册》，南投：台湾省文献委员会，1980年，第60页。
② 张大兴共有三子，长子亚凤字茂翔，次子亚统字茂舜，幼子亚斗字茂容。

交于张茂玉、金二人承领掌管历年祖堂拈香祭扫坟墓等费，茂翔创置军田四垃，坐落土名水东蟹地等处，第二斗四升种，每年纳租谷，三硕一斗正，每年又备军米二斗二合四勺正，在黄塘屯水东甲，须要张良智公厝内，纳亲收留存，而便祭扫应用，及点灯之费，其余仍长租谷，每年节各备办牲仪代茂翔奉祖参拜，以及祖堂烧香点灯，日期朝夕不漏。

道光七年丁亥岁

十八世祖讳阿凤字茂翔，张公回唐谒祖，创有尝田两处，公于茂玉、金二人承领掌管历年烧香点灯祭扫等费，茂翔创置军田四垃，坐落土名水东蟹地前，二斗四升种，每年纳租三石一斗二合四勺，在黄塘屯水东甲，须要至张良智公屋内交纳亲收留存，而便祭费等项应用，以及点灯之费，其余有长租谷，每逢年节，备办牲仪代茂翔奉祖，及祖堂烧香点灯，朝夕轮流不漏，其牲仪金按定每年开费三百文，此系除祀祖，于外或剩多少，若是年节或同亨文公祭墓，你恐忧无祭物，亦入兴文公，此裁则不紊废田租，而致为忘祀典失祭，倘日后维艺公子孙，归回故里，即将田租交还，切不敢霸占之事，口恐无凭，金欲有凭，同立簿约字存。

仲奇

在见房长人张广厚

舜旺忠

道光八年戊子岁四月初五日承领约人张茂金、玉

立卖断军田契字人张茂金、玉同侄水禄等，自创有军田二垃，坐落土名东蟹地前等处，容种一斗二升租谷，一石五斗备军米八升四合三勺，今因乏银应用别创，欲出卖于人，先问房亲叔侄兄弟等，不欲承受委艺托中人，招得台地堂弟茂翔、舜、荣兄弟等三大房出首承买，而为维艺公祭祀之产，当日凭中，三面言定断根，价花边银十六圆，即日凭定十两零五钱，当中经交玉、金兄弟亲收足讫，即速将田同中踏明垃数交于茂翔兄弟掌管，令为招耕，永作祀产，其租要交纳黄塘张廷白户内，任翔招割出供，轮足一卖千休，断葛藤，日后茂金、玉兄弟子孙人等，不敢赠言赎，此系明买明卖是乃仁义交关，倘有来历不明等情，不干买人之事，系卖主一力抵口，恐无凭，今欲有凭同立，卖断根军田契字，壹纸交执存。

代笔人张茂金

为中人张茂旺

在场人张茂用

道光八年戊子岁正月二十八日立卖断根军田契字人张茂金、玉，侄水禄

立卖契字人张南、福寿等，先年分有阄书军田二坵，坐落土名水东蟹地前处，一斗二升种租谷一石五斗，备军米一斗一升八合一勺，① 参抄正今因意欲别创要出卖，先招房亲叔侄兄弟等，不欲承买，外脱中招于台湾堂弟茂俭、魁、翔兄弟等三人，出首承买于维艺公为尝业，当日凭中三面言定，断根价花边银十六大圆，正评重九两六钱，即日当中经交于南、福寿兄弟亲收足讫，其田即日同中面踏分明，交于翔兄弟掌管，另为招耕永作尝业产，其在黄塘屯张良智公户内，任翔收割主裁，一卖千休，永断葛藤，日后南、福寿子孙人等，不得言赠，此系明买明卖，与房亲伯叔兄弟侄等无干，亦无重张典借他人，来历不明等情，系卖主一力抵当，不干买人之事，恐口无凭，今欲有凭立，卖断军田，契字一纸付翔，永执为赠。

代笔人张茂金

为中人张茂旺

在场人张茂用

中坜地区的拓垦大致告一段落后，逐渐发展成福佬人与客家人各分珍域的情形，有时在彼此利益冲突下，会引发出"分类械斗"，构成了本区在清代严重的族群问题。所谓"分类械斗"，是指带着不同的"原乡认同"来到台湾的移民及其后裔发生摩擦，进而产生冲突群斗。其根本原因，除了基于原乡地域的族群认同之外，最根本的症结在于经济因素。初垦时，各籍移民因为地广人稀，尚能互助合作而相安无事。后来垦地渐小，开始因田地、水利、地租等现实生活利益而起争执。此外，也有因为职业利益的争夺而发生冲突的。争执冲突一久，嫌隙日深，最后小冲突也会引发成

---

① 清代"量制"：1 石＝2 斛，1 斛＝5 斗，1 斗＝10 升，1 升＝10 合；清代"衡制"：1 石＝120 斤，1 斤＝16 两，1 两＝10 钱，1 钱＝10 分。1 石＝70 800（公克）＝70.8 公斤，1 斤＝590（公克），1 两＝36.9（公克），1 钱＝3.69（公克），1 分＝0.37（公克）。维基百科：度量衡，http://tw.myblog.yahoo.com/chungliart/article? mid＝880&prev＝885&next＝877，检索日期：2012年 10 月 15 日。

大械斗。①

中坜市除了是桃园地区客家人的中心之外，事实上，一旦台湾北部地区发生福佬人与客家人械斗时，中坜也常常成为客家人落籍避难的地方，如台北盆地即是如此。其实，台北盆地的拓垦较桃园地区为早，并且，今日台北之景美、新庄、树林一带，原本是由客家人先开垦的，其中新庄更是客家人聚集的大本营，不过乾隆年间的多次械斗，使客家人逐渐撤离台北盆地。② 例如乾隆四十二年（1777），台北树林柑园地区福建安溪籍之陈、林、王三姓族人发生争地冲突，使得当地居劣势的客家人不堪其扰，而搬到中坜；接着，乾隆末年于今天台北汐止发生的漳州人与客家人的冲突，亦使居住在汐止、金山、万里、石础、深坑一带的客家人迁移到中坜、杨梅。③

"分类械斗"除了展现清代移垦社会族群冲突的一面，实际上也具有族群分布再整合的意义。像是桃园地区的开发及拓垦，早期不乏福佬、客家合作，并且杂居的例子，然经由不断的分类械斗后，逐渐形成现今台湾桃园县"北闽南客"④ 的局面。

三、"客家宗亲型地方派系"的建构

台湾于 1895 年进入日本占据时期，台湾总督府在 1895 年，将中坜地区划分为隶属于台北县新竹支厅桃涧堡。日本明治三十年（1897）改隶台

---

① 据游振明、吴文星的统计，桃园地区的分类械斗，大约有 10 次，时间分布在嘉庆中期到咸丰年间的 50 年左右。包括有：1. 嘉庆十四年（1809）的漳泉械斗；2. 道光二年（1822），内坜附近的漳泉械斗，以及中坜的福佬人和客家人的械斗；3. 道光六年（1826）于内坜附近的福佬人和客家人械斗；4. 道光十三年（1833），中坜桃园涧漳州人和客家人的械斗；5. 咸丰二年（1852）之漳泉对立；6. 咸丰三年（1853），内坜地区之漳泉械斗以及桃园地区之福佬人、客家人械斗；7. 咸丰四年（1854），中坜的福佬人和客家人械斗；8. 咸丰六年（1856）的福佬、客家械斗；9. 咸丰九年（1859）的漳泉械斗；10. 咸丰十年（1860），桃园的漳州人和大坪顶的泉州人之互斗。游振明、吴文星：《当客家遇到福佬：中坜地区社会度过研究（1684—1920）》，"国立中央大学"硕士学位论文，2001 年。

② 萧新煌、黄世明：《台湾客家族群史：政治篇》，南投：台湾省文献委员会，2000 年，第 94－95 页。

③ 温振华：《清代台北盆地经济社会的演变》，台湾师范大学硕士学位论文，1977 年。

④ 所谓的"北闽南客"系指北桃园之桃园、龟山、芦竹、大园、八德、大溪 6 个以福佬人为主的地区，与南桃园之中坜、平镇、杨梅、观音、新屋、龙潭 6 个以客家人为主的地区分庭抗礼的局面。北桃园福佬人的 6 个区域，比较一致地，都以漳州籍汉人为主体，且都超过总人口的半数以上；南桃园地区的客家人，中坜、平镇、杨梅、龙潭是以嘉应州籍居多，观音、新屋则为"海陆客"的大本营，以惠州籍客家人较多。与北桃园地区漳州籍汉人占绝对优势不同的是，四个嘉应州籍汉人较多的区域，除平镇外，嘉应州籍客家人大体都未在该地区占绝对优势，其中中坜的状况又与杨梅、龙潭不同，杨梅和龙潭都以惠州籍"海陆客"占多数。

北县管辖，设置中坜辨务署，处理辖区内各项事务。

1898 年，儿玉源太郎出任台湾总督，与民政长官后藤新平搭配，提升行政效率、强化警察功能、恢复清代保甲制度等，从根本上重新建立对台湾的认知与理解，才完成对于台湾内部抗日行动的镇压，确立日本当局对于台湾统治的基础，以期奠定台湾的近代化，被称为"儿玉、后藤时代"。[1] 日本当局为有效控制台湾，重新调整行政区划，将新竹县、嘉义县、凤山县合并于台北、台中、台南三县内，保留原本宜兰、台东、澎湖三厅。县厅之下，仍旧设辨务署，并在辨务署之下，设辨务支署。当时将原先中坜辨务署并入桃仔园辨务署管辖，改设中坜支署。但由于辨务署职权之扩展，职权转欠灵活，总督府研议进行地方行政制度再次改革。1901年，废县及辨务署组织，改为全台分设 20 厅，厅下设支厅。中坜市隶属于桃仔园厅管下，并设置中坜支厅。[2]

1920 年，总督府再度进行"街庄制"的地方行政制度变革，新设台北、新竹、台中、台南、高雄五州，州底下设郡和市，郡下设街、庄。当时中坜市隶属于新竹州中坜郡，中坜郡辖中坜庄、平镇座、杨梅生、新屋座、观音庄五庄。日本昭和六年（1931），中坜庄始升为中坜街，中坜街下划分为后寮、石头、中坜埔顶、内坜、水尾、青埔、兴南、三座屋、芝芭里、洽溪子、大仑、过岭十二大字。[3]

1945 年，第二次世界大战结束后，台湾回归祖国。10 月，台湾省行政长官公署正式运作，将台湾行政区域名称进行调整。1946 年新竹县政府成立，原来之新竹州中坜郡改为新竹县中坜区。下辖中坜镇、杨梅镇、平镇乡、新屋乡、观音乡。日据时期的郡役所改称中坜区署，街役场则改名为镇公所。1947 年行政院第 145 次会议通过"台湾省各县市行政区域调整方案"，为便于实施地方自治，重划行政区域。1950 年新竹县一分为桃、竹、苗三县，桃园县正式成立，改为县乡（镇）二级制，中坜成为桃园县政府直辖的中坜镇。根据 1966 年五月底的人口统计资料，镇人口数为 102 054人。[4] 依照《台湾省各县市实施地方自治纲要》第四条规定："凡人口集中在十万人以上，工商业发达，交通便利之地区，得经县政府呈报省府核定，设县辖市。"桃园县中坜镇已具备此项条件，因此镇民代表会于 1966

① 黄昭堂：《台湾总督府》，台北：前卫出版社，2002 年，第 58 - 59 页。
② 高育仁等主修：《重修台湾省通志：建置沿革篇》，南投：台湾省文献委员会，1991 年，第 231 - 232 页。
③ 许熏风：《桃园县志：民政篇》，桃园：桃园县政府，1968 年，第 29 - 30 页。
④ 谢瑞隆等撰：《中坜市发展史》，桃园：中坜市公所，2009 年，第 113 - 114 页。

年 5 月 24 日通过报请县府，促请县议会通过升格为县辖市。1967 年 2 月经由省府第 914 次会议通过，将桃园县中坜镇升格为县辖市，第一任市长经桃园县政府委派当时中坜镇镇长邱垂周担任。

黄朝进在研究竹堑地区两个重要家族的过程中，指出不管是在地域还是地区社会的"望族"，都必须在经济力量、政治公共事务和文化三大层次，具有优越地位，且缺一不可。然而，在维持家族地位的过程中，金钱的支持成了重要的基础。姑且不论经济、政治和文化等层次的分类是否合适，但可以确定的是金钱的实质——经济资本累积，是关系到一个家族是否持续壮大的重要基础。① 中坜市张荩芝家族于清领时期通过土地开垦和商业经营等方式来积累实质的经济资本，之后于日据时期、战后时期，在政治参与的活跃表现，使得张荩芝的声望有逐渐提高的趋势，促成"经济资本"② 与"象征资本"③ 间互为积累的辅助效应，再通过不同形式的传承和转化，来展现家族"资本"力量。④

"张荩芝派下"第二十一世张在朋，担任日据时期保正之职，为乡里致最殷切的服务精神，逢收割农业之际，全赖张在朋之安排及协助，其深受当地乡里尊敬及肯定。张在朋担任其职十余年，尔后由 28 岁之三子张昌

---

① 黄朝进：《清代竹堑地区的家族与地域社会：以郑、林两家为中心》，台北："国史馆"，1995 年，第 49 页。

② 所谓"经济资本"，是由生产的不同因素、经济财产、各种收入及各种经济利益所组成的。不同社会的经济资本，也具有不同的特性：农业经济中的经济资本，服从于与往年收获相关的特殊规律；资本主义经济中的经济资本，则要求严格的合理化的估算。构成一切社会区分化的两大基本区分原则是依据"经济资本"和"文化资本"，在现代社会单靠"经济资本"的建立，无法取得社会结构中权力和地位，只有将经济资本和文化资本结合起来，并使两者的质量和数量达到显著的程度，才能在现代社会中占据重要的社会地位，并获得相当高的社会声誉。高宣扬：《布尔迪厄》，台北：生智文化事业有限公司，2002 年，第 249 – 251 页。

③ "象征资本"用以表示声誉与威信资本，必须经过一段"正当化"和权力分配的转化过程。而"社会资本"不是一种本来就存在的东西，而是指持续性社会关系网络中，所把握的社会资源或财富。必须经过行动者长期经营、有意识的笼络、交往及反复协调，主要是通过交换活动而实现的。高宣扬：《布尔迪厄》，台北：生智文化事业有限公司，2002 年，第 251 页。

④ 布尔迪厄认为社会空间是由许多场域所构成的，这些场域和市场一样，进行着多重多样特殊资本的竞争。而布尔迪厄将这些竞争的资本，区分为四大类：经济资本、文化资本、社会资本、象征资本。前面三种资本，属于资本分类中具体事物或行动的表现，而象征资本则是多种资本相互作用下，其相互作用中的因素，包含生存心态、社会结构、权力结构、场域等复杂因素，在经过各种因子的交互运作之下，所产生的一种概念性或者想象式的资本，而其又会反过来影响前述三种资本。简美玲：《知识、教育、人观及其变迁：两个北台湾客家家族史研究（1800—1950）》，见《台湾客家族群的聚落、历史与社会变迁（四溪计划）》，台北："行政院"客家委员会，2009 年，第 905 – 906 页。

祥续任。战后时期，台湾行政区域名称进行调整，当时的中坜镇，共辖27里①，张昌祥担任首任内定里里长，共任十届内定里里长，尔后，张昌祥举家迁至今日文化里，担任三届文化里里长，并曾任桃园县水利会代表、农会代表、理事、监事、桃园县张廖简宗亲会理事，为人群服务，备受邻里人民及宗亲称赞，热心公益、造福人群，众望所归，他于1998年8月退休，公职生涯长达50余年。荣获"内政部"颁给满30年公职之三等奖章、满40年公职之二等奖章实至名归，1999年1月于家中寿终正寝，享年九十岁。

张昌祥长子张炎泉曾担任桃园县税捐处股长，三子张海港曾任中坜市农会代表，并承张昌祥之意志与提携当选三届里长，现任文化里里长张文钏为张昌祥之孙，继续贡献乡里、服务地方。幼子张运炳曾任中坜市第6届市民代表，1990年参选桃园县第12届县议员高票当选，1994年蝉联第13届县议员，1998年第14届以3票之差落选，2002年再度参选桃园县第15届县议员，高票当选。2005年举行"三合一"（县、市、乡镇市及议员）选举再度蝉联县第16届县议员，现今担任第17届县议员，至今共五届县议员，为民喉舌、造福桑梓，颇受肯定。② 张昌祥之女婿刘永和担任桃园县工务局局长、桃园县主任秘书、桃园县副县长等职。张炎泉女婿张胜勋当任第7届中坜市市长（1990年3月1日—1994年2月28日），为历届中坜市长中唯一民进党籍市长，在卸下中坜市长职务后参选桃园县长，仅以1万多票的微些差距败给同为中坜市"客家宗亲型地方派系"之家族——芝芭里刘家的刘邦友，虽然落败，却说明了张胜勋在地方上的实力不容忽视。

除了张昌祥一系之外，在政坛有所发展者尚有张昌财（二十二世）、张荣显（二十三世）、张兆路（二十四世）等人。张昌财于美国威斯康星大学取得能源科学硕士及工学博士，学成归国，任职元智大学教授、勤益工商专校化工科副教授（今勤益科技大学）、中国国民党桃园县党部副主委等要职，于1995年参选第3届"立法委员"落选，却开始投入政治行径，1997年当选第9届中坜市长（1998年3月1日—2002年2月28日），

---

① 目前桃园县中坜市管辖共81里。
② 《吴县长：内坜升格须从长计议》，桃园县政府新闻稿，发表日期：2010年5月6日。县议员张运炳上午在县议会指出，近年来，内坜地区人口成长快速，投票人数已近8万人，若以1.5倍计算大内坜的居住人口，早已超过10万人，比起沿海的观音、新屋等乡镇人口数多出许多，基于内坜的地方发展，建议在桃园升格为准直辖市后，也能把内坜升格，成为第十四个乡镇市。吴县长表示，内坜升格绝对有助于当地的发展，唯因涉及行政区的变更，以及当地和中坜市民众的共识，兹事体大须从长计议。

是张茛芝家族第二位当任中坜市长一职者，2002 年当选第 5 届"立法委员"，2005 年连任第 6 届"立法委员"。日据时期，张晋昌一系由内坜迁至高雄湾仔内，张晋昌长子张荣显，担任高雄市市民代表，然后高雄市升格为院辖市，张荣显亦担任高雄市市议员数届（第 8、9 届），后代表中国国民党在高雄市选区当选为第 1 届第三次增额"立法委员"，然后又参选"国民大会"代表，高票当选。张兆路担任民主进步党全国党代表、桃园县党部执行委员兼财务长、1990 年参选桃园县第 12 届县议员高票当选，1994 年蝉联第 13 届桃园县县议员。由上论述，可以知悉张茛芝家族在内坜地区是具有影响力的地方派系。

表 1　历届中坜市长名单

届别	姓名	党籍	任期	备注
一	邱垂周	中国国民党	1967. 7. 1—1968. 2. 29	
二	刘家兴	中国国民党	1968. 3. 1—1973. 3. 31	
三	林焕夫	中国国民党	1973. 4. 1—1974. 11. 13	停职
三	欧宪瑜	中国国民党	1974. 11. 14—1977. 12. 29	代理市长
四	吕河清	中国国民党	1977. 12. 30—1982. 2. 28	
五	吕河清	中国国民党	1982. 3. 1—1986. 2. 28	
六	林焕夫	中国国民党	1986. 3. 1—1990. 2. 28	
七	张胜勋	民主进步党	1990. 3. 1—1994. 2. 28	张茛芝家族
八	方力修	中国国民党	1994. 3. 1—1998. 2. 28	
九	张昌财	中国国民党	1998. 3. 1—2002. 2. 28	张茛芝家族
十	叶步梁	中国国民党	2002. 3. 1—2006. 2. 28	
十一	叶步梁	中国国民党	2006. 3. 1—2010. 2. 28	
十二	鲁明哲	中国国民党	2010. 3. 1—	

　　最早研究地方派系的赵永茂认为"地方派系是地方政治人物以地缘、血缘、宗族或社会关系为基础，互相联合以争取地方政治权力的组合"[①]，并在《台湾地方政治的变迁与特质》一书写道："台湾地方派系之发生，虽因台湾地方社会而有雷同之处，然因各地经济社会乃至政治情况，及人物性格、作风、遭遇之不一，故派系产生之原因可谓经纬万端，不能一概

---

　　①　赵永茂：《台湾地方派系与地方建设之关系》，高雄：德馨室出版社，1978 年，第 21 页。

而论。"① 桃园县政治生态的特征之一是闽客分化的地域观念浓厚，族群对立的态度明显。基本上是"北闽南客"局面，所谓的"北闽南客"系指北桃园之桃园、龟山、芦竹、大园、八德、大溪六个以福佬人为主的地区，与南桃园之中坜、平镇、杨梅、观音、新屋、龙潭六个以客家人为主的地区分庭抗礼的局面。② 因此，基本上在县政治权力的分配上，长期有"南北轮政"的现象，即为县长由闽客各任两届，县长由北区闽南人担任时，县议会议长必须由南区客家人出任。③

桃园县政治生态另一个特点，就是地方政治深受宗亲会之影响。客家人在闽客械斗的历史记忆与人数较少的情况下，为了维持生活的利益，乃至政治的利益，促使客家人在政治动员方面团结向外，闽南人则显得比较松散。而桃园县地方派系林立，又有客家庄特有的宗亲关系，在较大规模的民意代表选举取决于"宗亲关系"，笔者称之为"客家宗亲型地方派系"。在桃园县，除了中国国民党的"黄复兴党部"④ 之外，宗亲会是最主要的力量，各候选人多倚赖宗亲系统，各依地盘，营造占据动员网络，非宗亲中人，难以插手，在其他县市选举中，常见派系居间主导，并有绝对的影响力，但严格来讲，桃园县并没有明显有力的大规模派系存在。桃园县的选举，除了政党主导以外，姓氏宗亲会蔚然成为一股主导的力量，各姓氏宗亲会的力量在选举中发挥了极大的影响力。⑤

宗亲基本上是基于同姓关系，是一种有血缘关系、姻缘关系的一种团体。在宗法观念的规范下所组成的社会群体，是一种通过血缘与地缘所组成的实体性组织。宗族与村舍二者合一所构成的乡村自治社会，一直是存在于乡下农村的政治现象，也代表着宗族势力长期以来对农村的主宰力

---

① 赵永茂：《台湾地方政治的变迁与特质》，台北：翰芦图书出版有限公司，2002 年，第 15 页。

② 依据"行政院"客家委员会 2010—2011 年的调查，在"客家基本法"定义的条件下，台湾的客家人占 18.1%，约 419.7 万人。桃园县客家人占 39.2%，而桃园县是台湾客家人口数最多的县市（78.5 万人）。参见"行政院"客家委员会：《99 年至 100 年全国客家人口基础资料调查研究》，台北："行政院"客家委员会，2011 年，第 31 - 32 页。

③ 萧新煌、黄世明：《台湾客家族群史：政治篇（下）》，南投：台湾省文献委员会，2001 年，第 417 页。

④ 1955 年 10 月，蒋经国为维护荣民权益与团结退除役官兵支持国民党的政策，研拟筹设荣民专属党部。1956 年 7 月，"国军退除役就业人员党部"正式成立，代名"黄复兴"，寓意"炎黄子孙，复兴中华"。因此，后人将此退除役官兵组成之国民党组织称为"黄复兴党部"，而地区党部则以"黄国×党部"称呼（如桃园县为"黄国园"）。

⑤ 萧新煌、黄世明：《台湾客家族群史：政治篇（下）》，南投：台湾省文献委员会，2001 年，第 424 - 425 页。

量。一般而言，除非有个别私人情感的恩怨，否则宗亲票源常常是台湾各类选举中最稳定的支持者。

张茛芝家族属于"张廖简"宗亲会，廖姓始祖"叔公"先祖之直系廖文广之女"廖大娘"招入挥公直系张元子，此为张廖姓氏起源。简姓始祖"师甫"直系简德润招受于挥公直系张进兴之养媳"刘氏"，此为张简氏起源，以张、廖、简传承演变，张廖、张简后裔多回归本姓氏，而廖氏亦有不成文规律之宗旨为"生廖死张"的惯例，"张廖简"宗亲会的宗族意识极为强烈。① 张茛芝家族在内坜地区居住 200 余年，长期为地方领袖，以地缘关系为基础，加上人际关系以及人情关系，使得关系具有延续性，通过这种人情关系积累、投资、回收彼此的共同利益，关系成为一种"资本"，最重要的就是"宗亲会"的支持。宗亲会除了平时的联络、宗族祖先的祭祀、颁发在学优秀子女奖学金之外，在选举期间，宗亲会还展开政治动员，全力支持张、廖、简之候选人，以确保宗亲本身的政治利益。

中坜市其他"客家宗亲型地方派系"之家族兹举 9 个家族，发展如下：

（1）芝芭里刘家：祖籍广东省潮州府饶平县，属"刘巨渊派下"。开台祖第十三世刘国代、第十四世刘可永父子，偕同叔父刘神堤于乾隆七年（1742）渡海来台，先居龟山塔寮坑，后因闽粤械斗，开垦成果尽毁，刘神堤与刘可永叔侄先迁往关西，后再移往中坜。② 其家族成员刘家兴，曾任中坜镇时期第1—7届芝芭里里长、第4届补选中坜镇长、第2届中坜市长；刘邦友曾任第8届桃园县议员、第6—8届台湾省议员、第11、12届桃园县长；③ 刘兴善曾任第1届增额"立法委员"。④

（2）三座屋刘家：祖籍广东省潮州府饶平县。开台祖第十三世刘奇珍、刘华珍、刘璞珍偕同大哥之子刘举、刘色叔侄共 5 人于乾隆十二年（1747）渡海来台，自沪尾上岸，先居于台北观音山。乾隆五十四年

① 陈其南曾提出对宗族意识所赖以内化的三个条件，包括：选民聚族而居的情形、族产或宗祠的建立、族谱编修或祭祖活动等三项指标，来建构选民宗族意识的强弱倾向。陈其南：《小区总体营造》，发表于"南华学院研讨会"，嘉义：南华学院，1985 年。

② 陈盛增：《从清代客家家族的拓垦和地方发展探讨：以中坜为例》，http：//tw. myblog. yahoo. com/chungliart/article？mid ＝880&prev ＝885&next ＝877，检索日期：2012 年 10 月15 日。

③ 台湾省咨议会：《台湾地方自治人物志：省议员篇》，台中：台湾省咨议会，2001 年，第75 页。

④ 台湾省桃园县选举委员会：《桃园县选务志》，桃园：台湾省桃园县选举委员会，2000 年，第 56 - 60 页。

（1789），因闽粤械斗，再迁到双连陂与三座屋一带。① 后代刘兴枋，曾任实施地方自治前首任中坜镇长；刘兴国，曾任第 4—6 届镇民代表，并当选第 5 届镇民代表会主席。

（3）过岭许家：祖籍广东省潮州府饶平县。开台祖第十三世许上璠等四兄弟，于乾隆元年（1736）渡海来台，在沪尾（今新北市淡水区）上岸后，有两兄弟因故失联，许上璠等两兄弟则移往三芝发展，并垦成田百余甲。道光年间，因闽粤械斗，除少部分族人留在三芝外，其余先迁往新庄，后迁新竹关西。同治年间，第十五世许生淡、许生连两兄弟分家，二房许生连迁到过岭发展。其后代许学斗，曾任日据时期第 1—8 届中坜座（街）协议会员、第 10 届民选中坜街协议会员，以及战后第 1 任过岭里里长、第 3—4 届过岭里选区中坜镇民代表；许信良曾任第 5 届台湾省议员、第 8 届桃园县长；② 许国泰曾任第 1 届增额"立法委员"，以及第 2 届"立法委员"；许应琛曾任第 13 届桃园县副县长、代理县长，"内政部"次长。③

（4）三座屋吴家：祖籍福建省汀州府永定县。开台祖吴胜昌于咸丰六年（1856）渡海来台，在中坜三座屋落脚。吴胜昌育有两子，其中次子吴荣棣为光绪十八年秀才。④ 长子吴荣棣育有鸿森、鸿麒、鸿麟、鸿炉、鸿勋、鸿蒸、鸿煎、鸿烹 8 子。其中长子吴鸿森在日据时期曾任新竹州协议会员，战后当选第 1 届"台湾省参议员""国民参政员"、第 1 届"国大代表""台湾省政府委员"等职。⑤ 三子吴鸿麟，战后曾任新竹县参议会参议员、第 2 届桃园县议会议长、第 4 届桃园县县长等职。⑥ 吴鸿麟之子吴伯雄，曾任第 7 届桃园县县长、"内政部"部长、台北市市长、"行政院"政务委员、"总统府"秘书长，中国国民党主席。吴伯雄之长子吴志扬为现任桃园县县长（第 16 届），次子吴志刚为现任台北市议会市议员。

（5）埔顶吴家：祖籍福建省汀州府永定县。开台祖第十六世吴乃锦于乾隆年间携子吴俊亭渡海来台，先至八德拓垦。吴俊亭育有吴能来、吴进

① 台湾省桃园县选举委员会：《桃园县选务志》，桃园：台湾省桃园县选举委员会，2000 年，第 56－60 页。

② 台湾省桃园县选举委员会：《桃园县选务志》，桃园：台湾省桃园县选举委员会，2000 年，第 75 页。

③ 台湾省桃园县选举委员会：《桃园县选务志》，桃园：台湾省桃园县选举委员会，2000 年，第 56－60 页。

④ 许熏风：《桃园县志·人物志立言篇》，桃园：桃园县政府，1968 年，第 75 页。

⑤ 许雪姬：《台湾历史辞典》，台北："行政院"文化建设委员会，2004 年，第 358 页。

⑥ 台湾省咨议会：《台湾地方自治人物志·县长篇》，台中：台湾省咨议会，2001 年，第 27 页。

来两子，其中吴进来搬迁到中坜市之埔顶一带发展。家族中，同属吴水安支下第二十二世之吴仁炮、吴仁钟，曾同时当选中坜镇时期第3届普仁、普义里里长，而后吴仁炮共连任7届里长，吴仁钟连任1届。另吴福安支下第23世吴义澄，为中坜市时期第9—11届自普义里分出之信义里里长，足见吴家在埔顶地区的影响力。①

（6）宋屋宋家：祖籍广东省嘉应州梅县。开台祖宋来高率领宋氏族人于乾隆九年（1744）渡海来台，拓垦桃涧堡广兴庄，至光绪十四年（1888），命名宋屋庄，为今日平镇宋屋地名之由来。② 日据时期，族人宋荣华曾担任日本大正九年（1920）地方改正后首任中坜庄长，以及日本昭和八年（1933）升格后首任中坜街长，为宋家中坜声望之鼎盛。③

（7）后寮庄家：祖籍广东省潮州府潮安县。开台祖庄德太于乾隆三十二年（1767）只身来台，先至桃园落脚，后因闽粤械斗，而搬到中坜市后寮一带定居。④ 战后初期，庄家之庄坤龙曾担任中坜镇时期第5、6届后寮里里长，以及第1、2、3、4、7届后寮里选区选出之镇民代表，足见其在地方具有一定的影响力。

（8）埔顶陈家：祖籍广东省嘉应州长乐县，开台祖第十四世陈登青于康熙年间渡海来台，先居于台北海山地区，后长子陈振韶迁居到中坜埔顶一带拓垦，开辟田园百余甲。中坜镇时期第1—8届仁美里里长，以及中坜市时期第1—8届仁美里里长，皆由陈家人担任，新分出的仁福里第9、10届里长亦由陈家人担任。⑤

（9）石头曾家：祖籍广东省嘉应州蕉岭县。开台祖第十九世曾秀开于嘉庆八年（1803）来台开垦，先落脚于龟山地区，后裔再迁往平镇发展，日据初期，再有后裔来到中坜石头地区发展。石头里仅有中坜市第10届里长非由曾家人担任，其他包括中坜镇时期第1、2届里长，由第二十三世曾安祥担任；中坜镇时期第3—8届，以及中坜市时期第1—5届里长，由曾安祥之弟曾安勋担任；中坜市时期第6—9届，以及第11届里长，由曾安勋之孙曾隆瑞担任。⑥

---

① 台湾省桃园县选举委员会：《桃园县选务志》，桃园：台湾省桃园县选举委员会，2000年，第56–60页。
② 许熏风：《桃园县志·氏族篇》，桃园：桃园县政府，1968年，第69–70页。
③ 谢瑞隆等撰：《中坜市发展史》，桃园：中坜市公所，2009年，第382页。
④ 台湾省桃园县选举委员会：《桃园县选务志》，桃园：台湾省桃园县选举委员会，2000年，第56–60页。
⑤ 谢瑞隆等撰：《中坜市发展史》，桃园：中坜市公所，2009年，第377–378页。
⑥ 谢瑞隆等撰：《中坜市发展史》，桃园：中坜市公所，2009年，第377页。

结语

本章通过张萁芝家谱、古文书和地方志等相关文献，初步地重构并了解张萁芝家族奠基和发展的过程。从家族的地缘关系，以及亲属、宗亲等人际关系的呈现，展现张萁芝家族与中坜市的政治发展。现阶段仅止于相关文献的阅读与整理，其后将继续进行家族口述史的访谈，欲借后代子孙个人生命史，以及相关问题的提问，着重了解家族在不同时序环境的发展过程中，如何以土地开垦、商业投资和政治参与，作为家族累积的基础，再进一步通过不同形式的传承与转化，发展家族特殊的"资本"力量。期希日后通过多系子孙的谈话也能凝聚出家族中几位较关键人物的形象，以及延展出与家族中不同支系后裔的互动关系，并对现阶段的家族事务参与成员有较明确的了解。借此探究家族所继承的特性，以及在过去及现在展现出哪些重要的特点。

本章以张萁芝家族为例，提出"客家宗亲型地方派系"一词，笔者认为由于客家人人数上处于劣势，因此，唯有通过团结一致，才能够确保自身的政治利益，并列举中坜市 9 个"客家宗亲型地方派系"之家族。尔后，笔者将把范围扩大至桃园县、新竹县、苗栗县三大客家县市之客家籍政治人物，了解其是否也是倚赖宗亲统系、宗亲的政治动员，成为"客家宗亲型地方派系"。另外，桃园县在 2013 年 12 月 25 日正式改制为直辖市，在升格后，宗亲影响力的强弱，地方派系是否走向式微，则是笔者认为值得观察与研究之方向。

台湾南部六堆地区客家移民源流初探

曾纯纯

　　来自于大陆闽粤二省的闽南、客家方言群移民，大约自康熙三十年（1691）以后，陆续进垦屏东平原。至康熙末年，闽南方言系占垦的地区，主要分布在下淡水溪沿岸与西南沿海一带，即北起阿里港，南到东港，并沿着海岸平原南下直达枋寮，形成闽南村落的散布地带；而客家方言群则从万丹沿着麟洛溪（隘寮溪的旧河道）和东港溪向上游及两岸发展，而形成闽南和客家各据屏东平原东西两侧的方言群分布特征。①

　　根据日本殖民当局在日本昭和元年（1926）对台湾汉族人口祖籍地的调查，当年高雄州在籍汉人489 700人，其中祖籍地为福建省者387 100人，占人口总数的79%；祖籍地为广东省者92 000人，占人口总数的18.8%。在高雄州各郡里，广东省移民较集中的美浓、杉林、长兴、高树、六龟、万峦、内埔、竹田、新埤、佳冬等庄，其中闽、粤两省籍计94 300人，占人口总数的98.4%，福建省移民里属客家话区的汀州府籍，仅占0.4%；广东省移民中，嘉应州占71.9%，潮州府占5%，惠州府占0.4%。② 由此可见，台湾南部的客家主要来源于广东东北的嘉应州（如表1）。

---

　　① 施添福：《国家与地域社会：以清代台湾屏东平原为例》，见詹素娟、潘英海主编：《平埔族群与台湾历史文化论文集》，台北："中央研究院"台湾史研究所筹备处，2001年，第35页。
　　② 台湾总督官房调查课编：《台湾在籍汉民族乡贯别调查》，台北：《台湾时报》发行所，1928年，第24－27页。

表1　高雄州各郡广东省移民较集中之街庄统计表（1926）

单位：百人

高雄州	街、庄及区	福建省							广东省			其他	合计
		泉州府	漳州府	汀州府	龙岩州	福州府	兴化府	永春州	潮州府	嘉应州	惠州府		
旗山郡	美浓庄		2						6	171		1	180
	杉林庄	2	1						9	17		3	32
屏东郡	长兴庄		24							96		1	121
	高树庄	14	7				18	3	7	37		9	95
	六龟庄	18	8	4					7	6	4		47
潮州郡	万峦庄	11	6						11	66			94
	内埔庄	6	30							144			180
	竹田庄	16								59			75
	新埤庄								5	35			40
东港郡	佳冬庄	30	2						3	58		1	94
总计		97	80	4			18	3	48	689	4	15	958
占比		10.1	8.4	0.4	0	0	1.9	0.3	5	71.9	0.4	1.6	100

资料来源：台湾总督官房调查课编：《台湾在籍汉民族乡贯别调查》，台北：台湾时报发行所，1928年，第24－27页。

《台湾区姓氏堂号考》一书列举了100个大姓的迁台概况，其粤东各县渡海迁入南台湾六堆的姓氏列于表2，① 从表中可以看出，迁入六堆地区

---

① 《台湾区姓氏堂号考》没有汀州府、永定、武平、连城等地移垦六堆地区的记载，闽西只有一笔："来自福建漳州府诏安县，道光年间沈野入垦今屏东内埔。"见杨绪贤编撰：《台湾区姓氏堂号考》，南投：台湾省文献委员会，1997年，第290页；按诏安是闽客交杂地区，无法查证，暂从缺。笔者搜集的族谱，直接自福建永定迁入屏县的有高树许氏与廖氏家族，许郎宗（不详年代）自福建汀州府永定县溪南里四徙里唐各村，葬于盐树庄（今屏东高树），子孙传衍高树各地。佚名：《族谱、族簿》（屏东县高树乡写本），1959年；廖元昌（不详年代）自福建汀州府永定县入垦今屏东高树。佚名：《廖氏家谱》（屏东县高树乡打字印本），1973年；其他来自永定者多系岛内二度移民，如江俊球（不详年代）自福建汀州府永定县高头乡，入垦今台中员林，后裔分传屏东市。见江昆全、江嵘基续编：《江姓族谱》（屏东县屏东市影印写本），1947年；周永德［乾隆四十八年（1783）］自福建汀州府武平县肉菜乡，入垦今苗栗铜锣，后裔分传至屏东麟洛。见刘炎编：《周氏族谱》，基隆：成光出版社，1966年；族谱里，偶见祖先来自"宁化"，但大多是追溯远祖自宁化石壁迁徙自广东的历程，而非从宁化直接渡台。

姓氏以嘉应州梅县、镇平（蕉岭县）居多，长乐、平远各一例，潮州府饶平、惠州府陆丰亦见零星个案，未见兴宁、大埔、丰顺的移民。① 由于早期移民，来自广东而不知府别者，有十余个姓氏家族，当然我们无法排除这些家族来自于兴宁、大埔、丰顺的可能性，但笔者亦搜集屏东县大量的客家族谱，② 亦未见祖籍为平远③、兴宁④、大埔⑤、丰顺等县的直接证据。吴中杰发现，六堆人的"原乡"，集中在梅江的支流石窟河及其附近山区，北起蕉岭县广福，南至梅县的白渡，是为最密集的区域，其次是白渡至松口之间的山区，⑥ 而笔者验证族谱与原乡访查，⑦ 大致如同吴中杰所言，六堆客家人原乡确实以蕉岭县与梅县为主。⑧ 但其区域应是梅江区以东，梅江左岸，包含支流石窟河与松源河上游的蕉岭县与梅县的大部分县境，大量集中在石窟河的白渡、新铺、三圳及兴福这一带，其次是隆文

① 杨绪贤编撰：《台湾区姓氏堂号考》，南投：台湾省文献委员会，1997 年，第 192－365 页。

② 曾纯纯：《从族谱文献的观点分析屏东县闽客族群的婚姻与家庭》，发表于"'行政院国家科学委员会'96 年度补助专题研究计划成果报告"，2007 年。

③ 来自平远县差干乡鹿仔坑牛尾岭的谢氏，谢宰辅（十七世）来屏东满州开垦，传至二十一世谢质君，满州客家人多是屏东县境内二度移民。谢质君：《东山衍派广东平远差干谢氏一家志》（屏东县满州乡写本），1977 年。

④ 来自广东兴宁县新坡乡下新屋的罗氏，罗顺昌传衍今屏东恒春。其家谱始于二十世罗顺昌，止于二十四世，来自兴宁的客家人，并未入垦屏东县其他地区，推估清末时罗氏家族不太可能直接入垦恒春的闽南人优势区，疑似另有开台祖及开基地，或罗家是近两三代因工作等因素，迁居恒春。罗福奎：《广东省兴宁县新坡乡下新屋豫章堂罗氏族簿》（屏东县恒春镇写本），1971 年。

⑤ 来自广东大埔，亦多系岛内二度移民或 1949 年随着国民政府迁台者，如管维建［乾隆六十年（1795）］自广东潮州府大埔县北坑村入垦今台湾东势，后裔移居今屏东潮州。佚名：《管氏族谱》（屏东县潮州镇刊本）。张昌元自广东省大埔县迁台湾神岗下，后裔移居今屏东市。徐秀琴代抄：《张氏世系图》（代拟）（屏东县屏东市写本），1985 年。张志云、张定云兄弟来自广东潮州府大埔县渡台住居莺歌石庄，后裔移居今屏东高树。刘曲池、张世康、张永汉：《张家族谱》（屏东县高树乡写本），1979 年。

⑥ 吴中杰：《高屏六堆地区客家语言和移民源流研究：南、北四县话区的比较》，见《屏东科技大学 98 年度闽客家话言文化研习手册》，屏东：屏东科技大学，2009 年，第 4 页。

⑦ 笔者在 2009 年 6 月 22 日—6 月 27 日带领研究生李芃蓁至广东省梅州市嘉应学院从事学术交流，且至蕉岭、大埔进行传统客家建筑田野调查工作。2012 年 12 月 9 日与曾喜城老师代表屏东宗圣公祠六大户派下到广东梅州市蕉岭县寻根，调查长潭、三圳与新铺等乡镇，其发现"端塘"应为"湍塘"，疑为形近而讹。族谱的资料，参见曾纯纯：《从族谱文献的观点分析屏东县闽客族群的婚姻与家庭》，发表于"'行政院国家科学委员会'96 年度补助专题研究计划成果报告"，2007 年。

⑧ 关于美浓的广东平远与福建汀州移民，有兴趣者参见吴中杰：《高屏六堆地区客家语言和移民源流研究：南、北四县话区的比较》，见《屏东科技大学 98 年度闽客家话言文化研习手册》，屏东：屏东科技大学，2009 年。

水的隆文、松口到松东这一带，新铺、白渡和松口更是六堆移民重要的渡口，沿着石窟河或隆文水、松源河到梅江主流，经大埔县三河坝、高陂，顺着韩江，经潮州市到汕头出海渡台。① 在这个四方形的区域，却未见梅县接近福建山区的桃尧与蕉岭县东北山区南礤与北礤的移民，桃尧镇张氏与黄氏家族早年多迁徙至马来西亚、印度尼西亚，而南礤、北礤为山区，本来就地广人稀，其人口压力或消息传布未若平地（如表3）。② 周雪香认为粤东移民在向海外迁移过程中，同乡同族的相互牵引表现相当明显，使得同一家族、同一地域外迁人口在迁入地相对集中分布。③ 而来自粤东文福乡白泥湖的邱屋、徐溪龟形与旗形的钟屋、白渡堡江南户的钟屋、文居乡黄田头的徐屋、石扇堡的冯屋、白马乡桂岭陂角的赖屋，迁入南台湾下淡水流域后，也存在显著的同姓聚落，如长治的邱氏、美浓与内埔的钟氏、麟洛的徐氏与冯氏，佳冬的戴氏与赖氏，形成同籍及同姓聚落。④ 每个文化都存留着母文化的古风，这使得调查蕉岭、梅县祖籍地的民宅与祖堂，成为研究六堆客家文化必要的条件。

---

① 1924年，竹田乡绅曾勤华返回原乡祭祖，搭船到汕头，乘坐潮汕铁路火车到潮州市，晚歇潮州，上溯韩江，经三顿、三河坝到松口夜宿，隔天乘轿从松口出发，经嵩山、云车桥、南山，夜宿九岭，隔天一早乘轿由九岭，经新埔墟、徐乡，约下午四点才到黄坑；返程则从新埔墟码头乘船顺流，经白渡、松口、三河坝、高埤（高陂），转向韩江主流，经潮州市，由汕头出海。曾勤华：《回忆录》（屏东县竹田乡自印本），1978年，第35-48页。

② 由于历史上疆域、政区、地名变化颇大，历代屡有改易，且原乡小地名，多是后人追溯补述，有音近而讹的现象，如"兴福"误为"新复"，"陂角"误为"埤角"等，更有蕉岭、梅县分不清的状况，大量的族谱或家族史料，只注记原乡为"嘉应州"，笔者仅在吴中杰的基础上再做校正补充，此有待后续的研究，况且以吴中杰与笔者的经验，到蕉岭、梅县一带经由细致的田野工作，确实能找到六堆客家人来到台湾之前的祖居地，再采用地理信息系统（GIS）定位，古今对照更为精确，以科学方式制作更精准的分布地图。

③ 周雪香：《明清闽粤边客家地区人口向外流动的内部差异》，《中国社会经济史研究》，2007年第2期，第44-45页。

④ 潘英：《台湾人的祖籍与姓氏分布》，台北：台原出版社，1993年，第84、92、95、136、165、219页。陈其南指出，台湾汉人的移民，同一宗族的成员往往集中分布在一个乡镇或基本市集区，并认为台湾汉人社会有强烈的祖籍分类意识，同一祖籍群的移民也会有集中分布的趋势。陈其南：《台湾的传统中国社会》，台北：允晨文化实业股份有限公司，2006年，第108-114页。

表2　《台湾区姓氏堂号考》中祖籍广东迁入六堆地区的姓氏家族

县名	姓氏家族	总数
广东嘉应州镇平县（今蕉岭）	乾隆初叶，李文达入垦今屏东潮州 乾隆中叶，利瓦伊干入垦今屏东内埔；李伯我、李木亦桁入垦今高雄美浓	15
	乾隆中叶，张德贵入垦今屏东长治；张忠辉及张恒标、宏标兄弟等，入垦今屏东佳冬；张信及、张开忠、张开兴、张振琼等，入垦今屏东竹田；张思贤、张志禄、张志杰等，亦先后入垦今竹田；张文秀、张淑秀兄弟，入垦今屏东内埔；张孔传入垦今屏东万峦	
	乾隆中叶，刘云展、刘伟芳先后入垦今屏东万峦	
	乾隆初年，杨朝达、杨朝进、杨焜华、杨钦成入垦今屏东高树 乾隆中叶，杨恭成、杨旭及、杨相梅等入垦今高雄美浓	
	康熙中叶，邱永镐入垦今屏东长治 康熙末叶，邱允若入垦今屏东县 乾隆中叶，邱卓梁入垦今高雄美浓 乾隆末叶，邱福麟、邱崇祥入垦今美浓	
	乾隆末期，曾任洪入垦今高雄美浓 嘉庆年间，曾辉仁入垦今美浓	
	雍正、乾隆年间，赖达霖入垦今屏东高树 乾隆年间，赖达仁、赖达敬、赖达顺兄弟及赖振彬、赖振宏入垦今屏东竹田 乾隆年间，赖振蔡、赖德万、赖盛长、赖栢长、赖茂长、赖彪永等，先后入垦今屏东县（"赖贵贤派下"）	
	康熙末年，钟概芳入垦今美浓 雍正年间，钟舜芳、钟文英、钟万美、钟钦尹入垦今美浓 乾隆年间，钟勤朴入垦今屏东县 乾隆年间，钟北昌入垦今屏东高树；钟北星入垦今高雄杉林；钟秀思，钟荣友，钟学友，钟起秀，钟起云，钟起玉、钟起睦兄弟，钟国扬、钟炳扬兄弟，钟开仁，钟开顺，钟云祯，钟云广等入垦今高雄美浓 嘉庆年间，钟秀清、钟秀传入垦今屏东万峦	
	康熙中叶，徐俊良入垦今屏东麟洛	

（续上表）

县名	姓氏家族	总数
广东嘉应州镇平县（今蕉岭）	雍正年间，戴定传入垦今屏东佳冬 乾隆初、中叶，戴元长、戴礼传、戴瑞延、戴和传、戴凤瑞、戴元贞、戴瑞广等，先后入垦今佳冬；戴缵传入垦今屏东内埔；戴纶传入垦今屏东麟洛 乾隆末叶，至嘉庆年间，戴现瑞、戴宽瑞、戴瑞名入垦今佳冬	
	乾隆初叶，何文明、何云贵父子入垦今高雄美浓 乾隆四十九年（1784），何元濂入垦今屏东内埔	
	乾隆初叶，傅承端入垦今美浓 乾隆中叶，傅子梁入垦今屏东内埔；傅洪珍入垦今高雄杉林 乾隆末叶，傅兴文、傅常遴入垦今美浓 道光年间，傅粤珍入垦今美浓	
	乾隆中叶，温彩文、温彩华、温彩麟兄弟入垦今高雄美浓	
	乾隆中叶，涂元运入垦今屏东内埔；涂云珠、涂闵生入垦今屏东万峦；涂德超入垦今高雄美浓；涂海注入垦屏东 嘉庆年间，涂晖宽、涂晖信、涂晖恭兄弟入垦今高雄六龟	
	乾隆四十九年（1784），黎鸿章入垦今屏东内埔	
广东嘉应州梅县	乾隆年间，黄成恭入垦今屏东万峦、新埤	
	乾隆中叶，李成儒入垦今屏东县	
	康熙年间，吴亮柱入垦今屏东内埔，吴来杞入垦今屏东万峦 乾隆年间，吴毓善、吴伯桂入垦今万峦	
	乾隆、嘉庆之际萧达梅入垦今屏东佳冬；萧开魁入垦今雄美浓 道光年间，萧春梅入垦今佳冬	
	明郑时期，潘文喝入垦今屏东内埔	
	乾隆年间，朱海生、朱敏生、朱宽生兄弟入垦今高雄美浓	
	乾隆末叶，邱宗旦入垦今长治	
	康熙年间，钟凤奎入垦今高雄美浓 雍正年间，钟元普入垦今屏东内埔 乾隆年间，钟成文入垦今万峦五沟；钟宋氏偕子钟壮文，钟立江，钟玑江，钟隆文，钟仕江，钟尚珍，钟宗富，钟宗贵、钟宗和兄弟及钟鹏文等入垦今屏东内埔；钟程崇入垦今屏东高树；钟海鸣、钟子兴入垦今美浓 嘉庆年间，钟奎增入垦今高树；钟科珍入垦今万峦；钟子盛入垦今万峦	

（续上表）

县名	姓氏家族	总数
广东嘉应州梅县	雍正年间，梁华友入垦今屏东高树 乾隆末叶，梁元吉入垦今高树	16
	乾隆元年（1736），宋乃扬入垦今高雄美浓。稍后，宋宗河入垦今美浓 乾隆末叶，宋奕梅入垦今美浓	
	乾隆年间，傅康俊、傅良越、傅良瑞、傅良湖等入垦今美浓	
	乾隆六年（1741），冯维亮入垦今高雄美浓 乾隆中叶，冯连芳入垦今屏东麟洛；冯广汉入垦今美浓 嘉庆年间，冯见宁、冯阿二入垦今麟洛	
	乾隆五年（1740），涂容生入垦今屏东	
	乾隆年间，温明祥率族人入垦今屏东高树，温明扬率族人分别垦居今高树与内埔，温明梧则入垦今内埔① 乾隆中叶，温荣瑗入垦今美浓	
	嘉庆十二年（1807），侯廷财入垦今屏东内埔	
	乾隆初叶，古基耀入垦今高雄美浓，部分后裔移垦屏东长治、麟洛	
广东嘉应州长乐县（今五华）	乾隆中叶，宋永瑚入垦今屏东万峦	1
广东嘉应州平远	乾隆年间，吴克隆、吴克俊、吴克陵、吴克院兄弟入垦今高雄美浓	1
广东潮州府饶平县	乾隆中叶，邱增廷、邱增标兄弟入垦今屏东竹田	1

---

① 杨绪贤编撰：《台湾区姓氏堂号考》，南投：台湾省文献委员会，1997年，第324页。屏东县政府编印：《温氏源流》，主张温明祥、温明扬是"乾隆年间"入垦，依据高树当地碑文记载，较近于史实。至于"温明梧"与"温明格"，不知是同一人或是二人，尚待考证。

（续上表）

县名	姓氏家族	总数
广东惠州府陆丰县	乾隆末年（1795），叶笃秀入垦今屏东内埔	2
	乾隆中叶，范阿月入垦今高雄美浓	
广东不详府别	康熙末叶，李焕挺入垦今屏东县	11
	康熙末叶，谢必凤、谢国纪入垦今屏东县	
	康熙末年（1722），叶运城入垦今屏东县	
	康熙末年（1722），江士灏入垦今屏东县	
	康熙末叶，余魁能入垦今屏东	
	康熙末年（1722），涂巡尚、涂文煊入垦今屏东县	
	康熙末叶，温日操入垦今屏东县	
	康熙末叶，侯观德、侯欲达、侯心富入垦今屏东县	
	康熙六十年（1721），之前范光儒入垦今屏东县	
	康熙末年（1722），韩任贤入垦今屏东县	
	嘉庆八年（1803），卓伯贤居今屏东内埔，参与捐建天后宫	

资料来源：杨绪贤编撰：《台湾区姓氏堂号考》，南投：台湾省文献委员会，1997年，第 177 – 372 页。

表3 六堆姓氏家族来台之前的广东祖籍调查表

县名	乡镇名	原来小地名	迁台地点
蕉岭县	广福镇	荷仔树下	高树南郡杨屋
蕉岭县	广福镇	曹田村	竹田头仑钟屋（来台祖钟馥亭）
蕉岭县	文福镇	白泥湖（白泥湖榕树下）	长治长兴庄邱屋、邱氏永镐祠（来台祖邱永镐） 内埔新北势邱屋（来台祖邱若洪、邱立攀）
蕉岭县	文福镇	乌土坑	内埔老东势黄屋
蕉岭县	蓝坊镇	峰口村断上	万峦成德林屋（来台祖林绍舜）
蕉岭县	蓝坊镇	高思	竹田王屋

（续上表）

县名	乡镇名	原来小地名	迁台地点
蕉岭县	长潭镇①	白马乡	内埔中心仑曾屋（来台祖曾英超、曾英传、曾英远）
蕉岭县	长潭镇	麻坑户（白马乡麻坑村）	内埔黄屋（约于19世来台）
蕉岭县	长潭镇	西山户（兴福乡西山河坝唇）	内埔茄苳树下、内埔中心仑曾屋（来台祖曾长炳、曾长纯、曾长经、曾长纶、曾长轩、曾长魁、曾长才、曾长信、曾长义、曾长彬、曾维藩、曾维传）
蕉岭县	长潭镇	枫林户（浒竹村）（浒竹坑）	竹田二仑李屋枫林第 内埔老东势、新东势李屋（来台祖李友高、李友悦、李荣光）
蕉岭县	长潭镇	湍塘户（兴福乡湍塘）	麟洛田心、内埔新东势、佳冬昌隆的曾屋（来台祖曾建礼、曾建华、曾建旭）
蕉岭县	长潭镇	文居乡黄田头②	麟洛老田尾徐屋（来台祖徐宏敏）
蕉岭县	蕉城镇	白马乡桂岭陂角（白马乡埤角村）（镇邑坡角村白马乡）（西门外牌白马乡）	佳冬下埔头赖屋、赖氏祠堂（来台祖赖以俸）、佳冬万建、新埤建功赖屋（来台祖赖以轩）、佳冬本庄与六根赖屋（来台祖赖开达）、佳冬玉光赖屋（来台祖赖君奏）、新埤建功赖屋（来台祖赖彪永、赖盛长、赖柏长、赖茂长） 竹田二仑庄、内埔老东势赖屋（来台祖赖魁芹、赖魁凤、赖魁凰） 高树长荣赖屋（来台祖赖泰华）
蕉岭县	蕉城镇	燕矶山	麟洛徐屋

---

① 兴福乡2004年并到长潭镇。此处行政区域一再划分合并，像笔者的祖居地曾氏西山户来自兴福乡西山河坝唇，2012年12月确认为长潭镇堑垣村西山曾屋，还有如曾氏的南山户原为金沙乡，黄坑户为徐溪乡，蓼陂户为蓼陂乡，现均隶属于新铺镇。特别是祖居地究竟在蕉城镇，亦是长潭镇不易区分，但六堆客家人多来自于原名兴福乡的邻近区域，沿着石窟河上游的长潭河两岸，麻坑、陂角、寨背、乐叟在右岸，西山、浒竹、神岗（湍塘）在左岸。

② 麟洛乡老田尾徐先生表示，文居乡在兴福乡一带（访问日期：2012年10月13日）。但一说在蕉城镇，有待求证。

（续上表）

县名	乡镇名	原来小地名	迁台地点
蕉岭县	蕉城镇	大杨屋	高树东振杨屋（来台祖杨昆华、杨焕华）
蕉岭县	蕉城镇	寨背	美浓、杉林月眉黄屋
蕉岭县	蕉城镇	小乐村（今名叟乐村）	内埔中心仑利屋（来台祖利复集）
蕉岭县	三圳镇	铁西村	内埔新东势庄钟屋（来台祖钟仕传）
蕉岭县	三圳镇	燕山（半山）	竹田头仑涂屋
蕉岭县	三圳镇	招福顺岭下	美浓龙肚柳树塘钟屋（来台祖钟耀宣）
蕉岭县	三圳镇	顺岭户	竹田头仑李屋（来台祖李日彩、李献忠、李献彩、李献良、李献足）
蕉岭县	三圳镇	招福乡双田村（招福乡礤背村）	佳冬茄苳脚庄罗屋（来台祖罗辉龙、罗昌元、罗昌福、罗昌享、罗辉凤、罗辉桂、罗辉先）
蕉岭县	三圳镇	招福乡双田村（招福乡长塘下）	竹田头仑张屋、张万三祠堂 内埔张氏祠堂
蕉岭县	三圳镇	招福乡田心石坑	竹田二仑赖屋（来台祖赖振彬、赖振宏） 竹田本庄赖屋（来台祖赖先传）
蕉岭县	三圳镇	鸟仔石下	竹田赖屋
蕉岭县	三圳镇	招福洋蛟湖	美浓龙肚钟屋（来台祖钟成章）
蕉岭县	三圳镇	八轮车（招福乡三峻墟枆下，现为九岭村）	万峦五沟水刘屋、刘氏宗祠（来台祖刘云展、刘大我、刘伟芳、刘伟鹏、刘连智、刘声栋）
蕉岭县	三圳镇	九岭户（招福乡九岭）	竹田西势、内埔富田、内埔中心仑的曾屋（来台祖曾绍庆、曾辉俊）
蕉岭县	新铺镇	尖坑	竹田竹南陈屋（来台祖陈庆立）
蕉岭县	新铺镇	蓼陂户（蓼陂乡）（今同福村）	新埤南丰与佳冬丰隆、昌隆的曾屋（来台祖曾绍第、曾国标）

（续上表）

县名	乡镇名	原来小地名	迁台地点
蕉岭县	新铺镇	金沙乡塘福岭（唐福岭）	内埔老北势、竹田和尚林（富田村）陈屋（来台祖陈硕阡）① 内埔新北势陈屋（来台祖陈聪智、陈聪义、陈聪礼三兄弟） 麟洛田心陈屋（来台祖陈芳兰、陈芳炳） 麟洛陈屋（来台祖陈世彩）
蕉岭县	新铺镇	金沙乡大塘面	万峦四沟水庄陈屋（来台祖陈祥台、陈祥春、陈祥华、陈有文、陈有章、陈有展、陈绍传）
蕉岭县	新铺镇	霭岭户（金沙乡霭岭村）	万峦本庄钟屋（来台祖钟九州岛、钟珍玉、钟秀宏、钟成玉、钟干州、钟秀松） 万峦俊先户钟屋（来台祖钟鼎荣、钟九光） 内埔钟屋
蕉岭县	新铺镇	金沙乡	万峦四沟水林屋（来台祖林河太、林桂振、林益柱）
蕉岭县	新铺镇	金沙乡	竹田本庄陈屋（来台祖陈鼎忠）
蕉岭县	新铺镇	金沙乡南山下南山境内	万峦本庄林屋（来台祖林汉泰、林干玉、林有仁） 万峦四沟水林屋
蕉岭县	新铺镇	南山户（金沙乡中南山）	新埤本庄、新埤南丰、竹田二仑的曾屋（来台祖曾宁扬、曾敏、曾达、曾伟、曾方俅、曾鼎）
蕉岭县	新铺镇	黄坑户（徐溪乡黄坑）	内埔老北势、竹田西势的曾屋（来台祖曾良辉及其曾子嵩）
蕉岭县	新铺镇	徐溪	内埔老北势庄钟屋（来台祖钟绍星） 内埔中心仑庄（来台祖钟琦星）
蕉岭县	新铺镇	徐溪乡旗形老屋（徐溪户）	里港武洛钟屋（来台祖钟起秀、钟起云） 佳冬钟屋（来台祖钟起宝） 高树钟屋（来台祖钟起昌） 美浓龙肚钟屋（来台祖钟登芳、钟近芳、钟概芳）

---

① 族谱写的祖籍为"蕉岭县金丰乡福岭村"。佚名：《陈氏大宗族谱》，屏东县影印铅印。

（续上表）

县名	乡镇名	原来小地名	迁台地点
蕉岭县	新铺镇	徐溪乡龟形	佳冬丰隆钟屋（来台祖钟仕文） 美浓龙肚钟屋（来台祖钟文英）
蕉岭县	新铺镇	徐溪乡	竹田头仑、车城张屋（来台祖张尚发）
蕉岭县	新铺镇	徐溪乡东坑尾	内埔罗经圈吴屋（来台祖吴方燕）
梅县	松源镇		高树、内埔的温屋（来台祖温明祥、温明扬、温明梧）
梅县	隆文镇	松口龙牙	美浓埤头下李屋
梅县	隆文镇	石窟都龙牙乡	佳冬茄苳脚庄萧家（来台祖萧达梅、萧春梅、萧菊梅）
梅县	松东乡	松口堡月光炭下	高树本庄温家、温氏宗祠（温慕春创建）
梅县	松口镇	云车乡红石壁	万峦万和李屋、李氏祠堂（来台祖李北树、李北登、李北魁、李北纶）
梅县	松口镇		万峦黄屋（来台祖黄成恭）
梅县	松口镇	云车乡塔仔下	万峦庄、顿物潭庄李屋（来台祖李青敏）
梅县	松口镇	松口鹿鸣湖	万峦万全李屋（来台祖李泉荣）
梅县	松口镇	松口白渡泉	高树本庄梁屋（来台祖梁华友）
梅县	松口镇	松口山口乡枧头	高树梁屋（来台祖梁益永）
梅县	丙村镇	丙村下街东洲圳溪唇	竹田二仑庄李屋（来台祖李华忠）
梅县	白渡镇	嵩山堡岭下	高树大路关钟屋（来台祖钟程崇、钟奎增） 高树长荣钟屋（来台祖钟兴官）
梅县	白渡镇	岭背户（凤岭、凤岭乡）	高树东振刘屋、刘氏宗祠（来台祖刘孔亮、刘从隆） 内埔东宁刘氏祠堂 内埔和兴刘屋
梅县	白渡镇	白渡堡长田尾上村	内埔刘屋（来台祖刘家台）
梅县	白渡镇	大半步（莲塘大溪）（大溪白渡村）	内埔中心仑谢屋、谢氏宗祠（来台祖谢九礼、谢作玉、谢得龙）

（续上表）

县名	乡镇名	原来小地名	迁台地点
梅县	白渡镇	江南户（白渡堡江南村）（白渡乡江南村高楠竹下）	内埔崇文巷钟姓江南户祖祠（来台祖钟元普、钟元昌、钟元湖、钟元秀、钟隆文、钟鹏文、钟立江、钟玑江、钟球江、钟扬江、钟纶江、钟焕江、钟彩江、钟耀江、钟仕江、钟成江、钟炳奎、钟超珍、钟尚珍、钟任珍） 内埔新北势庄钟屋（来台祖钟宗富、钟宗贵、钟宗和三兄弟） 内埔东势钟屋（来台祖钟宗安） 万峦万和、鹿寮钟屋（来台祖钟秀传） 万峦五沟水钟屋（来台祖钟成文、钟宗宙） 万峦四沟水（来台祖钟科珍） 万峦本庄钟屋（来台祖钟万成、钟宗德） 高雄美浓钟屋（来台祖钟元拱）
梅县	白渡镇	南山户①（白渡堡莲塘岗）	内埔本庄钟屋（来台祖钟登广） 美浓、杉林新庄的钟屋（来台祖钟子兴、钟子珍、钟子盛、钟子瑞）
梅县	白渡镇	西岭户（西山岭下武威堂）	内埔下埌朸林廖屋（来台祖廖兴仲、廖勋振、廖勋相、廖勋标、廖展相、廖昌顺、廖昌拔） 内埔塘肚廖屋（来台祖廖展荣、廖展纶及廖开庆） 高树菜寮廖屋（来台祖廖勋纪）
梅县	白渡镇	由坑白渡	内埔宋屋（来台祖宋庆造）
梅县	白渡镇	白渡堡	美浓下庄宋屋、宋家宗祠
梅县	白渡镇	白渡堡南华霸布兴窝	美浓曾家祠堂
梅县	石扇镇	石扇堡湖下	麟洛径仔冯屋（来台祖冯天香）
梅县	石扇镇	三坑村	美浓九芎林冯屋（来台祖冯德棋）
梅县	石扇镇	石扇保厝庄塘背	内埔东片新庄李屋（来台祖李成儒）

---

① 所谓"户"为蕉梅等县村落之名称，有数户同一始祖者。但此处的南山户，是白渡堡开基祖钟念八郎，号南山。

（续上表）

县名	乡镇名	原来小地名	迁台地点
梅江区	东郊	东厢堡石子岭三乡寨凹上张屋	新埠本庄与打铁张屋（来台祖张日声、张日梅、张日招）
梅江区	东郊	东厢堡三坑百子岗	万峦本庄熊屋（来台祖熊开云）

资料来源：吴中杰：《高屏六堆地区客家语言和移民源流研究：南、北四县话区的比较》，见《屏东科技大学98年度闽客家话言文化研习手册》，屏东：屏东科技大学，2009年，第8-9页；笔者再依族谱资料与广东田野调查订正整理。

清代台湾六堆垦殖与家族源流

吴炀和

前言

清康熙二十二年（1683），施琅领军打败郑克塽军队，来年清政府于台湾设一府（台湾府）三县（台湾、诸罗、凤山）。根据钟壬寿说法，康熙二十八年（1689），清军续遣部队，有一部分来自蕉岭、梅县的客家士兵，由安平登陆，后屯田于台南东门，再转到阿公店（今高雄市冈山）。康熙三十一年（1692）解队后，被政府安置在滥滥庄①垦荒；并从潮州一带上溯五魁寮溪，发现今竹田、万峦、内埔一带丛林；上溯麟洛河，发现麟洛、长治林地；上溯隘寮溪发现高树乡大路关、里港乡武洛村；由五魁寮溪下游上溯北岸河（今已湮灭）发现佳冬、新埤地区；移民积极开垦，不出三十年，便将六堆所属百余庄分别结成村落。② 日本人伊能嘉矩《台湾文化志》则以为：广东镇平、平远、兴宁、长乐各县人民，于康熙二十五年（1686）、二十六年（1687）间来台，因府城附近田园已为闽人占垦，故于东门外种菜维生。后发现下淡水溪（高屏溪）以东地区，尚有未拓垦的荒地，乃相率移居，协力开垦。③ 后者观点中的时间点对于客家人移垦下淡水地区的时间稍有差异，但康熙中叶后，客家人大量移垦六堆地区则

---

① "滥滥庄"位于今屏东县万丹乡四维村，多数人相信六堆垦殖始于此。
② 钟壬寿：《六堆客家乡土志》，屏东：常青出版社，1973年，第70页。
③ 伊能嘉矩：《台湾文化志》（下卷），台北：南天书局，1994年，第142页。

是不争事实。① 经过数十年开垦，客家人已经在下淡水溪东岸形成众多客家聚落，也逐步形成一个稳定壮大的族群组织。

开垦的构成模式与组成，也决定六堆地区的整体环境组织的建构模式，康熙中叶前，客家人来台移垦，多采取如候鸟般短暂性移垦模式，蓝鼎元《鹿洲文集》中叙述：②

> 广东惠、潮人民在台种地佣工，谓之"客子"，所居庄曰"客庄"；人众不下数十万，皆无妻孥，时闻强悍。然其志在力田谋生，不敢稍萌异念。往往渡禁稍宽，皆于岁终卖谷，还粤置产赡家；春初又复来台，岁以为常。

说明康熙年间来台客家人中，有许多是以作佣佃维生的客籍佣工，属于社会的中下阶层，加上春来秋去的短暂移动，以佣佃经济为出发点的移垦，因此客家人初期在六堆的开垦，因其组织构成的流动性所带来的不稳定特征，故开发初期应无法建立完整稳定的社会结构。

康熙末年，来台移垦的客家人日增，加上清廷渡台禁令日严，"春来秋去"的佣佃耕垦事业受到层层限制，故六堆客家人的农业生产方式逐渐转换为定居式的拓垦；"台湾钱淹脚目"快速致富的渴望，使客家移民的拓垦方式由季节性的移垦逐渐进入组织化的经营形态。由林正慧的研究可见：③

> 康熙末年，有客家移民在原乡组织祭祀公业，交由派下族人渡台购地垦殖，后来随着客家人在台地的滋繁，乃渐有台地组织的祭祀团体及各类神明会产生。

原乡集资来台购地开垦的模式，奠定六堆发展的基础，以宗族为主的集体力量，也提供发展各项社会事业必要的经济支持力量。

康熙六十年（1721），因朱一贵之乱，屏东地区的客家聚落组成六堆参与平乱，朱一贵之乱让分布在下淡水溪流域一带的客家人，整合成以家

---

① 有关清初客家人移垦台湾下淡水地区开发过程，可参阅林正慧：《六堆客家与清代屏东平原》，台北：远流出版事业股份有限公司，2008年。
② 蓝鼎元：《治台必告录》，台北：台湾银行经济研究室，1959年，第45页。
③ 关于客家人移垦六堆的过程，可参阅林正慧：《清代客家人之拓垦屏东平原与六堆客庄之演变》，台湾大学硕士学位论文，1997年。

族、同乡为主的垦殖单位，及以民系为组成原则的自卫自治团体。钟壬寿云：①

朱一贵之乱时，为着自卫，组织六堆，推举六堆大总理及各堆正副总理，具是众望所归之士。各堆总副理，由各姓族长共同推举，组织地方，按田甲征收经费、对外防卫、对内驱逐宵小及其他不良分子，保持地方安宁。各项决策，多与各姓族长商酌后推行。

说明朱一贵之乱前，客家人已以家族血缘为基础，在六堆地区建立许多移垦团体，故乱事发生的时候，才能基于共同的族群关系，如臂使指般迅速地建立六堆自卫组织，弥补了清政府统治力、防卫力的不足。

朱一贵之乱后，乾隆元年（1736）是弥浓（美浓）地区开发之始，里港武洛庄林丰山兄弟率十六姓人于灵山下结庐开垦；另一支武洛移民沿隘寮溪北上，建大路关庄（今高树乡广福村）。此后随着客家人在南部地区的开垦，六堆所对应的领域也陆续趋向明确。②

六堆地区清代属于凤山县管辖，凤山县下淡水溪以南，以东港溪（上游为五魁寮溪、万峦河）为界，东边分为港东上、中、下里。今万峦一带属于港东上里；今新埤、佳冬一带属港东下里。西边分为港西上、中、下里。今麟洛、长治一带为港西中里；今内埔、竹田一带为港西下里，是为"六堆"。③

一、高树、美浓地区（右堆）的开发与家族

"美浓地区"包含今日美浓区全部及周边六龟区、杉林区、旗山镇等地的客家村落。清代本地区属凤山县港西上里区域，属于六堆中的右堆，位于六堆客家领域的北方，属较晚开发地区。开发始于乾隆元年（1736），在月光山下、双峰山下，弥浓河北岸，竹子门溪、羌子寮溪会合处附近建立聚落。④ 乾隆元年，右堆统领林桂山、林丰山兄弟鉴于原垦居的武洛庄，位于河床浮覆平原，屡遭水患，环境威胁甚大，加上雍正十年（1732）吴福生之乱，义军出堆平乱，乱平后造成闽客聚落对立，且被闽南聚落包围

① 钟壬寿：《六堆客家乡土志》，屏东：常青出版社，1973年，第77页。
② 有关"六堆"从一个民团组织逐渐对应到客家人生存空间的演进过程，可参阅施雅轩《是组织？还是区域？一个六堆聚落体系建构的反思》，发表于"'国立交通大学'客家文化学院第二届台湾客家研究国际研讨会"，2007年。
③ 钟壬寿：《六堆客家乡土志》，屏东：常青出版社，1973年，第76页。
④ 徐正光：《美浓镇志》（上册），高雄：美浓镇公所，1996年，第35－39页。

孤立，乃于乾隆元年率领庄民入垦灵山、双峰山、月光山下，并在灵山下建"弥浓庄开基伯公"①，是为美浓开发之始。

　　尔后，乾隆二年（1737），镇平县涂百清率领同乡开拓龙肚庄。乾隆三年（1738），刘玉衡率领刘、何、黄、章、李、林、古、杨、吴姓人士150余人开垦九芎林竹头角（今广兴村）。同年原居武洛的邱、杨、梁、赖等十八姓人至船斗庄东振租馆垦拓开发东振新庄（今高树乡东振村）。

　　龙肚地区包括今龙肚、龙山、狮山里，地形是一个峡谷盆地地形，东边茶顶山，南北走向，南端至荖浓溪畔，称为狮山（又称象山、龟山），西边龙山（又称横山、蛇山），地势东北高、西南低。今竹子门溪穿过龙山之处，人称"龙阙"，原两边山岭相连，东边、北边流水汇集于此形成深潭，造成向南交通阻碍及田地泡水之害，于是先民设法截断龙山，使水向西宣泄，免除水患，并在龙阙出口处设置"里社真官"，神座面向龙肚庄，以保佑村庄。②

　　六龟区新威村位于荖浓溪河谷平原，西隔茶顶山脉与美浓区相接。乾隆五年（1740），原进入弥浓、龙肚地区的客家人越过茶顶山脉南端入垦今六龟区新寮村建立新寮庄。另一批来自长治乡邱姓族人，渡过荖浓溪，入垦荖浓溪西侧平原建立新威庄。③

　　乾隆十三年（1748），李九礼、刘达峰等人垦拓吉洋庄（中坛），后在中坛东侧建一小庄"上竹围"。因刘姓家族人较多遂创设"会屋"成立宗族组织，创立"刘开七尝"的祭祀公业，回大陆原乡劝募资金及族众在此发展。同治元年（1862），刘芹贵带族人入垦"金瓜寮"，刘氏宗族在中坛与金瓜寮间人口众多，因此有"刘半庄"之称，刘氏宗族势力庞大。④

　　如此以美浓地区为核心，尔后陆续发展到杉林、六龟、甲仙等地。⑤有一部分客家人翻过弥浓山，进入今杉林区领域开垦，建立客家聚落。杉林区位于美浓区北方，现有月美、月眉、上平、新庄四个客籍村落，分布在楠仔仙溪及美月光山、蛇头山等山脉下。⑥

①　现今"弥浓庄开基伯公"尚存林丰山兄弟署名的碑文。
②　徐正光：《美浓镇志》（上册），高雄：美浓镇公所，1996年，第48－51页。
③　新威劝善堂：《择善新篇》，高雄：新威劝善堂，1930年，第78页。
④　徐正光：《美浓镇志》（上册），高雄：美浓镇公所，1996年，第49－58页。
⑤　徐正光：《美浓镇志》（上册），高雄：美浓镇公所，1996年，第74－75页。有关美浓地区的开发，亦可参考曾彩金总编纂：《六堆客家社会文化发展与变迁之研究：历史源流篇》，屏东：财团法人六堆文化教育基金会，2001年。
⑥　杉林乡志编纂委员会：《杉林乡志》，高雄：杉林乡公所，1984年，第19页。

二、长治、麟洛（前堆）的开发与家族

麟洛、长治属于六堆中的"前堆"，长治乡 16 个行政村有 11 个客家村；麟洛乡 7 个村全是以客家为主体的客家村。长治地区开发始于康熙三十六年（1697），镇平县（蕉岭）人邱永镐来台，康熙三十八年（1699），其向阿猴社购买土地，并返原乡招募乡人来台开垦，以"长兴庄"为中心，分成十三处开垦，并寻找隘寮溪水源开圳灌溉，开垦水田 700 余甲（1 甲等于 0.969 917 公顷）。麟洛地区开发始于康熙四十五年（1706），镇平人徐俊良与柯、翁两姓人士合资向阿猴社购买土地，并返原乡招募乡人来台开垦。① 两地在清末属于凤山县港西中里的一部分，日据时期属于"高雄州屏东郡长兴庄"，1951 年麟洛乡自长治乡析出，独立成乡，麟洛乡位于长治乡南方。

康熙三十八年（1699），广东省镇平县（今蕉岭县）白泥湖人邱永镐到下淡水开垦，最后落足今长治乡长兴村。② 其孙邱俊万（字秀，号升斋）早年入学为庠生而补廪拔贡，是邱永镐派下考入科甲之第一人。③ 客家人在六堆地区开垦，设立许多类似土地利用合作社方式的有会份的"祭祀公业"，一称"尝会"，以宗族为核心构成醵资买田耕植，年底分红，收入作为祭祀先祖、恤贫养老、兴办家族教育之用，是六堆地区重要的经济组织。如邱俊万于乾隆二十六年（1761）约同数十人成立文圣会"以崇圣典、以敦友谊"，后称"老孔圣会"；乾隆二十九年（1764）因"熏莸杂进，臭味差池"，故另立一会，乾隆三十三年（1768）已有会员二十余人，称"文圣会"。文圣会每年孟春"会友一举祀事，时以讲道论德，谈古评

---

① 曾彩金总编纂：《六堆客家社会文化发展与变迁之研究：历史源流篇》，屏东：财团法人六堆文化教育基金会，2001 年，第 51 页。

② 邱永镐于康熙三十八年（1699）到下淡水，先到长治香橼树下（今香杨村）落脚，后以"长兴"为中心，分成十三处开拓，寻找隘寮溪水源，开圳灌溉，开垦水田七百甲，乃长治乡最早开拓者与功劳最大者。康熙六十年（1721），朱一贵之乱，邱永镐率子仁山、义山平乱，立功受赏。雍正十年（1732），凤山县吴福生之乱，邱永镐又率六堆平乱有功。四子邱智山，乾隆四年（1739）巡视水路，被原住民杀害。长子邱俊万，乾隆五十一年（1786），林爽文变乱时，在后堆襄助曾中立大总理参谋军务，后授官六品通判。邱家是长治的大家族，家族繁衍迄今。详见曾彩金总编纂：《六堆客家社会文化发展与变迁之研究：人物篇》，屏东：财团法人六堆文化教育基金会，2001 年，第 38 页。

③ 曾彩金总编纂：《六堆客家社会文化发展与变迁之研究：历史源流篇》，屏东：财团法人六堆文化教育基金会，2001 年，第 38 页。

今，一切俗情，羞挂齿颊，亦由是体群不党、周不比之至教云尔"①。《文圣会条约》中详订祭祀日期、与祭规定、会田租谷管理、奖励标准等事项。祭祀设"大成至圣先师孔夫子神位"，复圣颜子、述圣子思、宗圣曾子、亚圣孟子、历代先贤、历代先儒为陪祀。另麟洛邱氏家族最迟于乾隆二十九年（1764）前创设"始二世祖尝"，乾隆年间的规约内容明定奖励家族子弟具进庠者、捐纳者、具例贡、廪贡等身份者，只要到场祭祖均可领取花红银。②邱氏尝会主要以科举功名为奖励目标。对于功名的奖励或正说明家族对于名位的重视，以及通过名位所能取得的对家族的贡献。

长治地区清代文风鼎盛，清代六堆三位进士之一的张维垣即出生于前堆长兴庄，同治六年（1867）中举，同治十年（1871）考取进士，此前张维垣考中秀才后即至苗栗头份开馆教书，考取进士后派任浙江省遂昌县知事等职，告老还乡后仍回头份居住，曾主持修建新埔义民庙，至死未回长兴庄。其兄张维桢于咸丰二年（1852）中举，后代仍留长治乡。③另德协庄人邱鹏云，师事高鸿逵、邱国桢（内埔人，岁贡生）、张维垣、凤山知县凌树荃（举人），光绪元年（1875）福建乡试中举。邱举人育有三子，长子邱钟淋、次子邱钟璜、三子邱钟琪，父子四人均在德协家中设帐授徒。④日据时期，德协庄邱振昌、潭头邱增兴设学堂，任汉学老师。⑤以上均是麟洛长治地区的旺族。

三、内埔、万峦、竹田（后堆、先锋堆、中堆）的开发与家族

内埔、万峦、竹田地区是南部客家六堆较早开发地区，也是六堆的核心区域。内埔乡地处屏东平原中间，清末属于凤山县港西中里及港西下里，本乡现有23个行政村，其中客家村13个。从客家人入垦屏东平原开始，本地一直是屏东客家聚落的政治、文化、商业中心，地位重要。钟姓

---

① 同治二年（1863）抄录邱俊万撰写之《孔夫子会文圣会会序》并未说明孔圣会分裂的原因，但序言后引："此其平居里巷相慕悦谈，握手出肺肝相示，真若可信，一旦贫贱富贵之相形、夙所号为知交者，反目若不相识矣，且挤之又下石焉者，皆是也，此浅薄之风，甚不愿诸友效之。"或可见当初分裂之争议所在。详见临时台湾旧惯调查会：《台湾私法附录参考书》（第二卷：上），台北：南天书局，1995年，第195－196页。

② 利天龙：《屏东县前堆地域的社会空间结构与变迁》，台湾师范大学硕士学位论文，2007年。

③ 临时台湾旧惯调查会：《台湾私法附录参考书》（第二卷：上），台北：南天书局，1995年，第194页。

④ 长治乡公所：《长治乡志》，屏东：长治乡公所，1990年，第235－256页。

⑤ 钟壬寿：《六堆客家乡土志》，屏东：常青出版社，1973年，第169页。

是本地的大家族，钟麟江①（1757—1829）是本地名人，乾隆五十一年（1786），林爽文之乱时任六堆义民副总理，乱平后，钦赐六品职衔。嘉庆二十年（1815），闽人杨茂开垦古令埔（万峦五沟水东北、内埔新埤东、东港溪南、大武山麓一带），粤民恐影响生存，遂由钟麟江纠众焚烧垦地，引发闽粤纷争，后经台湾知府汪楠谕勒石永禁闽粤人士垦殖该地，是其对地方的重要贡献。此外其在族内设憨轩、光裕、日富、亭才等公尝。②另乾隆五十五年（1790），钟姓族人因蕉岭人呈请潮属开粤往台港口，捐赠数十银圆，后事不成，于是商议将十余银圆，交钟麟江生息，钟麟江经营得法，于嘉庆九年（1804）交出母利四百六十二银圆，成立"崇文典"，道光七年（1827），众人商议设花红讲学。③钟氏"崇文典"具体奖励取得功名者，且如同邱氏麟洛"始二世祖尝"。钟麟江对家族及地方公益均有重大贡献。

尝会是本地客家人开垦过程中的重要组织，以公益为主。如乾隆二十六年（1761），何元濂发起组织"文宣王祀典"，以祭孔为名的神明会，号召一百九十二人，每人出资一银圆，购置田产，以其生息推动春秋祭典及"广设粤东义学、延师训导，长育人才"④，是六堆地区推动教育较为明确的记载。内埔《谢申伯公使祖公尝会章程》："本尝会以祭祀祖宗及讲学敬老其它慈善美举为宗旨、振兴本尝会之财产增大并图派下之亲睦。"⑤内埔《钟姓三尝规章》："本尝以行左记事业为目的：一、祭祀憨轩公上下列祖考妣；二、族内育英事业设施补助。"⑥内埔《祭祀公业张化孙公号张家冬至大会大会手册》："本会系祭祀和派下关系人互相福利增进图亲睦融合为宗旨，欲达成前条目的，可以下列事业办理之：一祭祀、敬老、奖学和社

---

① 钟麟江（1757—1829），第五任六堆大总理，在林爽文之乱、蔡牵之乱时，率六堆义民平乱有功，屡受朝廷封赏。淡泊名利，在内埔、五沟水间开垦，曾主持内埔天后宫重修，创设六堆忠义亭基金、醵金设下淡水河义渡会，在宗族内设懿轩、光裕、日富、亭才等公尝会。详见曾庆贞、张添雄编：《屏东县内埔乡人物志》，屏东：屏东县客家联合扶济发展会，2007年，第36–37页。

② 钟壬寿：《六堆客家乡土志》，屏东：常青出版社，1973年，第179页。

③ 临时台湾旧惯调查会：《台湾私法附录参考书》（第一卷：下），台北：南天书局，1995年，第282–284页。

④ 目前在屏东县内埔乡昌黎祠隔壁"观音厅"壁上留有一篇何元濂撰于乾隆四十九年（1784）而于道光八年（1828）重刻的《文宣王祀典引》，说明祀典成立缘由，一百九十二人捐款，每人一银圆，详列乾隆四十一年（1776）至道光八年购置田产详细清册。

⑤《谢申伯公使祖公尝会章程》，转引自刘秀美：《日据时期六堆客家祠堂建筑之研究》，成功大学硕士学位论文，2001年。

⑥《钟姓三尝规章》（重抄本），1954年。

会事业。二认为必要其它事业经营。"① 以清代尝会在六堆地区的经济实力可知，六堆尝会在教育、恤贫、耕植等方面发挥重要的推动功能。

竹田地区清代与内埔同属于港西下里，属于六堆中的"中堆"，西势忠义祠位于此，竹田乡东与内埔乡接邻，南隔东港溪与万峦乡、潮州镇相邻，北以隘寮溪为界，与万丹乡、麟洛乡为界。现竹田乡共有 15 个行政村，其中西势、二仑、美仑、竹田、粜粜、竹南、南势、头仑、履丰、福田、永丰 11 个村为客家村。由万丹乡滥滥庄出来的客家人最早来此垦殖，竹田原名"顿物"，今竹南村开辟为新街，成为交通中心，物资聚集于此，故名之。1920 年改名竹田。早期粜粜庄是米谷出口的河港，也是万峦、内埔、竹田三乡的米谷买卖中心，后因铁公路开通，渐趋没落。李直三（1685—?）是本地名人，曾随大批嘉应州镇平县人渡台开垦，辗转至竹田乡二仑村定居。康熙六十年（1721）朱一贵事件时，其被公推为大总理，平乱有功，清廷任为"千总"，后携眷返回原乡。② 林姓是竹田乡的望族，林建邦（1854—1907），阿猴厅港西下里粜粜庄人（今竹田乡粜粜村），年轻时经营米粮运输、大陆贸易、酿造、碾米等拥有农田一百甲，是本地少见的大富豪。③

万峦乡位于屏东县中部偏北侧，近大武山麓，东接泰武、来义两乡，西以东港溪上游与竹田乡为界，北面内埔乡，南接潮州镇、新埤乡，目前万峦乡共 14 个村落，其中 7 个村落为客家村。万峦于乾隆三十七年（1772）开庄，属六堆中的"先锋堆"，开发之初以温、张两姓为中心开庄，促成其发展的应属林、钟、黄、李四大姓，其中最有成就的是林有仁及派下裔孙。④ 清代万峦开发，林捷昌、林赞昌兄弟居功厥伟，其父林廷进于道光年间来台，初居硫磺村，后迁居万峦。兄弟二人是水利专家，先动员庄民筑水坝取老埤圳水灌溉麻园一带，另筑万峦埤，引水灌溉官仓尾，俗云"开埤作圳见者有份"，万峦因二人兴修水利，渐次繁荣。后凤山曹公圳亦是由其侄辈修筑成功。林姓亦成为万峦地区的大家族。⑤

另万峦乡五沟水刘姓亦为大姓，乾隆五十二年（1787）刘伟芳由广东镇平（今蕉岭）来台定居五沟水，其孙刘清元号海山，于光绪十六年（1890）考取恩贡生，为候选儒学正堂，为培养六堆子弟，创"观海山房"

---

① 《祭祀公业张化孙公号张家冬至大会大会手册》，2000 年。
② 钟壬寿：《六堆客家乡土志》，屏东：常青出版社，1973 年，第 175 – 176 页。
③ 苏全福：《屏东县乡贤传略》，屏东：屏东县立文化中心，1997 年，第 100 页。
④ 钟壬寿：《六堆客家乡土志》，屏东：常青出版社，1973 年，第 215 – 216 页。
⑤ 钟壬寿：《六堆客家乡土志》，屏东：常青出版社，1973 年，第 212 – 213 页。

学堂，长子成金、次子成台均考取贡生，一门三贡生，当时客家子弟莫不以入刘家"观海山房"学堂为荣，时云"不入五沟不入流，不入刘也不入流"。①

四、左堆（新埤、佳冬）的开发与家族

新埤、佳冬属于客家六堆中的"左堆"。新埤、佳冬两乡先民亦由滥滥庄沿当时的"北岸河"南下至今新埤乡南岸村开基，由南岸庄拓展到打铁庄、建功庄、昌隆庄、茄苳脚庄（佳冬）乃至新埤庄等各村庄。② 清代属于港东中里及港东下里（仅下埔头）。

今新埤乡北面潮州镇，西面南州乡、林边乡，东面来义乡，南邻佳冬、枋寮两乡，现有 7 个行政村，其中新埤、建功、打铁、南丰四村为客家村，其余三村客家人零星分布。建功村钟、张、赖、戴四姓为主要姓氏，钟氏来台祖十二世钟行达于乾隆年间自嘉应州镇平县招福乡来台；张氏来台祖十三世张毓贵于乾隆年间自嘉应州来台；赖氏来台祖十八世赖盛长于道光年间自嘉应州镇平县坡角乡马荠湖来台。新埤村主要客家姓氏为张、曾、叶三姓，张氏来台祖为十四世张日声于道光年间自嘉应州镇平县迁台；曾氏来台祖为二十世曾元杞于道光年间自嘉应州镇平县迁台；叶氏先祖于嘉庆年间迁台。打铁村主要姓氏为林、黄、曾三姓，林氏来台祖为二十一世林应标、林庚标，道光年间来台；黄氏来台祖为十五世黄成纪、黄成纲，乾隆年间自嘉应州（程乡）嵩山乡迁台；曾氏来台祖为十八世曾玉长，自嘉应州镇平县迁台。③ 据初步统计，清代新埤乡客籍人士几乎全来自嘉应州镇平县。

佳冬是六堆唯一近海的聚落，西北面为新埤、林边两乡，西南面靠海，东面为枋寮乡；现有 12 个行政村，其中佳冬、六根、赖家、万建、昌隆、丰隆六村为客家村，玉光、石光两村客家人占少数。万建村的主要居民为广东嘉应州镇平县（蕉岭）移民后代，以陈姓占大多数，杨、赖也不少。昌隆村原属凤山八社中的放索社，广东嘉应州客籍移民后代向平埔族或福佬人佃耕土地，自清康熙年间以来，长期由来自广东镇平戴玉麟派下十一世戴昌龙及子孙担任管事，戴家在此是重要家族，此外张、蓝、赖、曾姓客籍人亦不少。赖家村旧名"下埔头"，居民先祖来自广东嘉应州镇

① 钟壬寿：《六堆客家乡土志》，屏东：常青出版社，1973 年，第 218 页。
② 钟壬寿：《六堆客家乡土志》，屏东：常青出版社，1973 年，第 74－75 页。
③ 施添福总编纂：《台湾地名辞书卷四：屏东县》，南投：台湾省文献委员会，2001 年，第619－637 页。

平（蕉岭）、平阳等地，是屏东平原最南边、最靠海的客家聚落，聚落中90%以上的人姓赖，设赖家宗祠，主祀赖氏"广东镇平开基祖——赖贵贤"，并合力组织各种公尝、私尝。佳冬村是本地人口最多的聚落，其中以萧氏家族最有名，萧家来台祖萧达梅于清嘉庆年间到高雄、台南一带；第二代萧清华定居于茄苳脚；第三代萧光明（1841—1911）以"萧协兴"为商号名称在台南、东港、佳冬一带经营贸易，从事碾米及染布生意，经营有成，逐渐成为佳冬地区大家族，今萧家五落大厝，即为其完成。光绪二十一年（1895），日军犯台，自枋寮登陆入侵佳冬，萧光明时任六堆副总理、左堆总理，率众对抗，是为"步月楼"之役。①

结语

清代台湾六堆地区的垦殖，各地区均有主要的家族主导开发过程，然而相较于六堆以外地区，本地以农业为主的开发方式，除佳冬萧光明家族外，较乏靠商业资本积累而取得成就的家族。因农业垦殖而取得成就的大家族，虽历经时代变迁、土地改革、家族财产析分等过程，但亦未让各大家族势力大幅衰败，某种程度上仍能保持过往的家族影响力，此或许与本地以"尝会"为主的开垦经营模式相关。

陈秋坤曾调查六堆地区的尝会组织，其调查成果说明，1910—1920年间，中堆（竹田乡）西势村的田业所有权中，祭祀公业占62%，神明田业占7%；竹田村49%属于祭祀尝业，17%属于神明业田。前堆（麟洛乡、长治乡）麟洛村祭祀尝业约有31%，神明业田占16%；长治乡长兴村的祭祀尝业占本村田园面积56%。后堆（内埔乡）内埔的祭祀尝业占有56%，家族共业则有5%。老北势的祭祀尝业占有57%，家族共业占有7%。新北势祭祀公业占田地面积70%。新东势本村的祭祀尝业占有51%，家族共业占6%。左堆（佳冬乡、新埤乡），佳冬村祭祀尝业只占29%，私有田业却占46%；新埤村祭祀公业占有全村田园面积59%，如果加上家族共业，全村约有62%属于家族公业。②

陈氏之研究虽限于屏东平原的部分客家村落，但从其统计数字亦可看出清代客家聚落中的"尝会"所占田园比例甚高，相对也就有更多经费拨为奖励就学、求取功名、祭祀、婚丧喜庆之用。钟壬寿曾任家族"钟德重公尝"管理人，自述尝会系由族亲醵资买田，廉租佃与派下子孙，收入作

① 施添福总编纂：《台湾地名辞书卷四：屏东县》，南投：台湾省文献委员会，2001年，第533–553页。

② 陈秋坤：《屏东平原客家宗族组织与产权分配》，台北："行政院"客家委员会，2006年。

为祭祖、奖学、分红、婚丧喜庆之用，再有盈余时应再买田，已购之田不得出卖，因祭祀公业只买田不卖田，土地渐趋集中于"尝会"集体组织，因此私人不易成为大地主。① 以此观点来看六堆各大家族的发展，庶几近之。

<hr />

① 钟壬寿：《六堆客家乡土志》，屏东：常青出版社，1973 年，第 268 – 271 页。

尖山：一个客家村落 17—19 世纪的迁台

张小聪　房学嘉

"清代台湾的移民拓荒是闽、粤移民史上的头等大事，同时也是中国移民史上最重要的事件之一。"[1] 故而也成为近年来移民史研究的一个热点，很多相关文章对其进行了讨论与分析，还有一些相关的专著问世，可谓硕果累累。但这些移民史研究大都习惯于以俯视的视角（自上而下），在大历史框架之下考证国家对移民的推动与影响，讲究数据的推算与精确，因此我们看到的往往是粗线条的移民动向与趋势，而忽视了移民中最重要的因素——人的存在，以及人在移民活动中的能动性。

笔者在田野调查的基础上，结合相关的文献，以个案调查的形式、以仰视视角（自下而上）近距离观察一个村落 17—19 世纪的迁台活动及迁台者，及影响该村落外迁的各种因素，以期能观察到在移民活动中除国家政策导向外，地方内在的外迁性。

一、村落的历史

本章的考察点梅林尖山村位于粤东五华县南部，背靠琴江，距梅林镇约 3 公里，是一个单姓村落，姓黄，现有居民 1 530 余人。但尖山的开基祖并不是尖山的黄氏祖先。据报告人黄秀育（69 岁，退休村干部）称，在黄氏祖先到尖山之前，这里已有人居住，并且有很多姓氏，其中主要姓氏是白、杨、周、甘、卓、李、江等。但自从黄氏祖先来到尖山后，其他姓

---

[1]　李祖基：《论清代移民台湾之政策：兼评〈中国移民史〉之"台湾的移民垦殖"》，《历史研究》，2001 年第 3 期，第 156 页。

氏居民不断另迁他处，尖山逐渐变成黄氏宗族的村落。其中各种缘由，笔者现在还不得而知。

据黄锦焕编《黄氏族谱：五华尖山分派》（下文简称《黄氏族谱》）记载，尖山黄氏开基祖为黄福俊。黄福俊在开基后，于明弘治十五年（1502）首次编订黄氏尖山分派族谱，并以曾祖父黄伯五郎为尖山开基一世祖，其本人也就成为尖山四世祖。至于黄福俊来尖山的开基时间，并没有明确的文字记载，不过从现有族谱中保留的"四世祖总叙抄录族谱"一文所载"予行年四十，始谋产业，稍稍有余，爰置尖山宅场"及黄福俊1502年编修的尖山族谱来看，开基的时间应该不会晚于1502年。

自黄福俊在尖山开基后，黄氏宗族在前几世发展并不快，至第七世时，上谱男丁才7人。至第九世时，发展才快了起来，新上谱男丁已超过20人，第十世上谱男丁则超过30人。到现在的尖山村已经发展到了第二十三世。村里辈分最高的则是第十七世，当然这只是个别现象。但与此同时，再迁徙的活动从第八世便开始了。

二、影响外迁的内在因素

（一）风水与"移乡富贵"的祖训

风水与"移乡富贵"的祖训是笔者二赴尖山，从村中的老人们口中得知的。据说以前尖山的老祠堂里还有"移乡富贵"的木匾，可惜祠堂已经重建，木匾也早已不知下落。

尖山黄氏的开基祖黄福俊的三代以前曾居住在程乡（今梅县），由曾祖父黄伯五郎从程乡迁往长乐（今五华）洑溪都横流约坡下（应该是"陂下"）居住。黄福俊在40岁左右才在尖山置"宅场"开基。无论是过去还是现在，风水观念一直在粤东地区盛行。据族谱记载，黄福俊在尖山开基的时候还有一段风水来历：

> 公仪容魁伟，内蕴奇才，外昭宽厚，年方少时有一相师赞曰：此人有厚福，必为大创业之祖也。及长，慨然念怀亮公以来，居止扉定。及邀地师日久观形势、相阴阳，遂以尖山居后将原住建为祖祠一座，艮山坤向兼丑未三分癸丑癸未分金斗宿六度，号曰：白象卷湖形，又偈：水裹莲花形，系回龙顾祖，右边大河逆局，下有横石居水口，上有尖山作文峰。[1]

---

[1] 黄锦焕编：《黄氏族谱：五华尖山分派》，作者自印，2001 年。

据说黄福俊在尖山开基后，得到另一位地理师的点拨，顿觉尖山不是富贵之地。原来站在尖山祖堂门前远望，在尖山和另一个山丘群之间有一个地势较低的洞口，而与这个洞口相连的便是尖山背面的琴江。尖山的风水气运是留不住的，有一点便要流入江湖。因此，黄福俊在世时便立下了"移乡富贵"的祖训，要求子孙应到他乡谋生创业，并做了一个牌匾挂在祖堂里告诫子孙。令人诧异的是，时至今日的尖山村仍是五华县的一个贫困村，村里人收入的主要来源是靠外出务工。不知这是不是也应了"移乡富贵"的祖训。

（二）人口与土地：对"生齿日繁"的误读

在以往的移民研究中，诸多学者把"生齿日繁"和进一步引起的人地关系紧张作为移民的一个重要原因来加以论述。笔者在未到尖山调查之前也有这样的先入之见。因为笔者在翻阅《黄南球》①一书时曾见到这样的论述：

> 长乐人口，在清代乾隆、嘉庆（1736—1820）时，已高达二十余万人。当地虽然稻可三收，蔬果丰饶，但是由于山多田少，地狭人稠，所以谋生日渐困难。由（尖山黄氏）族谱记载可知，这个家族，从八世以后外移四川、台湾和南洋者，便开始逐渐增多。

在该书的著者看来，"山多田少""地狭人稠"无疑是尖山乃至长乐（今五华）向外移民的主要原因。著者的主要依据便是温训纂的《长乐县志》。该志书并没有此种讲法，是著者根据志书卷一"舆图"、卷四"舆地略"及卷六"经政略"中的相关记载推导出来的。有些还有断章取义之嫌。当然，笔者无意对该志书的这些史料进行重新解读，只想就尖山的调查及结合其他相关史料来说明尖山当时人口与土地的关系到底是怎样的。

据温训《长乐县志》载："明以前，山谷深杳之地，烟户尚少。清朝承平日久，生齿日繁，风气已大变。"②毋庸置疑，清初特别是"康熙五十年定为常额，续生人丁永不加赋"以后，人口增长加快，"生齿日繁"。当然，人口增加有一个相对速度与绝对数字的区别。笔者在当地调查了解

---

① 黄卓权：《跨时代的台湾货殖家：黄南球先生年谱（1840—1919）》，台北："中央图书馆"台湾分馆藏，2004 年。下文简称《黄南球》。

② 温训：《长乐县志》，见《中国地方志集成·广东府县志辑》，上海：上海书店出版社，2003 年，第 219 页。

时，报告人黄秀育称尖山自黄氏开基，至雍、乾时期不过百余人，至1949年前，人口才不过280余人。为证实这一说法的正确，笔者还询问了其他报告人，特别是94岁高龄但身体良好的黄少怀老先生（十七世，退休教师）。据他称，1949年前尖山人口在300人左右，更早以前（清代）最多100多人。这大概也是能找到的关于一个村庄100多年最准确的人口数了。

除了绝对数量外，要理解人、地之间的关系，还要看人均占地面积。尖山的确是如《黄南球》一书所说，属于典型的"山多田少"，笔者在当地调查时深有体会。但"多"与"少"毕竟是个相对且模糊的概念。田少到底是少到什么程度，是不是严重到了影响生计等，这无疑还需要用具体的数据加以说明。据尖山村村委会提供的数据，尖山村目前有水（旱）田共609亩，其中100余亩是1949年后新垦山田，是由于那时在山顶上新修了三个水库可以灌溉的缘故。也就是说1949年前有水（旱）田500余亩。在水利条件没有从根本上改进的情况下，这应该就是尖山自黄福俊置宅场以来的田地数目。在没有外姓的情况下，黄氏宗族内成员占有的田地数量差距不会很大。按1949年前300人计，人均约合1.7亩，按雍、乾时期100人计，人均则有5亩，而按清代最多200人计，人均也有2.5亩。以上推估虽不一定精确，但从这些数据上来看，尖山的移民自然不能简单地用"山多田少""地狭人稠"来解释。实际上，笔者在当地调查时，还从报告人黄秀育口中了解到，以前的祖堂很早就成为一个私塾，主要是方便黄氏族人的子孙读书，也有外姓人来这里读，因此尖山的黄氏族人大多都有些文化，真正从事垦种的人不多，更多人是从事手工业或其他副业，而把田地租给外姓人耕种，坐收 租谷"。

（三）天灾与地势

笔者翻阅《黄氏族谱》时，在黄人玉（十三世）支派族谱序文中发现有两首移民时期的渡台歌谣，其中除了讲到渡台初期创业艰难外，也间接反映了原乡的状况及渡台的原因，现抄录如下：

说唐山，讲唐山，唐山本来好万般，只因天灾年年来；为着吃，为着穿，渡海拼命到台湾；到台湾，开田过溪爬大山；喝冷粥，吃冷饭，做牛做马不怨难；勤勤俭俭为谁人，为着子孙好，代代得平安。

唱起唐山谣，眼泪就像大雨滂，唐山过台湾，血汗粒粒像饭丸。①

---

① 黄锦焕编：《黄氏族谱：五华尖山分派》，作者自印，2001年。

歌谣里面讲到的"唐山"是泛指大陆，但放在《黄氏族谱》中就应指梅林尖山。因为黄人玉是从尖山迁台的，他把这首歌谣放在族谱序言中告诫子孙后代，无疑说明歌谣中的境况他也是经历过的。如果原乡果如歌谣所讲"唐山本来好万般，只因天灾年年来"，那么说明"天灾"对渡台移民影响重大。无独有偶，笔者在尖山调查时，访得两句意思相近而至今在尖山流传的谚语：

尖山地方么相干，三年大水，两年旱。

遇到芒种，夏至水；临临落嘴，又断餐。

第一句谚语很好理解，就是说尖山不是什么好地方，旱涝频繁（"么相干"为客家方言，在此意为生态环境不大理想）。而第二句谚语的大致意思就是"一到夏天收割季节，就涨大水，到嘴的粮食被大水冲走了，又没得吃了"（"临临"为客家方言，在此意为眼看有禾收割，又因水灾而失收）。这两句谚语印证了歌谣中"天灾年年来"的境况。这说明尖山以前（主要指清代）的确是一个天灾频繁的地方。此外，还可从地方志史料中得到进一步的印证。据《长乐县志》卷七"前事略"记载，自清开国至道光十二年（1832），长乐共发生水灾 15 次，旱灾 12 次，其他自然灾害累计 11 次。而导致天灾频繁的因素众多，情况复杂，不过地势无疑是一个重要原因。乾隆《嘉应州志》曾就此做过精辟的论述，其载："嘉应无平原，广陌其田，多在山谷间。高者，恒苦旱；下者，恒苦涝。"① 尖山便是这样的地势，其田"多在山谷间"，易旱易涝。

三、迁台

尖山黄氏子孙从第八世起便开始了向外迁徙，其中一个重要的方向便是台湾。且《黄氏族谱》为尖山在台十九世孙黄锦焕所著，其中对尖山迁台支系记载甚详。因此这也为笔者对迁台情况进行论述提供了重要的参考。

据《黄氏族谱》记载，最早一批迁台的是黄敬仰（八世）的长子黄用贤及六子黄美用。迁去的时间不详，但按开基的时间来看，应该在明末清初。另，关于其在台情况我们也一无所知。

第二批尖山黄氏孙孙迁台发生在清雍正年间，雍正四年（1726）黄子

---

① 程志远等：《乾隆嘉应州志》，广州：广东省中山图书馆古籍部藏，1991 年。

元（十二世）次子黄人宏携其三弟黄人道东渡台湾。后"兄弟协力开辟田畴，不数年竟开成田地广阔，向为白番给出垦单遂为己有之业矣。公当家资丰厚，仓箱盈余之时，即想不若率诸兄弟叔侄共同到此创业家居，遂回原乡邀集族人有志者"①。这次尖山随黄人宏、黄人道迁台的主要是长兄黄人能、四弟黄人玉，此外其他族人主要有黄子寿（十二世），黄春开（十三世）、黄任尊（十四世）、黄任仁兄弟等。根据《黄南球》一书推算，黄人能兄弟邀集尖山"兄弟叔侄"迁台的时间，应该不会晚于乾隆十三年（1748）。这批人迁台后大都各谋出路，有时甚至是居无定所。但主要还是集中在苗栗县的头份、头屋、通宵庄一带。后也有后裔迁到新竹、桃园、台北等地发展。在台后裔现在仍可查有清楚世系的主要是黄人宏、黄人玉两脉。这两脉现在在台湾发展到二十三世，其中人口以二十一、二十世的青、中壮年为主，十九世则多为老人（在世）。从人口数上看，黄人宏一脉在台湾现在发展到 2 000 余人，而黄人玉一脉发展得更快，现在在台后裔有近 3 000 人。

第三批迁台在乾隆三十九年（1774）左右，黄捷兴（十二世）"幼随母魏氏移居台湾"，定居于苗栗县造桥乡锦水村，在台子孙现在（至 2001年）发展到二十世，百余人。②

第四批尖山黄氏子孙迁台的时间主要在道光年间。关于这一批迁台，由于涉及黄南球，因此《黄南球》一书对其进行了详尽的考证与论述。为展现当年的迁台情况，笔者姑且转述该书中所述。这批迁台人主要是黄钟振（十四世）一脉。据此先有必要理清其世系情况，见表1。

表 1　黄钟振支脉迁台系表

十四世	十五世	十六世	十七世
黄钟振	黄锡魁	黄梅怡	黄南瑞、黄南珍、黄南球
		黄梅悦	黄南州（生子黄东光）
		黄梅思	
		黄梅艳	
		黄梅森	

---

① 黄锦焕编：《黄氏族谱：五华尖山分派》，作者自印，2001 年。
② 黄锦焕编：《黄氏族谱：五华尖山分派》，作者自印，2001 年。

（续上表）

14 世	15 世	16 世	17 世
	黄镶魁	黄梅初	
		黄梅舒	黄南宝、黄南琮、黄南和
		黄梅良	
		黄梅尚	
	黄铭魁	黄梅益	
	黄锆魁	黄梅彦	
	黄馆魁	黄梅新	
		黄梅允	
		黄梅青	
	黄钧魁	黄梅康	黄南俊、黄南寿、黄南月、黄南轩
		黄梅庶	
		黄梅广	

　　资料来源：黄卓权：《跨时代的台湾货殖家：黄南球先生年谱（1840—1919）》，台北："中央图书馆"台湾分馆藏，第 21 页。

　　说明：上表是笔者根据《黄南球》一书中所列"来台世系表"整理而来，该书中所列日据时期及民国时期的渡台由于超出本章的讨论范围，故未被采用。

　　表 1 所列为黄钟振一脉的迁台情况。但实际上，他们迁台的时间并不一致。最先迁台的是黄梅怡、黄梅悦兄弟。据《黄南球》一书考证，他们迁台的时间在十九世纪二三十年代，不会晚于道光十九年（1839）。黄镶魁辈分虽高，但其携三子黄梅良、四子黄梅尚迁台的时间却稍晚于黄梅怡兄弟。黄梅允迁台时间有确切的记载，为 1872 年。① 而其他人可能是黄南球创业有成后陆续迁台的。而笔者之所以把他们作为同一批迁台，一是考虑到都是一个脉系的，关系密切；二是后迁者也多与黄梅怡、黄梅悦兄弟前迁有关系。

　　实际上，虽然同为迁台，但到台后境况相差甚大。发展最好的自然是黄梅怡一脉，特别是黄南球垦殖苗栗狮潭、三湾、大湖、南庄等地区的业绩，自是盛名显赫，成为大家望族。相比之下其他分支的境况只能用凄惨来形容。黄梅悦到台后"因到地人事生疏，仍操旧业（金银业艺），流落各地，机会不逢，积蓄难获。年至耳顺，回忆家乡（尖山），仅存一孙，

____

　　① 黄卓权：《跨时代的台湾货殖家：黄南球先生年谱（1840—1919）》，台北："中央图书馆"台湾分馆藏，2004 年。

名东光在焉。随返回梓，率孙再渡台，此时公孙二人，相依为命，靠孙赚钱度活，至七十五岁寿终"①。黄镶魁及后来（有可能是同来）迁台的孙子黄南琼在台湾较早去世，两人合葬在一处，一直由黄南球脉下后裔轮房祭扫。直至1997年，黄镶魁祖孙的金瓮才被运回到尖山老家。而黄镶魁的两个儿子也都散离，未有传闻传下后代。

此后，在日据时期和民国时期，尖山还有一些人去了台湾，但这已非本章所要讨论之范围，故不再加以说明。

当然，实际迁台的人数肯定仅非上文所述，族谱中还有一些零碎的迁台记录，但由于只有"移台湾"几字，其他不详，因此未加讨论，但将在下文的外迁人口统计表中加以补充。

四、其他方向的外迁

如前文所述，台湾只是尖山向外迁徙的一个重要方向，而不是唯一方向。实际上，在尖山的向外迁移史上，台湾甚至都不是最主要的方向。见表2。

表2　尖山八至十六世外迁人口统计表

（单位：人）

	八世	九世	十世	十一世	十二世	十三世	十四世	十五世	十六世	总计
四川	1	6	2	7	7	5	4			32
台湾		4			4	6		5	7	26
广西						2		8	5	15
福建		1	1	2						4
海丰（粤）	2			1					2	5
总计	3	11	3	10	11	13	4	13	14	82

资料来源：黄锦焕编：《黄氏族谱：五华尖山分派》，作者自印，2001年。

说明：上表基本囊括了族谱中外迁的记载，只有个别的迁移方向因为人数过少（未超过2人）未列出。此外，外迁的世代并不等于外迁年代，前一世外迁的时间并不一定比后一世早，但大致方向是这样。

由于尖山黄氏基本上是从八世开始外迁，而十七世的外迁则基本是1895年（日据台湾）以后的事，因此表2基本上清楚地展现了尖山黄氏宗族的外迁情况。从表2看，四川无疑是当地居民外迁的首选。虽然族谱中

---

① 黄卓权：《跨时代的台湾货殖家：黄南球先生年谱（1840—1919）》，台北："中央图书馆"台湾分馆藏，2004年。

没有加以说明，但稍通历史的人都知道这跟国家政策的导向有关。这主要是自康熙初年开始，至乾隆初年才逐渐停息的"湖广填四川"运动。"由于这次移民运动是政府倡导的，而且一经移入，即准入籍，故而，客家人在向四川的移民过程中，一开始就是举家迁移。"① 可见，表 2 所列迁川的人口数只是其中的一部分，眷属还未包括其中。事实上，据有关的史料统计，在"湖广填四川"的移民浪潮中，迁入四川的广东人以长乐、兴宁二县为多。这或许也可以说明为什么四川是尖山向外迁移的首选。

广西是次于台湾的另一个外迁方向。从表 2 看，迁移到广西的世代和时间都比较晚，而且比较集中。至于是何种原因导致整个房脉迁到广西，情况不详细。但根据有关的学者论述，粤东客家人入广西大都与"广东西路土客械斗"有关，"在今天广西境内的客家人中，其先人绝大多数都是在土客械斗之后迁入广西的"② 。不过从尖山黄氏迁入的时间上倒是大致符合。向福建和海丰的迁移，不成规模，在此暂不作专门论述。

五、迁者的身份

既然在外迁的方向上有这么多的选择，特别在"湖广填四川"运动进行得如火如荼的形势下，"渡海拼命到台湾"看起来似乎不是什么明智之举，故对影响迁台的因素需要作一个更为细致的分析。迁者的身份无疑是一个不可忽视的问题。但即便如此，要想对所有迁者的身份作一个全面的了解还是一件十分困难的事，这主要是族谱中对人物的介绍甚略。庆幸的是，族谱和其他资料中还是录有几个主要迁台者的事迹。我们可从中一窥端倪。

十三世人宏公，生于康熙己丑年（1709）初七日，年青时体壮气勇力强，想大丈夫志在四方，岂能郁郁久居故乡耶，遂携三弟人道公兄弟两人先东渡台湾……③

十六世讳梅悦公……公家道清寒，目不识丁，学金银业艺，想家庭不够谋作，故远（赴）台湾求谋……

梅怡公在兄弟间，年龄居长，……他在长乐老家的生活，应该与梅悦公的遭遇相同，也极可能是"目不识丁"。再从他们来台以后的发展推测，梅怡公父子都"日从事于畎亩之中"，显然是以垦耕为业；而梅悦公则

① 王东：《客家学导论》，上海：上海人民出版社，1996 年。
② 王东：《客家学导论》，上海：上海人民出版社，1996 年。
③ 黄锦焕编：《黄氏族谱：五华尖山分派》，作者自印，2001 年。

"仍操旧业",亦即"金银业艺"。这种决然不同的发展,最可能的解释是,兄弟在长乐原籍,便已分别从事不同的行业为生,故来台后亦各从本行发展。①

从上述所述情况看来,迁台者大都读书甚少,甚至是没读过书,或垦耕或手艺,且有在"原乡生活困难"的境况。实际上尖山也是一个崇文重教的村落,原祖祠便是一个私塾,故村里向来读书较多,族谱中对此也多有记载。所以族谱对人物的介绍中多"国学生""邑痒生"的字样,这自然也是出于对读书人的尊重。但令人遗憾的是,在迁台人两代之内(迁台者及父辈)都未见到有这样的功名。

相比之下,迁川(指四川,下同)者的文化层次就相对较高。迁移者中很多不仅父辈有功名,自身也有功名。而且更为特别的是,有些迁川者就是受命上任的官员,并往往是举家而迁,随去的子孙便由此在四川"立业"。如:

十三世际明公系濂清公之五子,讳襄丞,号尽亭,谥英壮,任四川嘉定府夹江少宰,妣李氏。生二子,长子达川,次子广川,具移四川立业。②

以上说明在外迁的方向的选择上,读过书的人更愿选择去比较安稳的四川谋求发展。渡台谋生在当时的确是一件冒风险的事情,只有在生活所逼之下的农夫、艺人(手工艺人)才有去冒险闯荡的勇气,因为有很多人像黄梅悦、黄镶魁这样流离颠沛,最后一事无成地客死他乡。当然,迁台者中还是有成功的范例的,如黄人宏、黄人玉、黄梅怡者。他们在台湾的成功和回乡后的炫耀与宣传,无疑又使台湾成为一个很有吸引力的地方,成为一些想谋生甚至发迹的人的一个理想的外迁方向。当然,从失败者和成功者身份的差别及17—19世纪的台湾社会基本上还处于一个开发阶段来看,台湾无疑也最能吸引和适合垦耕者。这或许才是读书人不愿去台湾谋发展的原因。

结语

综上,通过对尖山村落的社会和历史的分析,我们可以清楚地看到,

---

① 黄卓权:《跨时代的台湾货殖家:黄南球先生年谱(1840—1919)》,台北:"中央图书馆"台湾分馆藏,2004年。
② 黄锦焕编:《黄氏族谱:五华尖山分派》,作者自印,2001年。

频繁的天灾，特别是"广陌其田，多在山谷间"的特殊地势所导致的频繁旱涝，是尖山村人不断外迁（包括迁台）的重要客观原因。而"山多田少""地狭人稠"的说法无疑在尖山这个个案中没有说服力，如果有的话，至多也只能说是"山多田劣"。此外，有关风水和"移乡富贵"的祖训，对于那些被迫或自愿外迁的人来说无疑是一种心理上的自我安慰，有时甚至会变成一种外迁的动力。在这些客观和主观因素的共同作用下，尖山村才在17—19世纪表现出极强的外迁性。当然，在具体的迁移方向上，不同身份或不同兴趣偏好的人又会有不同的选择。本章以迁台为主线，对尖山的外迁作了一个历时性的和共时性的分析。通过分析，我们可以看出，台湾因其风险性只是重要但不是最主要的外迁方向，其迁移者也多为"目不识丁"或"体壮气勇力强"之人。当然，这种身份在清代粤东地方迁台者中是否占主流，还有待进一步的探究，尖山的个案并不能完全说明问题。

清代闽西渡台的姓氏与分布初探

夏远鸣

　　清代福建汀州府下辖长汀、宁化、上杭、武平、清流、连城、归化（1933 年易名明溪县）、永定八县。现在这八个县分别为福建省龙岩及三明两市所辖，在传统习惯上，这些县市所处的地区被称为"闽西地区"。

　　明清时期，闽西是一个重要的人口外迁区域，其中相当一部分迁往台湾。闽西人口移民台湾的历史可追溯到明末清初，如跟随郑成功渡台的将领刘国轩即为闽西人士。此外有文字记载的可追溯到康熙四十二年（1703），当时有一批闽西人被先期赴台的闽南人招到台湾从事耕佃。① 康熙六十一年（1722）台湾南部六堆地区平定朱一贵之乱时，就有许多闽西的移民参与。随着移民不断迁入台湾拓垦并定居繁衍，他们的后裔，成为今天台湾客家人的组成部分之一。

　　这片区域中延续了几百年的移民史，对现代闽西区域社会有一定的影响，所以有深入研究的意义。要探索这段缓慢的移民过程，有许多基础性工作需要去做，而对移民的姓氏及其在原乡聚落分布的情况探知就是其中之一。故本章拟通过文献资料，对清代闽西渡台移民的姓氏及其在原乡的聚落进行一个总体描述，希望能为更深入的研究做一些基础性工作。

---

① 谢重光：《客家文化论述》，北京：中国科学出版社，2008 年，第 253 - 264 页。

一、族谱中以永定为祖籍地的姓氏

（一）永定县历史沿革与行政区划

《康熙增补永定县志》载："明成化十四年流贼钟三等啸聚溪南。贼平，巡抚高明奏析上杭溪南、金丰、丰田、太平、胜运五里地，凡一十九图，置县镇之邑，名永定（取永远平定之义）。"[①]

2005 年底，永定全县辖 10 个镇、14 个乡，各乡镇所辖村落或居委会如表 1 所示：

表 1　永定县辖镇、乡及所辖村落或居委会

乡镇	村落或居委会
凤城镇	东坊、南郊、西北、大洲、书院、下坑、长化、大园、东兴、金凤、龙角、仙峰、龙凤居委会
坎市镇	坎市街居委会、秀山、文馆、清溪、新罗、浮山、洽溪
下洋镇	陈正、东山、西山、北斗、下洋、中川、富川、觉川、思贤、东联、沿江、下坪、大瑞、丹竹、上川、初溪、月流、三联、廖陂、霞村
抚市镇	社前、里兴、抚溪、桥河、五联、鹊坪、华丰、龙川、五湖、东安、中湖、基安、溪联、贝溪、协兴、中在、新民
高陂镇	先富街居委会、富园居委会、富岭、平在、增坑、睦邻、上洋、西陂、北山、和兴、黄田、许佳、曲峰
湖雷镇	下湖、下寨、湖瑶、桐田、白崇、前坊、罗潭、石坑、淑雅、道仁、竹兰、高石、深度、罗陂、上湖、上北、上南、增瑞、尺度、荷花、莲塘、溪口、锦溪、象基、藩坑、弼鄱、玉文
湖坑镇	湖坑、西片、五黄、新街、六联、洪坑、奥杳、山下、吴屋、楼下、洋多、新南、南中、南江、实佳、吴银
培丰镇	大排、孔夫、长流、文东、振东、文溪、上和、丰田、岭东、洪源、东中
龙潭镇	龙潭、铜联、联中、枫林、上西、上寨、虞溪

---

① 《康熙增补永定县志》，见方宝川、陈旭东：《福建师范大学图书馆藏稀见方志丛刊：第35 册》，北京：北京图书馆出版社，2008 年，第 77 页。

（续上表）

乡镇	村落或居委会
峰市镇	驻锦西，辖：峰市街居委会、锦西居委会、新坑、高山、桃泉、河头、俄生、信美、忠信、黄石示、石示头
城郊乡	中坑、龙门、东溪、樟牛、上下斜、古一、兰地、双溪、三峰、古二、桃坑、彩霞、万美、书岭
仙师乡	仙师、务田、兰岗、九坑、西洋、书华、秀富、大阜、金寨、三坝、石鼓、恩全、锦丰、大岭、华坊、新侨
洪山乡	尚径、下径、上山、田梓、中村、西联、尚贤、樟罗、抚硕
湖山乡	三来、赛华、里佳、桂坪、漳溪、象湖、杨山、黄坑、桂象
岐岭乡	湖河、下山、井下、蒲山、龙湖、丰村、八联、石培、中社、培上、外坑、新村、内坑、竹联
大溪乡	大溪、太联、坑头、黄龙、联和、莒溪、湖背、三堂
高头乡	高东、高南、高北、梅花石、大岭下
古竹乡	黄竹烟、坪洋、大德、陂子角、古竹、瑶下、溪口吕、蛟塘、田洋
虎岗乡	虎东、虎北、虎西、龙溪、汉洋、城下
堂堡乡	河坑、村中、宝溪、蛟塘里、三堡、赛智、珠罗、石示下、香溪、下村
合溪乡	王社、菜地、天丰、武北、溪南、洪教、袍山、汤湖、马子凹、上调吴、合调、藕丝、下调吴
金砂乡	上金、赤竹、西田、卓坑、秀山、下金、五坑
西溪乡	礼田、罗坑、富家、四联、肖地、硕杰、抚全
陈东乡	岩太、石岭、古龙、园东、蕉坑、榕蛟、陈东、高丰、城东、共星

资料来源：百度词条："永定县"，http://baike.baidu.com/item/永定区/16473457? fromtitle：永定县 &fromid = 39313&fr = aladdin，检索日期：2018 年 8 月17 日。

（二）各姓概况

1. 陈姓①

《民国永定县志》载："陈氏，其始祖宋进士魁由江州义门来汀定化石壁下，陈德村子孙有一部迁移来永，计分二十四户，住在城溪南里：桐树坪、南礁、黄土坑、大坪、书华塘、水城寨、黄泥塘寨、上黎、前坑；金

---

① 姓氏的先后按照拼音字母顺序排列。

丰里：岐岭、古洋、芭溪、泰月、东乡；丰田里：湖雷、虞溪、铜锣坪、鸦雀岭、伴坑、西坑；太平里：上洋、黄田、长流、老虎垅等处，其上洋、长流、虞溪、东乡较为富庶，人文亦盛。"①

据检索到的一种《陈氏族谱》记载："始祖福建汀州府永定县太平里洪源乡老富笼开基，即文价公，居住七代八世，即祖吴公。又移居金丰里马寨背，居住一代九世，即仰溪公，移居基住高坡上洋白沙坑居住开基。"② 其中"洪源乡老富笼"，即今培丰镇洪源村老虎垄。"高坡上洋白沙坑"在今永定县高陂镇上洋村。另一种《陈氏族谱》记载的原籍为汀州府永定县金峰（丰）里岐岭村③，即今永定县岐岭乡。

由此确定，今永定县高陂镇上洋村以及岐岭乡的陈姓在清代有人渡台。

2. 胡姓

在检索到的胡姓族谱中，《胡氏族谱》记载开台祖为十四世"坤璋"，祖籍为"福建省汀州府永定县金丰里下洋乡中坑村"④；《胡氏大族谱（续版本）》奉十二世胡信齐（配吴氏）为开台祖，原籍为"福建省汀州府永定县金丰里忠坑乡蛟潭甲人氏"⑤。族谱中的"中坑村""忠坑乡"与县志所载"金丰里忠川乡"，所指为同一聚落，即今永定县下洋镇中川村。该村为永定县胡姓有名的聚居地，颇有声名。《民国永定县志》载："胡氏，金丰里忠川乡户口繁盛，明清两代有胡时、胡逢享入祀乡贤。现侨居外洋多人，商业发达，富冠金邑。"⑥ 南洋著名侨领胡文虎、胡文豹即出身于此。现该村已开发为旅游景点。

3. 华姓

《民国永定县志》载："华氏，住太平里大坪头新罗坑，向不多人。"⑦检索到的多种华姓资料中，都显示他们的祖籍为"福建省原籍汀州府永定县崁头乡佛子格"，或记作"湛头乡"，如《武陵华姓家谱》记载："（祖

① 徐元龙主修：《民国永定县志》，见《中国地方志集成·福建府县志辑》，上海：上海书店出版社，2000年，第573页。

② 陈树木：《陈氏族谱》（手抄本），1944年，美国犹他家谱学会编号：1127070。

③ 陈志铭：《陈氏族谱》（手抄本），年份不详，美国犹他家谱学会编号：1411367。该文献为一份学生提交的作业。

④ 胡应沐：《胡氏族谱》，1982年，美国犹他家谱学会编号：1365478。

⑤ 胡德源：《胡氏大族谱（续版本）》，1976年，美国犹他家谱学会编号：1212901。

⑥ 徐元龙主修：《民国永定县志》，见《中国地方志集成·福建府县志辑》，上海：上海书店出版社，2000年，第572页。

⑦ 徐元龙主修：《民国永定县志》，见《中国地方志集成·福建府县志辑》，上海：上海书店出版社，2000年，第573页。

籍地）福建省汀州府永定县湛头乡佛仔隔金兴厝。二十世祖东线公约于乾隆十五年（1750）迁台。在台原居地：台湾省台北县三芝乡埔头村。"①《永邑华姓家谱》记载：在台原居地为"台北县三芝乡八贤村"。接着记载前几代来台祖先的情况："第十九世华公恩远在福建祖籍地未来台。第二十世华公东线在乾隆十五年来台，在台湾再结婚。后闻其父逝世，即回福建奔丧，后再来台。在台逝世后，其在福建之子来台携回遗骨，设墓于福建。"② 族谱中提到的"崁头乡佛子格"或"湛头乡佛仔隔"，尚不能确定来自永定哪个聚落。但根据台湾学者的调查，有来自上杭县的华姓渡台。③具体情况待考。

4. 黄姓

黄姓在永定县分布甚广。《民国永定县志》载："黄氏，分居溪南里：在城、古镇、金沙、中坑、大畲、苦彩窝、锦峰、南保、黄寨下；金丰里：奥杳、东乡、大水坑；丰田里：罗滩、龙窟、抚溪；太平里：厦黄、悠湾、木坑、南山湖、洋塘等处。清初有进士黄日焕，有名于时，其余人口富庶，科名之盛则以抚溪为首屈焉。"④

检索到的黄姓资料中，记载原乡祖籍地有两处，一为"福建省永定县培风乡文溪村"⑤，即今天的培丰镇文溪村。另一个《江夏黄姓家谱宝监》显示：渡台始祖为十六世开懋公，祖籍地是"福建省永定县金丰里奥杳乡"⑥，即今天湖坑镇奥杳村。由此可以明确，今培丰镇文溪村、湖坑镇奥杳村在清代有黄姓人氏渡台。

5. 江姓

《民国永定县志》载："江氏，住在城分居溪南里下坑、新寨、岭背、务义坪、吾田背、金丰里高头、南溪岐岭、东乡、丰田里、抚溪、太平里、青坑等处。务义、高头最称富庶，人才辈出。"⑦

在所有检索到的族（家）谱中，江姓最丰富。在所有江姓族谱中，关于祖籍地的记载有以下几个：

---

① 华朝熊：《武陵华姓家谱》（手抄本），1977 年，美国犹他家谱学会编号：1210047。

② 华明盆：《永邑华姓家谱》（手抄本），1977 年，美国犹他家谱学会编号：1210035。

③ 邱彦贵、吴中杰：《台湾客家地图》，转引自谢重光，《客家文化述论》，北京：中国科学出版社，2008 年，第 253－264 页。

④ 徐元龙主修：《民国永定县志》，见《中国地方志集成·福建府县志辑》，上海：上海书店出版社，2000 年，第 573 页。

⑤ 黄炳开：《江夏保和堂家谱》，1983 年，美国犹他家谱学会编号：1392072。

⑥ 黄玉翔：《江夏黄姓家谱宝监》（手抄本），1937 年，美国犹他家谱学会编号：1085447。

⑦ 徐元龙主修：《民国永定县志》，见《中国地方志集成·福建府县志辑》，上海：上海书店出版社，2000 年，第 571 页。

其一为"汀州府永定县金丰里高头乡"，即今天的永定县高头乡。高头乡一个非常大的江姓聚落，位于闽西永定县东隅，距县城46公里，东邻漳州南靖县书洋镇曲江、石桥，北接本县古竹乡，西南连本县湖坑镇六联、奥杳。全乡辖高东（东山）、高北（北山）、高南（南山）、梅花石、高联（大岭下）5个行政村共38个自然村，常住人口2 005户，共10 146人（据2000年统计），90%以上为江姓族人。许多台湾江姓族谱将祖籍地名写得非常具体，如《济阳江氏历代族谱》记载的原籍是"汀州府永定县金丰里高头乡半经甲东山大路下"①，即在今天的高东；一种《江氏族谱》记载的祖籍地是"福建省汀州府永定县金丰里高头乡南山大岭下琴兴厝"②，即今天的高南；另一《江氏族谱》记载的祖籍地是"福建省汀州府永定县金丰里半径甲高头乡北山"③，即今天高北；还有一种《江氏祖谱》记载的祖籍地是"福建省永定县金丰里高头乡半径甲东山大路下永华楼"④，即今高东村。

其二为"福建省汀州府永定县金丰里大溪村（土名'塞下'）"，今永定县大溪乡大溪村。如《江氏族谱》记载的祖籍是"福建省汀州府永定县金丰里大溪村（土名'塞下'）⑤；《济阳江氏历代宗支总谱》记载的原籍是"永定县金丰里大溪乡（土名'寮下'）"⑥。

其三为《江国连家谱表》所载祖籍地"福建省永定县金丰里陈东坑石壁脚"⑦，这里的"陈东坑"可能是今天的陈东乡。现陈东乡辖岩太、石岭、古龙、园东、蕉坑、榕蛟、陈东、高丰、城东、共星，族谱中"石壁脚"具体指哪个村落，或者有没有在上述的村落里，待考。

其四为《江家历代簿》所载祖籍地"福建省汀州府永定县白石护芹菜洋大井边"⑧，这个地名开始也难以确认，后根据"百姓源流网"中关于台湾江姓的资料，确定这也是今天高头乡的一个聚落。据"永定来台江琪臻公派下世法"记载：

永定十四世琪臻公，生于清康熙廿七年戊辰（公元1688年）七月廿

---

① 江荣国、江荣圳辑：《济阳江氏历代族谱》，1956年，美国犹他家谱学会编号：1126680。
② 《江氏族谱》（手抄本），1985年，美国犹他家谱学会编号：1436855。
③ 《江氏族谱》（手抄本），1972年，美国犹他家谱学会编号：1307050。
④ 《江氏祖谱》（手抄本），1983年，美国犹他家谱学会编号：1392109。
⑤ 《江氏族谱》（手抄本），1976年，美国犹他家谱学会编号：1126688。
⑥ 《济阳江氏历代宗支总谱》（手抄本），1898年，美国犹他家谱学会编号：1307082。
⑦ 《江国连家谱表》（手抄本），1981年，美国犹他家谱学会编号：1306678。
⑧ 《江家历代簿》（手抄本），1954年，美国犹他家谱学会编号：1307084。

一日，弟兄（长兄玉山、次玉春）三人，英年自汀州永定县高头乡芹菜洋白石后祖家来台，初历台中潭仔墘，后徒今之桃园县观音乡营农。①

因为记载中出现了"永定县高头乡芹菜洋白石"字样，所以可以推测"永定县白石护芹菜洋大井边"也是高头乡的一个地名，只是在族谱中写祖籍时遗漏了"高头乡"，所以一时难以明确其具体地点。

综上所述，清代渡台的江姓的祖籍地主要在今天的高头乡、大溪乡、陈东乡。来自永定的江姓在台湾繁衍成为大族，如著名的台湾板桥"摆接江"或"后埔江"即是。关于这支江姓的发展情况，在《板桥后埔江家苍蕃公子孙系统图（祭祀公案江任庄沿革）》有精彩的叙述，在此不避枝蔓之嫌，与读者分享。

本公业之起源吾族来台开基第十九世苍蕃祖于雍正十年间，苍蕃祖与长子任康、次子任庄、三子任荣四人从原籍福建省汀州府永定县远混乱重洋赴居来台，先从淡水登陆，在此居住数年，以制造香烟朝丝烟并雨伞为业，勤以俭坚忍不拔精神，生财有道，数年后成家立业置有恒产，此时一府、二鹿、三艋舺（府是台南、二鹿是彰化鹿港、三是艋舺即现在之万华）地方繁昌，商贾云集，各货集散于此，交通便利，父子四人图谋发展，从此以后二次迁居至万华，继续制造朝丝烟及雨伞，彼此生意繁昌，祖再回永定接家眷一同来台共聚，嗣后买土地开垦致富再向摆接堡土城藤寮坑买土地择居，此地建设大厝为永住，专以开垦土地拾余甲，父子同心协力，披星戴月与佣人从事开垦，完成建设基大业。

次子任庄自幼天资聪敏，科举及第进士，赠大政大夫回台后设茶行为业，并远在英国贸易，获利巨富，此时苍蕃祖已云世。因分家，任康公在现存外廷寮坑圆山建大公厝（即三房公厝），任荣公回归故乡不再来台，我祖先任庄祖从事贸易获利，卜居在摆接堡枋桥后埔建置祖祠堂曰"福成堂"，此是两房及盛名闻内外，叫"摆接江"或"后埔江"是我辈子孙之名誉也。祖先创业不是一时一刻面成，受尽风霜之苦，跋涉艰难，克勤克俭，奋志经营，在枋桥街及后埔置产生地拾余甲，远在桃园厅桃涧堡坪顶山尾，后厝地方买园，田贰拾甲，余又在土城乡外藤寮坑之江猪脚等拾捌人共有业持分额八百十分，即一六公亩二八公厘，任庄应得持分额二百七十分，即七二分公亩零九公厘。又有在土城乡外藤坑之江廉等十九人菜有

---

① 百姓源流网，http：//www.chens.org.cn/xs/news/？120.html，检索日期：2015 年 9 月 10日。网站注明：这段资料由台湾观音乡水尾村江汉荣宗亲提供。

业持分壹仟分，即八九公亩五六公厘，任庄应得持分额三百三十分，即二九公亩八十五公厘，留下我子孙促进子孙融和亲情永衷，培育才俊学士，祖先之立意至丰，敦亲睦族，崇尚祖德，饮水思源，而今不能达到祖先之创业于万分之一，甚然遗憾之至。①

另外，江姓曾经主导了作为闽西移民会馆的台北淡水镇鄞山寺。② 这些都表明江姓在台湾发展得非同一般。

6. 李姓

《民国永定县志》载："李氏，在城户口不多，分住溪南里：龙门、金沙、龙安寨、蓝冈；金丰里：泰溪、岐岭、调河、湖坑；丰田里：抚市；惟湖坑为富庶，峰市、中村百余户。"③

台湾一份手抄本《李氏族谱》④ 中记载，祖籍为"汀州府永定县金丰里"的一支李姓渡台后，先在"台北府淡水县摆接堡"，后又到"宜兰郡头围庄港子墘"。由于金丰里地址过于笼统，难以判断这支李姓具体来自哪个聚落。另一份名为"李家什簿"的手抄本，记载渡台祖为"福建省汀州府永定县腰腰春人氏"⑤。这里的"腰腰春"疑为"奥杳村"的谐音。还有一份手抄本《李家过台湾省历代祖谱》记载其祖籍为"唐山祖高闳，漳州府永定县黑查坑"⑥，"黑查"可能是"奥杳"二字的笔误。综合上述内容判断，李氏应来自今天湖坑镇奥杳。另外，杨彦杰《台湾北部的汀州移民与定光古佛信仰：以淡水鄞山寺为中心》一文也提到永定湖坑李氏有很多支派迁居台湾。

7. 廖姓

廖姓在永定分布广，为一大族。《民国永定县志》载："廖氏，其始祖花自宋由顺昌合阳入汀迁杭，由杭迁永，子孙蕃衍分处城厢内外，溪南里之金沙、西溪、黄竹、金湾、洋西、斜横桥、龙角乡丰逸；金丰里之上新村、背头山、石牌前、岐岭、月流；丰田里之罗滩、湖雷、尺度、赤迳、

① 江根旺：《板桥后埔江家苍蕃公子孙系统图（祭祀公案江任庄沿革）》，1974 年，美国犹他家谱学会编号：1087041。

② 杨彦杰：《淡水鄞山寺与台湾的汀州客家移民》，《福建省社会主义学院学报》，2001 年第 3 期，第 39 - 45 页。

③ 徐元龙主修：《民国永定县志》，见《中国地方志集成·福建班会县志辑》，上海：上海书店出版社，2000 年，第 571 页。

④ 《李氏族谱》（手抄本），1980 年，美国犹他家谱学会编号：1307085。

⑤ 《李家什簿》（手抄本），1967 年，美国犹他家谱学会编号：1455016。

⑥ 李金赞：《李家过台湾省历代祖谱》（手抄本），1985 年，美国犹他家谱学会编号：1411393。

载扬坑；太平里之清溪、田墩、富康、田心等处，其黄竹、金湾、田墩有登文武科甲，清溪则科甲翰林辈出，为一邑冠。其寄籍江苏者尚有父子兄弟翰院，历官尚书巡抚，人口之多，科名之盛为县中望族。"①

在一本《廖氏家谱》中，记载其祖籍为"福建省永定县"，且"二十世祖元昌公来台至今已有两百余年，经传七八代，子孙蕃盛，散居异处，人文蔚起"②。后裔分居于美浓镇吉洋里吉安街、花莲县富里、凤山市、高树乡新丰村明义路。根据这些资料，无法判断其祖籍地具体所在。另一份名为《诞辰日备忘簿（廖氏）》手抄本中，模糊的字迹显示"祖籍：粤稽汀州府永定县大州乡；渡台：曾祖连应祖，兄弟三人……于雍正年间（1723）……感应祖，迁于台南方面"③。根据"大州乡"几个字，加上县志中记载廖姓"子孙蕃衍分处城厢内外"的事实，所以初步判断，这支廖姓有可能来自永定凤城镇大洲居委会。

8. 林姓

《民国永定县志》载："林氏，始祖公玉自宋为宁化县尹，肇基于永，住在城。明代有举人林钟桂……又分居溪南赤竹坪，文学素著。余有林屋坑及金丰里东乡、奥杳、大水坑、岩背、洪川。惟洪川最盛。现任县令者数十人；又丰田里湖雷、太平里新罗坑、西陂乡、虎冈、灌洋、上林、孔夫、文溪及白水磜等处，其富庶而人文称盛者，以西陂乡为最。"④

台湾手抄本《举公派下林氏家谱》⑤ 记载："十六世祖讳名举公，姝吴氏孺人，乾隆年间迁移来台定居大肚山麓，后移居丰原定居，传至代代。原籍汀州府永定县乌腰乡山脚，移民来台居住。"永定林姓发祥地，一是西坡岭，二是悠湾村头。悠湾村旧属永定县太平里悠湾乡，1956 年划拨到龙岩县，今为龙岩市新罗区红坊镇悠湾村。这支林姓族谱中所指的"乌腰乡"，可能是"悠湾乡"的谐音造成的笔误。但具体情况待考。

9. 刘姓

《民国永定县志》载："刘氏，在城南最为盛，官四川者不乏人；其余分处溪南之蓝地、斜坊、大阜、石杰、大路下、磜头坝；金丰里之岐岭、

① 徐元龙主修：《民国永定县志》，见《中国地方志集成·福建府县志辑》，上海：上海书店出版社，2000 年，第 574 页。

② 《廖氏家谱》，1973 年，美国犹他家谱学会编号：1418841。

③ 《诞辰日备忘簿（廖氏）》（手抄本），1984 年，美国犹他家谱学会编号：1407283。

④ 徐元龙主修：《民国永定县志》，见《中国地方志集成·福建府县志辑》，上海：上海书店出版社，2000 年，第 572 页。

⑤ 林元洪：《举公派下林氏家谱》（手抄本），1979 年，美国犹他家谱学会编号：1211454。

丰田里之岭子头、太平里之新罗坑等处。"①

《刘氏族谱》记载的祖籍地为"永定县溪南里大阜埔田背"②，渡台祖为二十二世文科公。渡台前，"文科公……迁于金丰里田螺坑耕田，于是娶谢祖婆，生三子一女。女婿江永彰，外孙江廷才、廷泮。于乾隆五年夏六月，谢祖婆辞世，葬于金丰里。公因这膈淡泊，祖为谋生之计，遂付三位稚子交二弟叔祖讳文甲而抚之，乃于是年冬渡台大湖经营生业。始祖廿二世文科刘公，生于康熙丙子年十一月廿三日辰时，卒于乾隆癸巳年五月廿二日午时，享寿七十八岁。生三子，长鹏东，次华东，三振东"。族谱里的"永定县溪南里大阜埔田背"应为今永定仙师乡大阜村，具体情况待考。这支刘姓后来仍与原乡保持联系。据《刘氏始祖以前鼻祖传下族谱》有载：

> 大清嘉庆携带柒年壬申岁，振东公之长辰应与第四子子龙应回乡，在汀州府永定县溪南里大阜村田背乡以为上代祭扫之举。时有本族增先奇借云佛银贰拾元，议定每年利谷陆桶，赠林叔生去佛柒柒元，利谷贰桶，共捌桶，立簿壹本，房亲赠林叔进、林叔玉、林叔（缺一字）、增先奇、增龙奇、福星侄等照簿收存，以为每年清明挂祭。
>
> 道光叁年拾月寄黄德兆先生音书一封，内银贰元，至四年贰月至原乡，五年三月廿五日接到音书一封，系堂弟永胜、德福、兆祥暨堂侄福星佛春、永禄等寄来，说及将银二元生放，其利钱每年祭祀凑用；又说，永邑北门皆毓秀，叔坟墓左右被人冒借两穴，登坟祭扫，目睹心伤等语。又劝愚先回原乡调祖，后到福省乡试，免弟侄辈朝夕悬望。
>
> 子应谨志。③

10. 卢姓

《民国永定县志》载："卢氏，住在城。明清二代，科甲仕宦为最盛。有卢宝、卢英，皆入祀乡贤。在乡分处金丰里之岐岭、东乡；丰田里之抚市、雷公山、寨前；上丰乡之龙潭、铜锣坪、西坪、上寨、贝溪、大路下；太平里之坎市等处，多属聚族而居，号称富庶，其人口有达数千或至

① 徐元龙主修：《民国永定县志》，见《中国地方志集成·福建府县志辑》，上海：上海书店出版社，2000年，第574页。

② 《刘氏族谱》，刘通鉴藏，1975年，美国犹他家谱学会编号：1307085。

③ 该文附《刘氏始祖以前鼻祖传下族谱》前一页，作者刘子应，应为清代人士。族谱为手抄本，1984年，美国犹他家谱学会编号：1407181。

万余者，代有闻人，首推邑之望族。"①

据《苑阳卢氏家谱》记载，本支卢姓开台祖是"彰州府永定县珍东坑人氏，移居福建省台湾府嘉义县，即是诸罗山郡佛山庄。开基移入彰化县猫罗拣东堡沟仔墘庄，后移居三角埔坝仔庄，再移葫芦墩南坑内居住"②。这里的"珍东坑"可能为"坎市"的一个聚落。因为现今永定县坎市是卢姓人数最多的聚落，有万人之众。正如《民国永定县志》所言，卢姓在"太平里之坎市等处，多属聚族而居，号称富庶，其人口有达数千或至万余者，代有闻人，首推邑之望族"。当然，也不排除其他地方，具体情况待考。

11. 罗姓

《民国永定县志》载："罗氏，住在城、溪南里之金沙、萧地、半山、水祭寨、书华塘、万石、深塘；金丰里之东洋；丰田里之龙窟、麻公前、四方石、松柏崇等处，其户口以金丰之东洋为多。"③

一份名为《罗氏系统图》家谱里记载，开基祖为"福建省汀漳道永定郡大街甲已街村人氏"④。开基祖文彩，来开基于台湾嘉义菁仔市街，明玑份基水函口街，土名西门内一三七番地。其中"份基水函口"的开基祖是十二世明玑。

这支罗姓来自永定哪个聚落，待考。

12. 阮姓

《民国永定县志》载："阮氏，在城户口甚稀，丰田里上湖雷、太平里长流户口尚多。"⑤ 在《阮氏历代族簿》中，记载自己这一支系是由"唐山福建省汀州永定县胡来畲箕柯老屋分出来台祖传下"⑥。开台祖为十五世，"十五世刚创（作者注：应为谥号，后面'望峰'为名），姚阙孺人。望峰带有五子渡台湾，阙婆大无来台湾，祖坟葬在竹回番仔坑。生四子：亮易、凤易、福易、庆易"。

"胡来畲箕柯"这个奇怪的地名，到底是笔误，还是指哪个聚落，目

---

① 徐元龙主修：《民国永定县志》，见《中国地方志集成·福建府县志辑》，上海：上海书店出版社，2000年，第575页。

② 卢坤生：《苑阳卢氏家谱》（手抄本），年份不详，美国犹他家谱学会编号：1356883。

③ 徐元龙主修：《民国永定县志》，见《中国地方志集成·福建府县志辑》，上海：上海书店出版社，2000年，第576页。

④ 《罗氏系统图》（手抄本），1984年，美国犹他家谱学会编号：1418848。

⑤ 徐元龙主修：《民国永定县志》，见《中国地方志集成·福建府县志辑》，上海：上海书店出版社，2000年，第571－572页。

⑥ 阮肇珍：《阮氏历代族簿》（手抄本），1939年，美国犹他家谱学会编号：1390477。

前难以确定，待考。

13. 苏姓

《民国永定县志》载："苏氏，住金丰里之苦竹、南溪、陈东坑、古通；丰田里之抚溪、中在，其户口之盛，人材之多，以苦竹、南溪、中在为最。"①

《苏氏族谱》记载的祖籍为"福建省汀州府永定县金丰里苦竹乡大旧德大圳下圳下祠"②。《苏姓族谱》记载的系谱是："一世祖阿毅公，即九三郎阿毅公派下汀州府永定县苦竹乡田楼。十九世祖：招兰、招成两兄弟混渡台，为渡台始祖。后裔居于新竹县。"③《苏氏手抄族谱》记载祖先是"福建省汀州府永定县金丰里许德村圳下厝乡人氏移居"④，后裔居台中县。前面二种族谱明确祖籍为永定县苦竹乡，最后一种为"金丰里许德村圳下"，可能是苦竹乡圳下。古竹原称苦竹，历史上属于永定县金丰里，位于永定县东部，与南靖县只一山之隔。据二十世纪九十年代中期的统计，"古竹乡现有人口2.4万人，由苏、江、李、吕、魏、卢、周、曹、邬、曾、谢、黄等十几姓组成。其中苏姓人口1.1万多人，江姓9 000多人，李姓1 000多人，吕姓1 000多人，魏姓300多人，卢姓200多人，其余各姓氏仅数十或十数人而已。苏、江两姓合计约2万人，占全乡总人口数的83%以上，为该乡大姓。而苏姓人口又比江姓略多一些，居第一位"⑤。古竹苏氏在清代大量迁往台湾谋生。

14. 魏姓

《民国永定县志》载："魏氏，住金丰苦竹、黄竹烟；丰田黄沙、太平、大坪头等处，户口不多。"⑥

《四余堂族谱（魏氏）》记载祖先是"福建省汀州府永定县金凤里黄德轩人氏"⑦，"金凤里"当为"金丰里"笔误。"黄德轩"可能是一个楼名，具体地点待考。《魏氏家族谱》记载开台祖为"福建省汀州府永定县

① 徐元龙主修：《民国永定县志》，见《中国地方志集成·福建府县志辑》，上海：上海书店出版社，2000年，第576页。

② 苏虔立：《苏氏族谱》（手抄油印本），1969年，美国犹他家谱学会编号：1365451。

③ 《苏姓族谱》，1983年，美国犹他家谱学会编号：1390181。

④ 《苏氏手抄族谱》，年份不详，美国犹他家谱学会编号：1391795。

⑤ 杨彦杰：《古竹苏氏的宗族社会与土楼建筑》，见《闽西客家宗族社会研究》，香港：国际客家学会、海外华人研究社、法国远东学院，1996年，第19页。

⑥ 徐元龙主修：《民国永定县志》，见《中国地方志集成·福建府县志辑》，上海：上海书店出版社，2000年，第575页。

⑦ 《四余堂族谱（魏氏）》（手抄本），1984年，美国犹他家谱学会编号：1407038。

枯竹村坪洋树下人氏"①，来台祖为十五世愧文公、汝化公、汝戚公以及十四世泼公、潧公、矧侠公、飞凤公等人。这个族谱里的"枯竹村坪洋"，为今天苦竹乡坪洋村。所以基本确定魏姓来自苦竹村。

15. 翁姓

《民国永定县志》载："翁氏，住金丰里月流、黄泥坪；丰田里白崇下等处，户口不多。"②

《渡台祖翁珍友之派系翁氏族谱》记载的祖籍地为"福建省汀州府永定县金丰里大溪"③，即今天的大溪乡大溪村。

16. 巫姓

《民国永定县志》载："巫氏，在城式微，分住溪南、桃坑、枪子畲；丰田溪口、罗滩、盘龙窠、井头，惟金丰里泰溪户口不多，人文最盛，有'一门三进士，兄弟两翰林'之称。"④

《巫氏历代族谱》记载原籍为"福建省汀州府永定县金丰里泰溪里碑"⑤。"泰溪"应为今天"大溪"之谐音，由此可以确认其祖籍在今天的大溪乡。另一本《巫氏族谱》记载其祖先为"福建省汀州府永定县太平里大溪元培社人氏"⑥，这明确了其祖籍为今天的"大溪"。这支巫氏祖先"携眷往台湾府居住，又迁彰化县淡水连堡圳头坑坪仔顶庄，谒积产业而居焉"。这册族谱还记载了开台的几位十一世祖名字、子孙等情况：

　　长房，名育斌，子孙在唐地；次房，名育圆，子孙在台地；三房，名育立，子孙在唐地；四房，名育元，子孙在台地；五房，名育才，子孙在台地；六房，名育英，子孙在台地。

　　开台十一世祖育圆，葬在台湾，后骨骸负回唐山安葬。开台祖十一世育元，系忠朴公之四子，原大溪元培社，后移居台湾。妣赖氏罔娘，谥慈敏，系娶唐地赖之女也……公生于康熙六十辛丑年，卒于乾隆三十二丁亥年，在台而卒，骨骸化火寄回唐山。

---

① 《魏氏家族谱》（手抄本），年份不详，美国犹他家谱学会编号：1210049。

② 徐元龙主修：《民国永定县志》，见《中国地方志集成·福建府县志辑》，上海：上海书店出版社，2000年，第572页。

③ 《渡台祖翁珍友之派系翁氏族谱》，翁大有序并抄，1964年，美国犹他家谱学会编号：1214521。

④ 徐元龙主修：《民国永定县志》，见《中国地方志集成·福建府县志辑》，上海：上海书店出版社，2000年，第571页。

⑤ 《巫氏历代族谱》（手抄本），1933年，美国犹他家谱学会编号：1436722。

⑥ 巫则道：《巫氏族谱》，1984年，美国犹他家谱学会编号：1411393。

结合上面两本族谱可以明确，巫姓的祖籍地为今天的大溪乡大溪村。

17. 吴姓

《民国永定县志》载："吴氏，未开邑前所住在城者（即田心堡），明清两代科甲仕宦乡贤循吏不乏人。现居各处者有溪南里：留斜、八坊、新寨；金丰里：奥杳、西边、月流、东乡；丰田里：骊龙坑、老虎坪、罗滩；太平里：堂厦、南山坪寨；胜运里：汤湖、合头、调虞等处。户口繁多，人材甚盛为邑之望族。"①

在检索到的吴姓家（族）中，以"福建省汀州府永定县奥宥乡金丰里北山永衍坊"为祖籍地者较多。基本明确，这些吴姓的祖先来自今天湖坑镇奥杳村。一本《吴氏族谱》记载其原籍为"福建省汀州府永定县私贤乡天德甲"②。这里的"私贤乡"应为今天下洋镇思贤村之谐音而导致的笔误。这支吴姓的开基祖"于乾隆肆拾捌年来台开基大甲，创业鸡隆，业落东部"，后裔居于花莲县。另一本《吴氏家谱》记载开台祖为十六世俊窓公，妣戴孺人，祖籍为"福建省汀州府永定县太平庄"③。"太平庄"可能为清代永定县太平里，但具体在今天哪个聚落，待考。由此可以明确：清代渡台永定吴姓来自湖坑镇奥杳村、下洋镇思贤村。其余待考。

18. 许姓

《民国永定县志》载："许氏，其始祖六郎由江西入于粤埔之党坪，后迁居永定九坑乡，子孙蕃衍分处于塘角里：象峰桥、赤竹窠、峰市、书园坑、白水礤、黄冈坪；丰田里：大路背、深渡；太平里：许家山等处。"④

《许氏族谱》记载祖籍地为"福建省汀州府永定县溪南里四徒里唐各村，又名唐各里"⑤，开台祖为"二十一世祖朗众公"。从"溪南里"这个地名可以确定，这支许姓来自今天合溪乡溪南村。而"唐各里"应为县志中所载的"塘角里"。

19. 游姓

《民国永定县志》载："游氏，城厢数户，溪南桃坑数户，惟金丰里泰

---

① 徐元龙主修：《民国永定县志》，见《中国地方志集成·福建府县志辑》，上海：上海书店出版社，2000年，第572页。

② 《吴氏族谱》，1974年，美国犹他家谱学会编号：1436699。

③ 《吴氏家谱》（手抄本），1984年，美国犹他家谱学会编号：1407252。

④ 徐元龙主修：《民国永定县志》，见《中国地方志集成·福建府县志辑》，上海：上海书店出版社，2000年，第573页。

⑤ 《许氏族谱》（手抄本），1959年，美国犹他家谱学会编号：1418844。

西乡聚族而居，向称富庶。此外，太平里东坑及文溪亦有游氏，但不繁盛。"①

《游氏家谱》记载原籍为"福建省汀州府永定县金丰里大溪甲"②，现籍为"台北县新店市安坑双城里"，族谱中的"大溪甲"即今天大溪乡大溪村。而《游家族谱簿》记载原籍为"福建省汀州府永定县金丰里大溪甲南山坊"③，这也是来自今天的大溪乡大溪村的游姓。这本族谱还记载了渡台开基的过程：

维我始祖开基在福建省汀州府永定县金丰里大溪甲南山坊……十四世祖光源公与诸兄长光景、光烈、光彩、光显公等同渡台湾，迄今二百六十余载矣。抵台之初，暂住深坑仔永定曆游曆庄，然后迁移台北永丰定居。光复后地名更改称谓"台北县中和市南势角"字外，南势角盖我祖兄弟和睦团结合作，初以农为业，勤俭持家，垦拓荒野变为良田，又在外南势角山麓建造游氏祖庙奉祠游氏历代祖宗，并筑广阔住宅供为子孙居住，延聘名师教导子弟，惟念世祖创业艰难，资以子孙可安居乐业……④

结合上述内容可以明确，渡台的永定游姓来自今天大溪乡大溪村。

20. 余姓

《民国永定县志》载："余氏，城厢户口不多，分处溪南里龙门、金沙、余坑里；金丰里湖山、洋多；太平里水车潭。"⑤

族谱中以"洋陶里"这个地名出现最多。《新安堂立族谱》记载祖籍为"永定县金丰里坝头洋陶里对坝万松楼"⑥；《余姓来台族谱》所载祖籍为"福建省永定县南溪乡金丰里坝头村福兴楼"⑦，并且记载了祖先开台的情况："十三世祖我祖三房正月、正光兄弟和全移居台地上溪水八理分保小南湾庄雷公崎，下号名上下高埔落业安居。"《余氏历代祖宗纪念》记载祖籍为"汀州府永定县金丰里坝头祥（阳）陶里对坝万楼"⑧，并记载了

---

① 徐元龙主修：《民国永定县志》，见《中国地方志集成·福建府县志辑》，上海：上海书店出版社，2000年，第573页。

② 游学良：《游氏家谱》，年份不详，美国犹他家谱学会编号：1392109。

③ 游能标：《游家族谱簿》（手抄本），1962年，美国犹他家谱学会编号：1436649。

④ 引文为印刷体，附于《游家族谱簿》（手抄本）前一页。

⑤ 徐元龙主修：《民国永定县志》，见《中国地方志集成·福建府县志辑》，上海：上海书店出版社，2000年，第571页。

⑥ 《新安堂立族谱》（手抄本），年份不详，美国犹他家谱学会编号：1390181。

⑦ 《余姓来台族谱》（手抄本），1982年，美国犹他家谱学会编号：1365295。

⑧ 《余氏历代祖宗纪念》（手抄本），1985年，美国犹他家谱学会编号：1436720。

祖籍"阳陶里"四世祖开创祖祠的结构为"坐巳向亥兼丙壬分金上堂深二丈三尺四寸，座背九尺二寸半，大廿三……"

根据《民国永定县志》记载，上述族谱中的"洋陶里"可能为今天湖坑镇"洋多村"，具体情况待考。

21. 曾姓

《民国永定县志》载："曾氏，在城人口无多，溪南里湖角里、圆头山、仙师宫、凹背、湖洋里、九坑、鱼子寨、曾屋寨；丰田里溪口等处，户口则溪口较多。"①

《曾家族谱》记载原籍为"福建省汀州府永定县金丰里高头乡田窝坑祖厝"。这支曾姓"移居台湾省台南府嘉义县打籍东顶堡北庄人氏居住。现住址：台湾省台南府嘉义县大林镇三角里北势仔庄。……渡台于十七祖妈登玉公之妻携四子来台，移来登玉公之妻曾妈罗太孺人，长德成，次燕成，三亮成，四振同"②。对这个记载的补充是《永定迁台曾氏派字系统表》，这里记载的祖先为"福建省汀州府永定县金丰里高头乡田窝坑祖厝人氏，于乾隆十八年（1753）年由十七世登玉公夫人罗妈偕十八世四子来台，世居北势庄（现存属嘉义县大林镇三角里北势）"③。所以可以明确，这支曾姓来自今天永定高头乡。

另一份曾姓家谱《（永定）曾氏雍睦堂题名谱》记载的原籍为"汀州府永定县太平寨汤头"④，这个地名待考。

（三）小结

通过对以上族谱资料的考察，发现这些姓氏分布的区域有：湖坑镇奥杳村、洋多村；下洋镇中川村、思贤村；苦竹乡、坎市镇、培丰镇文溪村、大溪乡大溪村、高头乡、金丰乡、仙师乡大阜村、合溪乡溪南村等地。

---

① 徐元龙主修：《民国永定县志》，见《中国地方志集成·福建府县志辑》，上海：上海书店出版社，2000年，第574页。

② 《曾家族谱》（手抄本），1984年，美国犹他家谱学会编号：1407160。

③ 《永定迁台曾氏派字系统表》，曾子中抄，1976年，美国犹他家谱学会编号：1407166。

④ 《（永定）曾氏雍睦堂题名谱》（手抄本），嘉庆元年（1796）三修，美国犹他家谱学会编号：1307086。

二、族谱中以武平为祖籍地的姓氏

(一) 武平县历史沿革与行政区划

唐代设有武平镇，五代时为武平场。《康熙武平县志》记载："宋淳化五年，升为县，析长汀西南境益焉（即分县治）；元明仍其名。""明洪武十四年，改为七里，初统图二十有三，后因人户凋耗，至景泰间，统图一十有九。正德十年，增岩前里一图。共八里，统图二十。"① 明清时期，武平所辖八里及其附属村落如表2所示：

表2　武平所辖八里及其附属村落

里名	乡村名
在城高泰里： 旧高梧保，县东南五十里，统图有四，乡落一十有七	礤下、栋背、三岭、忠地、土均塘、刘蒋坑、高梧、落畲、陈坑、分水、赤凹、忠田坑、黄沙、李坑、赖屋坑、黄心畲、杨梅坑
丰顺平里： 旧武溪源永丰里，城西三十里，统图有三，乡落一十有六	忠孝屯、大留兴、官陂上、万安镇、小留兴、蓝塘、溪东、热汤、上坑、龙溪、禾平、半迳、米坑、河上、黄竹塘、麻姑墩
信顺团里： 旧招信保，在县北八十里，统图有三，乡落二十	东团、年轭岭、大杨田、梁山、云礤、杨城、帽尾、永平寨、鱼溪尾、硷下、招信、塘尾、蓝坑、上下池、南坑、小密、钩坑、陂下、聊头、南岭
大湘亭里： 旧大禾保，在县北一百二十里，统图有二，乡落二十	水湖、田里、邓坑头、大禾、小澜、五潭、演里、龙坑、湘坑湖、冷水、露溪、硷下、象村、上湖、下湖、源头、上吴、板寮、大湘坑、七里河口
归郡里： 旧大顺里，在县东八十里，统图有三，乡落二十有九	黎畲、处明、半坑、鲜水塘、上赤、中赤、下赤、袁田、汤坊、山寺、桑子坑、石室、袁畲、塔院、林坊、章丰、上畲、左田、高坊、连陂、远坑、田背、吉湖、大绩、丰田、罗寺、吴地、朝岭、横江背

---

① 《康熙武平县志》，见《中国地方志集成·福建府县志辑：第34册》，上海：上海书店出版社，2000年，第548－549页。

（续上表）

里名	乡村名
邱留东里： 旧东流里，在县西六十里，统图有三，乡落二十有一	黄坊、小溪、东流、碰头、土壁、忠村、背坊、张坑、郭屋、王坑、苏畲、大王桥、桂坑、贝寨、大畲、象湖、蓝畲、清梁山、□头、龙溪、中畲
盈塘里： 旧石塘里，在县南一百三十里，统图有一，乡落一十有六	莲塘、洋背、冷洋、司前坝、横坑寨、林坑、瞻洋、莲坑、庐坊、横冈排、忠坊径口、张坑、上冈背村头、下冈背龙颈、冯坊、下三坊
岩前里： 旧未设里，在县南八十里，统图有一，乡落一十有二	黎坊、李坑、林坊、高坊、罗坑、铁寮下、峰背、沈背、大埔、岩门首、背兴围、水口

资料来源：《康熙武平县志》，见《中国地方志集成·福建府县志辑：第34册》，上海：上海书店出版社，2000年，第549-550页。

（二）清代武平县渡台姓氏与聚落

1. 冯姓

《民国武平县志》载："冯氏，始祖万八郎，自宁化冯家园，后迁居象洞。生四子：次千二郎，居象洞富美；四千四郎，居象洞冯坊……又象洞尚有郭坑里冯氏一派，始祖念入郎，未据报，源源不详。"①

《冯氏族谱郡号始平》记载的祖籍为：福建省汀州府武平县岩前凤背潆洞狮帽右下。族谱记载了这支冯姓在台开基的历史：

我十六世祖盛光公及月麟公兄弟于乾隆年代，抱负大志，来台开基。相传到于历（是人名，还是其他？）五代一百六十多年（"中华民国五十四年"乙巳岁现存），初时，暂居沪尾（今之淡水）及新庄近郊。咸丰三年，漳泉斗乱，东移西迁，至十七世祖润德公，卜居龙潭乡三坑子，仝润福、润龙公迁居八块乡宵里山下，十八世连科公派下，十九世仁顺公于明治年代移居观音乡新坡，十八世双科派下三男，十九世仁房公于明治年代迁龙潭乡八张犁，仝长男仁度公，二男仁基公继续居住三坑子（二七二番地房屋）。二十世来兴公于明治四十一年（岁次戊申年）移居宜兰县三星乡居

---

① 丘复主纂：《民国武平县志》，龙岩：福建省武平县志编纂委员会，1986年，第122页。

住。各房后裔到在各处，尝尽人生苦劳，并蒙得上天庇佑，终于功成业立，创始了现在小康基础。①

这支冯姓族谱里记载的祖籍地有点混乱，但基本可以判断，应在今武平象洞或岩前，具体情况待考。

2. 何姓

《民国武平县志》载："何氏，始祖何太郎，开基岩前，为邑中最旧之族。迄今已传三十余代。散居象洞之横冈及上下岭头坊，人口共一千八百余；东留崆头等处，不下千余；大湘坑有户一百六十余；本城有数户。"②

《卢江一脉源流族簿》记载的祖籍是"武平县盈塘里南岩狮子口"③，即今天岩前。武平县岩前镇何姓，奉安徽庐江人何大郎为入闽始祖。其后裔有移民台湾，主要分布在台中等地。二十世纪九十年代，台中县何氏宗亲会组织寻根团，回到武平县岩前镇宁洋村何大郎墓地和狮岩何仙姑纪念亭。1993 年 12 月，何仙姑纪念亭重修竣工之际，台中县何氏宗亲会同蕉岭、梅县等地何姓人，一行五十余人，重回岩前，祭祀何大郎、何仙姑。④

3. 赖姓

《民国武平县志》载："赖氏，始祖赖仕寿，由上杭古田乡迁居高梧……现传二十三代，丁口千余人……居分水有丁口数十，居乐畲者有丁口百余，皆自高梧迁出。"⑤

《赖氏手抄谱》记载："唐山原籍：汀洲（州）府武平县米坑乡，过基台湾府彰化县燕务下堡埤仔头庄，又过基上堡分摆塘庄。"⑥ 米坑，在清代属丰顺平里，今属下坝乡米坑村。族谱中还提到"石灰岭"等地名，内容颇丰。

4. 练姓

《民国武平县志》载："练氏，元代由江西新淦迁象洞洋贝开基，后裔复分居粤赣。八世碧素，迁岩前之黎坊；十五世抱宜，再由黎坊迁岩前城。综计全县居民六七百家……居象洞者，清代武科策甚盛。居岩前者，

---

① 冯清浪编：《冯氏族谱郡号始平》（手抄本），1965 年，美国犹他家谱学会编号：1214372。

② 丘复主纂：《民国武平县志》，龙岩：福建省武平县志编纂委员会，1986 年，第 110 页。

③ 《卢江一脉源流族簿》（手抄本），1917 年，美国犹他家谱学会编号：1411470。

④ 何安庆：《清代开发台湾宝岛的武平人》，见福建省武平县文史资料委员会编：《武平县文史资料》，第 13 辑，1994 年，第 134 页。

⑤ 丘复主纂：《民国武平县志》，龙岩：福建省武平县志编纂委员会，1986 年，第 133 页。

⑥ 《赖氏手抄谱》（手抄本），1983 年，美国犹他家谱学会编号：1390210。

明练绵纶父子，正德中，殄寇有功。"①

清朝嘉庆年间，有象洞乡洋贝村水寨子的练姓移民到台湾新竹县创立基业。为了使子孙后代不忘记根在武平，于是他把开发地取名为故乡的地名"水寨子"。他的后裔根据祖辈的记载，几经周折，找到了武平的水寨子。②但练姓移民台湾的情况，笔者在检索的资料中并没有发现，有可能遗漏。

5. 梁姓

《民国武平县志》载："梁氏，始祖承斌，迁居岩前、径口……传至今十六代，户三百，丁口千余。"③

清朝晚期，岩前镇迳田村迳口梁屋，有梁姓人氏到台湾谋生。其后裔于1999年带来台湾乡亲的族谱资料，得以续上祖地梁氏族谱。④

6. 林姓

《民国武平县志》载："林氏，邑中林氏约分数派，兹分别言之。黄心畲派，开基始祖林茂森，系出上杭白沙里八郎之裔。至六世景山，迁半坑；传至源渊，再迁鲜水，是为鹅山祠支子。"⑤

《林氏家族世系总表》原籍为福建省汀州府武平县鲜水乡（西河）："一世祖茂森公，号寿官，恩进士，宋孝宗淳熙间，旅武平金鸡顶鲜水乡。"⑥ 其在台繁衍的情况：十七世迁台，十八世二房达钦移民长治乡德隆村下厝。这一支中，这里的"鲜水乡"为今天十方镇鲜水村。另外《林氏家谱》显示祖籍为"福建武平县安丰乡"⑦，即今武东乡安丰村。

7. 刘姓

《民国武平县志》载："刘氏，邑中刘氏皆彭城派。宋元间，先后由江西瑞金县塘背乡迁来……万三郎开基汾水，绵延下坝各乡。十六郎开基万成，蕃衍于黄沙、炉坑和畅地等乡。"⑧

《汀州武平刘氏家谱》族谱显示，来台祖为十一世祖炳文公，其祖籍"汀州府武平县大庭庄（大田庄）"⑨，即今永平下坝乡大成村。

---

① 丘复主纂：《民国武平县志》，龙岩：福建省武平县志编纂委员会，1986年，第130－131页。

② 何安庆：《清代开发台湾宝岛的武平人》，见福建省武平县文史资料委员会编：《武平县文史资料》，第13辑，1994年，第122页。

③ 丘复主纂：《民国武平县志》，龙岩：福建省武平县志编纂委员会，1986年，第120页。

④ 武平县地方志编纂委员会：《武平县志（1988—2000）》，北京：方志出版社，2007年。

⑤ 丘复主纂：《民国武平县志》，龙岩：福建省武平县志编纂委员会，1986年，第114页。

⑥ 《林氏家族世系总表》（手抄本），1985年，美国犹他家谱学会编号：1411241。

⑦ 林祯绪：《林氏家谱》，1985年，美国犹他家谱学会编号：1436723。

⑧ 丘复主纂：《民国武平县志》，龙岩：福建省武平县志编纂委员会，1986年，第130页。

⑨ 刘子田：《汀州武平刘氏家谱》（手抄本），1977年，美国犹他家谱学会编号：1130368。

大成村，原名"悬纯村"。关于刘姓移民，有一风水的故事。传说有刘氏兄弟俩，准备兴建刘氏祠堂，请来风水先生勘测建祠地址。经过风水先生测看后，选定了一块风水宝地。然而，所选地址"利大亏小"，即对长兄有利，对弟弟不利。因此，为弟的只有迁出悬纯村，才能发展。风水先生说明缘由后，弟弟明白事理，毫无怨言。兄弟俩同心协力，建成了"螃蟹形"刘氏家祠。建成后，弟弟出远门另谋生路，来到台湾高雄铜锣湾。从此在这里开基，重振家业。他不忘故乡，每年中秋派人回乡扫祭祖先。1949 年以前，有正常的通信，后中断。①

8. 吕姓

《民国武平县志》载："吕氏，始迁为上杭口氏。六世名宗富，明初由上杭迁武所相公塅；至九世仕春，迁凹坑吕屋□。又有宏善迁下坝上石溪洲，至下世有念堂、□堂，又由上杭大坑头迁万成区上竹峰，一迁下坝区潭峰下，一迁上石溪洲，传至今二十余代，烟灶不满二百户。尚有岩前区将军地吕氏，由永定迁居，未据详报。"②

据《武平县志（1988—2000）》载：清朝时期，下坝乡石营村有吕姓人氏，到台湾谋生，后裔达 2 000 多人，1999 年 12 月，吕氏宗亲一行 12人到该村，通过对族谱，确认碑石上刻的祖宗姓名后，行谒祖认宗之礼。③检索到的《吕氏族谱》显示：明友公率同二子，长和兴公，次顺兴公，各立族谱，共两册。明友公为航台祖，明友公为十二世。祖籍地福建省汀州府武平县石灰岭潭风下。④"石灰岭潭风下"是位于下坝乡石营村，还是在其他地区，待考。

9. 饶姓

《民国武平县志》载："饶氏，入武始祖饶文珍，由汀州八角楼下迁中堡连陂。五传迁大湾埔，又三传宗福，明弘治中再迁悦洋开基，是为悦洋始迁祖。迄今库四百五十八年，传世十六，丁口数百。"⑤

据《武平县志（1988—2000）》载：清朝乾隆三十二年（1767），岩前镇伏虎村的饶忠山到台湾苗栗开基，后裔兴旺发达。其裔孙从 1989 年起，

① 何安庆：《清代开发台湾宝岛的武平人》，见福建省武平县文史资料委员会编；《武平县文史资料》，第 13 辑，1994 年，第 133 页。
② 丘复主纂：《民国武平县志》，龙岩：福建省武平县志编纂委员会，1986 年，第 113 页。
③ 武平县地方志编纂委员会编：《武平县志（1988—2000）》，北京：方志出版社，2007 年。
④ 吕芳俊：《吕氏族谱》，1960 年，美国犹他家谱学会编号：1356999。
⑤ 丘复主纂：《民国武平县志》，龙岩：福建省武平县志编纂委员会，1986 年，第 138 页。

两次到祖地开展寻根活动。① 又据资料称，武东乡亦有饶姓渡台②。所以渡台的饶平来自岩前伏虎村与武东乡两地。

10. 王姓

据《民国武平县志》载，王氏在武平支派繁多，分布甚广。检索到的《王家历代族谱》记载的祖籍地为"汀州府武平县盘龙岗和树后"③。"盘龙岗"即今天中山镇三联村盘龙岗。据《武平县志（1988—2000）》记载，中山镇三联村盘龙岗自然村，清代有王承化迁台开基，其后裔王正辉等人于2000年与祖地乡亲取得联系。④

11. 魏姓

《民国武平县志》载："魏氏，始祖魏侃夫，元季任武平县尹。卜居城北七里之刘坊镇……后裔迁岩前上坊灵坊村，支派分衍于澄坑。至今传世二十五，人口一千有奇。"⑤

《纪立魏氏族谱》记载来台祖十八世发兴公，后裔居新竹县新埔镇、清水里。其祖籍为福建省汀州府武平县岩前城深坑村（又写作"澄坑"）。⑥ 推测来自岩前镇双坊或澄邦。

魏姓，现居于岩前双坊，其入闽始祖魏侃夫，南京人氏。明朝末年任武平县尹，卸任后，携妻子儿女定居武平县万安乡。他的第九世裔孙魏飞龙，从武平县岩前镇双坊村出发到桃园中坜拓垦，繁衍子孙后代，到目前已有五六千人。1993年5月，由台胞魏廷应先生，率领十七人回到岩前镇澄邦村、双坊村寻根谒祖。⑦ 由此可见，魏姓应来自武平岩前双坊或澄坑。

12. 曾姓

《民国武平县志》载："曾氏，圣仕（五十九传）、法庄（六十传）由粤迁县南象洞，淮（六十一传）再迁岩前城，分居于东墩、背寨、乳洋、溪竹、莲塘、阳贝岭各村，计六百余户。清代合建十六郎祠于县城东，为全县总祠。"⑧

在检索到的《鲁国堂族谱（曾氏）协春分堂》中，有关于家史的

---

① 武平县地方志编纂委员会编：《武平县志（1988—2000）》，北京：方志出版社，2007年。
② 何安庆：《清代开发台湾宝岛的武平人》，见福建省武平县文史资料委员会编：《武平县文史资料》，第13辑，1994年，第133-134页。
③ 王春生：《王家历代族谱》，1973年，美国犹他家谱学会编号：1436855。
④ 武平县地方志编纂委员会编：《武平县志（1988—2000）》，北京：方志出版社，2007年。
⑤ 丘复主纂：《民国武平县志》，龙岩：福建省武平县志编纂委员会，1986年，第137页。
⑥ 魏祯祥：《纪立魏氏族谱》，1971年，美国犹他家谱学会编号：1211002。
⑦ 何安庆：《清代开发台湾宝岛的武平人》，见福建省武平县文史资料委员会编：《武平县文史资料》，第13辑，1994年，第131-132页。
⑧ 丘复主纂：《民国武平县志》，龙岩：福建省武平县志编纂委员会，1986年，第122页。

介绍：

十六世祖谥自寿公由大陆福建省汀州府武平县岩前城田寮乡，携眷渡海择居台湾岛新竹新竹县竹南堡头份田寮，迨至十九世祖谥理藩、理廷、理纲三公，揩廿世祖谥云麟、云狮二公，砥志碱节赴荒野大隘富兴拓垦，克尽艰辛，将原为不毛荒芜之畴辟成乐园，于此落地生根奠基。①

同是这一家族，在另一种族谱中也有类似的家史介绍：

维十六世自寿公子际春公侄特盛公等由原贯福建省汀州府武平县岩前城田寮乡渡台岛择居竹南堡头份田寮从任农耕教读，垦勤自勉。越数年，丁口繁昌，然先人理藩、理廷、理纲三公以及胞兄云麟等志节坚持，进入不毛之地，即大隘富兴，沐雨栉风，扫蛮烟之瘴，披星带（戴）月，辟荒芜之畴变为乐土，集邻村而相安怀且奋志创立实业，经营糖油米谷发展号曰"协春"，夙兴夜寐，拓垦招耕，各安其事，此岂不是祖德宗功惠及而后也乎，爰为数记宜后各自勉之。
光绪廿一年乙未岁五月二十五日廿世裔孙云狮志②

无疑，这支来自"岩前城田寮乡"的曾姓，其祖籍地为今天岩前镇迳田村田寮下自然村。该支曾姓的裔孙曾分别于 1988 年 6 月、1997 年 12 月到该村寻根谒祖。

13. 钟姓

《民国武平县志》载："钟姓，始迁祖钟毅、钟密、钟斋、钟裕、钟中兄弟五人，宋高宗季年，由汀州来迁。毅密兄弟分居各乡：毅裔千一郎为大溪始祖；密子秀为乌石崊始祖；裕裔念三郎为东边始祖；斋、中二房，居河坑、贤坑等处。民国十七年，创建会正祠于县城，为钟氏总祠。五房以乌石崊一派为最散，居全县各乡村及本省福州、粤省蕉岭等处，尤以县城附近及岩前为最，人口在一万五千以上。大溪一派居象洞者半，居县城附近者亦多，人口三千有奇。东边一派棋布于附城及大田等处，人口二千

---

① 曹蓬辉编：《鲁国堂族谱（曾氏）协春分堂》，1983 年，美国犹他家谱学会编号：1411368。
② 曾云狮：《富兴曾氏开基略历》，见曾蓬辉：《曾氏族谱》，1985 年，美国犹他家谱学会编号：1411368。

左右。居河坑、贤坑二派，人口在四千以上。"①

钟姓，是武平县第一大姓，也是迁入台湾人数较多的一个姓氏，在检索结果中，有多种钟姓族谱，其中原籍以岩前镇伏虎村鲜水塘为主。鲜水塘，即今天十方镇鲜水塘，如《钟氏家谱》记载的原籍为"福建省汀州府武平县岩前城鲜水塘颖川堂，岩前镇迳田村下鲜水塘自然村"②。其次是乌石崀。如《颖川堂钟氏历代族谱》记载的原籍：武平县南门外在西边乌石崀。③ 武平县城南郊乌石崀是全县钟姓一个著名的聚居地，建有纪念一世祖钟秀的宗祠。据记载：岩前鲜水塘钟姓开基祖为璐公（百三郎）公，其派下移民台湾者非常多，多数居于苗栗头份，且建有宗祠，后又有裔孙播迁到花莲县。④ 此外，族谱中还显示有来自武平县十方镇来福村、武平县城南郊乌石崀钟姓族人移民台湾。检索中还发现有一个名为"上若（苦）菜乡"的地名，如《颖川堂历代旅音（钟氏）》记载的原籍："汀州府武平县上若菜乡。"⑤ "上若（苦）菜乡"在何处，待考。

从上面统计我们可以看出，岩前镇是武平县移民台湾的一个集中地。由于岩前镇是定光古佛祖庙所在地，所以早期移民将定光古佛也带到台湾。现岩前定光古佛庙前有《台湾府善信乐助建造佛楼重装佛菩萨碑》与《募叩台湾乐助碑记》两碑，为清雍正十一年岁次癸丑（1733）立，记载了乐助台湾捐款信众芳名，这也是闽西客家移民台湾的一个力证。

（三）小结

综上所述，武平县渡台主要集中在今天岩前、下坝、象洞、中山、什方等地，也就是今天武平县南部地区，特别集中在下坝、岩前二镇。

---

① 丘复主纂：《民国武平县志》，龙岩：福建省武平县志编纂委员会，1986 年，第 133 - 134 页。

② 《钟氏家谱》（手抄本），1985 年，美国犹他家谱学会编号：1436705。

③ 《颖川堂钟氏历代族谱》（手抄本），1985 年，美国犹他家谱学会编号：11436704。

④ 《台湾钟姓大宗谱》，台湾地区钟姓宗亲总会印，1971 年编印，1997 年重修。

⑤ 《颖川堂历代旅音（钟氏）》（手抄本），1985 年，美国犹他家谱学会编号：11436699。

三、族谱中以上杭县为祖籍地的姓氏

(一) 上杭县历史沿革与行政区划

上杭县位于福建省西南部，唐代为汀州上杭场，"宋淳化五年，升上杭场为县，隶福建路，属汀州，割长汀南境益之"①。宋时，"上杭分四乡，曰胜运、兴化、太平、金丰；二团，曰平原、来苏；五里，曰平安、安丰、来苏、古田、鳌砂……明洪武十四年，知县邓致中丈量田亩，改乡为团，并为十里，曰在城、胜运、溪南、来苏、古田、平安、太平、白砂、金丰、丰田，统九十二图，后渐省为五十九图。成化十五年，分金丰四图、田四图及胜运二图，溪南五图，太平四图，共十九图，隶永定县，实辖八里，统图四十。国朝因之"②。成化十四年以溪南等乡道远梗化，巡抚高明奏请析上杭所辖胜运二图、溪南五图、太平、金丰、丰田各四图，凡一十九图置永定县。

明清时期，上杭八里所辖乡村如下③：

表3　明清时期上杭八里所辖乡村

里名	乡村名
在城里	水埔、迳口、杨公岭、旧州河口、严迳、三隘、严头铺、黄砂岭、玉女下、水南、长坝头、张滩、土埔、黄砂口、竹奇头、高第
胜运里	高寨岭、安乡（有集场）、卢丰、（有集场）、石牌前、官田、汤湖、小官田、湖洋、蓝家渡、郭坊、大坪湖、坝头、山背、湖子里、大沽村、棉村、黄潭、三坪、张田背、大洋坝、汤边、黄严、礤头、大地、许竹坑
溪南里	三图里、河头城、猫儿竹下、池溪、三坝、张坑、丰市、渔矶石

---

① 蒋廷铨纂修：《康熙上杭县志》，见《清代孤本方志选》，北京：线装书局，2001年，第121－122页。

② 蒋廷铨纂修：《康熙上杭县志》，见《清代孤本方志选》，北京：线装书局，2001年，第137－138页。

③ 蒋廷铨纂修：《康熙上杭县志》，见《清代孤本方志选》，北京：线装书局，2001年，第139－142页。

（续上表）

里名	乡村名
来苏里	竹山下、大屋场、军营前（有集场）、盐井乡、卤水湖、张坊、磜下、上徐坑（俱属上都）、杜坑、古基坑、竹田背、林塘、长冈寨、古坊、陈坑、官前（有集场）、由顺坊、塘下、招钱冈、长富坑、田背、兴寨冈（有集场）、蛟塘、水坑、黄田、师姑坑（俱属中都）、沙布、八字陂、旧寨、田梓、半迳、黄坑、豪康、南蛇渡（有集场，俱属下都）
古田里	赖坊、鲜水塘、小吴地、塘下、蛟洋、郭车、东干、陈坊、苎园、塔里
平安里	钟寮场、旧县（有集场）、财溪、官庄（有集场）、蓝屋、回龙、磁坑、鬼湖、葛坊村、曾坑寨
太平里	梅溪寨、石圳潭、钱坊
白砂里	石灰岭、将军桥、白砂墟、花园、华家亭、萝卜角、交阳、苏坑、丘坊

资料来源：蒋廷铨纂修：《康熙上杭县志》，见《清代孤本方志选》，北京：线装书局，2001年，第139－142页。

（二）各姓概况

1. 简姓①

简姓在上杭人数不多。《民国上杭县志》载："简氏，明代由江西迁杭，附郭户口数十。"② 但在"台湾记忆"网站中，检索到3种以上杭为祖籍地的家谱③，其后裔在台中建有宗祠，供奉会益公为始祖。这些族谱大多显示他们的祖籍地为"上杭县蓝道口（或写'蓝路口'）"。鉴于上杭简姓人口不多的事实，我们对此表示了质疑。在检索到的《简氏家谱》④中，记载祖籍地为"福建省漳州府南靖县梅垄社板上"，并记载道："始祖简会益……于南剑州建宁府教读，宋乾道二年，上杭蓝路口居住，监督筑城。祖淳熙十二年故，寿七十二岁，葬在蓝路背。"由此可见，族谱中被检索到以"上杭蓝道口"为祖籍地的族谱，其实来自南靖。由于族谱中开基祖多属杜撰，所以我们认为将"上杭蓝道口"作为始祖的祖籍地没有实

---

① 姓氏的先后按照拼音字母顺序排列。

② 张汉等修，丘复纂：《民国上杭县志》，见《中国地方志集成·福建府县志辑：第36册》，上海：上海书店出版社，2000年，第101页。

③ 台中市简会益宗亲会：《台中市简会益宗亲会志》，1957年，美国犹他家谱学会编号：1407113）；《简氏族谱》（手抄本），1984年，美国犹他家谱学会编号：1407053；台中市简会益宗亲会：《台中市简会益宗亲会族谱》，1982年，美国犹他家谱学会编号：1392130。

④ 简庆祥补：《简氏家谱》（手抄本），1980年，美国犹他家谱学会编号：1213219。

际意义。

2. 李姓

李姓是上杭望族。《民国上杭县志》载："李氏，始祖由江西石城迁宁化再迁上杭，为邑望族。大别为木德、火德两房。木德房分居县城及县东安乡大屋场院前载厚温家陂坝上，西路官庄火劫围等；火德房分居安乡、太平湖、化厚、官田、杨梅洞、上渡坪、渡上、长滩、章田背、南路下都、忠村；西北路涧头渡、水东等乡户口最盛。"①

在检索到的李姓族谱中，有些将"上杭县胜运里"或"稔田乡"当作祖籍地。《李氏家族谱》② 记载其祖籍是"福建省上杭县稔田乡"；《李姓玉牒》③ 记载其祖籍是"福建省汀漳道上杭县胜运里丰朗乡"。之所以会有这样的记载，可能与族谱中所载的李氏宋代始祖李火德开基上杭稔田乡有关。如《李姓玉牒》记载："火德公值宋末兵乱，偕姚避居于上杭胜运里丰朗乡，土厚裕淳，遂家焉。"这些谱牒中，将李火德当成是始祖，但我们相信，多数族谱中所记载的李火德开基地并非是这些李姓真正的祖籍地，所以这些记载需要谨慎对待。

3. 刘姓

刘姓在上杭分布甚广。《民国上杭县志》载："刘氏，县城户口数十……县东丰朗、南湖、官田等乡各数百户……走马坑、冯坑里、德里户各数十；县南上登、田背、石杰；县西官庄各户数百；下黄、才溪各百户，上迳、六甲户口数十；县北田地坑、岭背户口数百。"④ 检索到几个刘姓的手抄本，均以"福建汀洲府上杭县苦竹村"作为其祖籍。⑤ 这也是将远祖居住地作为自己祖籍地的一种行为。如《（刘姓）重抄历代祖公妣族谱》载"上祖源宗籍贯址原系福建汀州府上杭县苦竹村"⑥，然后讲述的是子孙分衍的情况。而其实这个刘氏来自一个叫"田唇"的小地方。

---

① 张汉等修，丘复纂：《民国上杭县志》，见《中国地方志集成·福建府县志辑：第36册》，上海：上海书店出版社，2000年，第94页。

② 李荣开：《李氏家族谱》（手抄本），年份不详，美国犹他家谱学会编号：1307166。

③ 《李姓玉牒》（手抄本），1984年，美国犹他家谱学会编号：1407166。

④ 张汉等修，丘复纂：《民国上杭县志》，见《中国地方志集成·福建府县志辑》（第36册），上海：上海书店出版社，2000年，第99页。

⑤ 刘福水，刘昌维续编：如《（增编）17世祖刘公延摄杨大儒人直系谱》（手抄本），1977年，美国犹他家谱学会编号：1365032；《刘氏历代祖公祖妣族谱》（手抄本），1984年，美国犹他家谱学会编号：1407045；刘丁酉修：《刘家族谱》（手抄本），1980年，美国犹他家谱学会编号：1436723，等。

⑥ 《（刘姓）重抄历代祖公妣族谱》，光绪丁亥年（1887）重抄，美国犹他家谱学会编号：1407045。

4. 邱姓

邱姓是上杭的大姓。在检索到的一份手抄本《邱氏族谱》中，他们的祖籍地记载为"福建省汀洲府上杭县胜运里南湖"①，但进一步探究发现这只不过是宗族史上的一个古地名，而非实际居住地。许多邱姓将原籍追溯到上杭，也与他们的始祖三五郎公开基上杭有关。《民国上杭县志》载："丘氏，宋始祖三五郎自宁化石壁村迁杭，为本邑第一着姓……三五郎迁上杭，十子分为十房……全县丘氏皆祖三五郎，徙居粤、赣、黔、桂、湘、浙等省者甚众。"② 丘三五郎和李、陈夫人仙逝后，葬在太拔乡黄岩村屏风岭。墓地初建于南宋淳熙八年（1181），2002 年被列为上杭县级文物保护单位。清嘉庆二十年（1815），丘三五郎裔孙在上杭县城建有"丘氏总祠"，又称"三五郎公总祠"。1905 年，丘三五郎后裔丘逢甲联络祖居地上杭的宗亲丘复等，在丘氏总祠创办了福建省第一所民立师范学校——"上杭邱祠师范传习所"。③ 这些说明上杭在邱姓的历史上居于重要位置，闽粤台及东南亚许多邱姓在追溯源流时，常常追溯到上杭县。所以在台湾的族谱中，有将自己祖籍写成是"上杭县胜运里"的情况，但并非是真实的祖籍地，所以存疑。

5. 沈姓

《民国上杭县志》载："沈氏，县东沈田乡旧时户口颇盛，后他徙，将田百有八秤充入安仁寺。居永定塘背者即由此迁。县南下都泮境乡户口数十涵青，清乾隆时选拔县北白砂田、地坑乡、古田里沈坊乡各十数户。"④ 在《沈氏简谱稿》⑤ 中，记载的祖籍为"上杭县古田里蛟洋村倒湖塘沈家坊"，为沈氏八房八郎公开基地。这与县志里的"古田里沈坊乡"比较吻合，所以这支沈姓祖籍可能确实在上杭，但由于资料所限，具体情况不得而知。

6. 温姓

《民国上杭县志》载："温氏，远祖四七郎南宋时由江西石城迁杭县，城户口数十……县东蓝家渡下坝礤户五百，茶地各乡计三百余户，叶坑户

---

① 《邱氏族谱》（手抄本），1984 年，美国犹他家谱学会编号：1391508。

② 张汉等修，丘复纂：《民国上杭县志》，见《中国地方志集成·福建府县志辑：第 36 册》，上海：上海书店出版社，2000 年，第 93 页。

③ 钟世蕃：《千支万脉根相同：台湾丘氏回杭祭祖》，《上杭文史资料》，1990 年第 15 期，第 180 页。

④ 张汉等修，丘复纂：《民国上杭县志》，见《中国地方志集成·福建府县志辑：第 36 册》，上海：上海书店出版社，2000 年，第 95 页。

⑤ 沈耀初：《沈氏简谱稿》，1978 年，美国犹他家谱学会编号：1037484。

口百数，来苏下都泮境二百余户……河头城户以百计，县西新寨背计八十余户，县北白砂田地乡计六十余户，官地乡百余户……"①

《温家十谱统名簿》② 记载的祖籍地为"福建省汀州府上杭县蓝溪镇下坝村"，"移居台湾省台南府内，又分居云林县楔柴里，又再分居云林县古坑乡崁头厝"。以上族谱里的"蓝溪镇下坝"与县志中的"蓝家渡下坝（今下坝隶属南阳镇）"比较吻合，可见这支温姓来自上杭。

7. 薛姓

在网站中，检索到一份家谱《河东郡薛家人氏》③，其来台祖为"薛时赞"，祖籍地为上杭。但这可能是薛姓始祖的居住地，因为其中记载道："始祖三十六郎公，号伯启公，妣显九娘，系福建汀州府宁化县石壁乡全外祖赖小八郎外祖婆林十一娘全到上杭县卜居来苏里下都乡建业。"并且《民国上杭县志》中也没有薛姓的记载。故此，我们对这份家谱记载的祖籍地表示质疑。

（三）小结

通过以上分析，我们发现，在以"上杭"为检索词的检索结果中，确实有一些族谱标明自己祖籍来自上杭某个地方，但通过考察，结果证明都是远祖的开基地，而并非这些姓氏实际的聚居地。之所以如此，一是可能与上杭建县较早有关。上杭建县于淳化五年（994），在闽西粤东地区属于较早进入王朝统治版图的地方。在族谱里常常看到的一些地名，如"胜运""来苏""金丰"等在宋代就是上杭县下面的"乡"或"图"。这使它成为建构宗族较早的地区，所以许多姓氏都将自己的始祖追溯到上杭。并且，在上杭也建有多个姓氏的宗祠，如供奉李火德的李姓大宗祠，邱姓的三五郎公总祠。另外一些大姓的祖先墓地也在上杭，如被奉为张姓始祖的张化孙之墓即为一例。

另外，本章检索到的许多是家谱。由于时隔多年，这些家谱的纂修者对于自己开台祖先的来历并不清楚，于是照抄同姓族谱中谱序的内容，而这些谱序里的祖籍地多追溯到上杭，于是他们误将这里面记载的祖籍地视为自己在大陆的祖籍地，这也是造成许多家谱里将上杭某地作为自己祖籍地的原因之一。

---

① 张汉等修，丘复纂：《民国上杭县志》，见《中国地方志集成·福建府县志辑：第36册》，上海：上海书店出版社，2000年，第98页。

② 《温家十谱统名簿》（手抄本），年份不详，美国犹他家谱学会编号：1392376。

③ 《河东郡薛家人氏》（手抄本），年份不详，美国犹他家谱学会编号：1307116。

综上所述，在检索到的以上杭为祖籍地的族谱，其实祖籍地并非上杭，这说明，清代上杭移民台湾的姓氏比较少。除了永定、武平、上杭外，闽西其他县清代迁台姓氏我们还检索到连城县芷溪黄姓①，长汀县涂坊镇丹溪涂姓②。

结语

本章主要通过"台湾记忆"网站，按县域来检索闽西在台湾各姓氏族谱资料，以考察他们的祖籍，然后由此探讨清代闽西有哪些区域的人口移民到台湾。

通过对所检索到族谱的分析，确定清代闽西渡台人口主要来自永定与武平二县，上杭县有少量。其中永定又以县境南部最为集中，且一些渡台后繁衍成大姓的姓氏也来自这一区域，如江姓、吴姓、苏姓等。清代武平县渡台的人口主要集中在武平东南部的岩前镇、下坝乡。在网站中也检索到以上杭为祖籍地的姓氏，但经过研究发现，这都是误把始祖的开基地看成自己实际居住聚落（开基地）的结果。另外，我们也检索到其他县姓氏渡台情况，如连城县芷溪黄姓、长汀县涂坊镇丹溪的涂姓。

上述的研究结果表明，在涉及清代闽西人口渡台这个问题时，不能过于笼统，需要精确。因为并非闽西每个县都有大量人口渡台，他们有一定的分布范围。甚至即使在这些范围内，各个姓氏渡台情况也是不一样的。

那么为什么闽西渡台人口集中在永定南部与武平县东南部这狭小的区域内？一个可能的解释是，这些区域的河流属粤东韩江水系。传统上，粤东人通过韩江渡台湾或过南洋。早期永定人下南洋也是走韩江水道。再加上永定南部与闽南相接，因此这一区域的人很容易向外发展。在清代这里的商业贸易非常发达，出海经商的人很多。《道光永定县志》云：

> 商之远贩吴楚滇蜀，不乏寄旅。金丰、丰田、太平之民，渡海入诸番如游门庭……乾隆四十年以后。生齿日繁，产烟亦渐多，少壮贸易他省。或间一岁或三五岁一回里，或旅寄成室如家。永民之财，多积于贸易。捐监贡及职衔者，人以千数；外地最产者，所在多有。千金之贾，故不乏人。

县志中所讲的金丰、丰田、太平即今天永定南部地区，这也直接与今

---

① 《江夏种德堂黄氏家谱略述》（手抄本），1985年，美国犹他家谱学会编号：1418978。
② 《涂氏族谱》（手抄本），1984年，美国犹他家谱学会编号：1418950。

天考察的结果相吻合。

武平县的情况也与地理位置有关。武平下坝，是石窟河上游一个重要的物资集散地，广东的盐沿韩江经蕉岭运到下坝，再挑到江西出售，然后从江西贩运米下来，这种"盐上米下"的区域贸易模式，从清代一直维持到民国时期。而岩前镇紧邻蕉岭县，两地人口来往密切。蕉岭清代称镇平，在整个梅州地区，是渡台人口最为集中的一个县。武平县南部地区与蕉岭在人员、物资方面的密切往来，自然也受到蕉岭县的影响，因而这一区域也有大量人口渡台。

当然，本章只是从文献上，对清代闽西渡台的姓氏进行了一个粗浅的描述，并且文献来源单一，又缺乏田野考察，所以对许多问题的表述还大有进一步提升与修正的空间。对于闽西人渡台原因的探讨，也有几分武断的成分，缺乏具体的研究。如果要从深层次探讨这段持续几百年的移民过程，需要更宽广的视野与多维的视角。在资料上，还需要深入的搜集，特别是田野调查工作需要加强。